Como esmagar o fascismo

© Autonomia Literária, para a presente edição, 2019.

Coordenação editorial
Cauê Seignemartin Ameni, Hugo Albuquerque e Manuela Beloni
Supervisão
Aldo Cordeiro Sauda
Tradução
Aldo Cordeiro Sauda e Mario Pedrosa
Revisão
Guilherme Ziggy
Preparação
Cauê Seignemartin Ameni
Diagramação
Manuela Beloni
Capa
Fabrício Lima

Dados Internacionais de Catalogação na Publicação (CIP)
(eDOC BRASIL, Belo Horizonte/MG)

T858c Trotsky, Leon.
　　　　Como esmagar o fascismo / Leon Trotsky; tradução Aldo Sauda, Mario Pedrosa. – São Paulo (SP): Autonomia Literária, 2018.
　　　　320 p. : 14 x 21 cm

　　　　Título original: Fascism, Stalinism and the United Front.
　　　　ISBN 978-85-69536-33-8

　　　　1. Ciência política. 2. Fascismo. I. Sauda, Aldo. II. Pedrosa, Mario. III. Título.
　　　　　　　　　　　　　　　　　　　　　　　　　　CDD 320.533

Elaborado por Maurício Amormino Júnior – CRB6/2422

Autonomia Literária
R. Conselheiro Ramalho, 945
São Paulo - SP, 01325-001
http://autonomialiteraria.com.br/

Leon Trotsky

Como esmagar o fascismo

Tradução Aldo Sauda & Mario Pedrosa

2ª Impressão

2019
Autonomia Literária

Sumário

Introdução

As raízes do neofascismo no século XXI 8

O que é o fascismo? 16

Capítulo 1: O fracasso da vanguarda proletária e o peso da pequena burguesia

1930 - Conjuntura 21

O Giro da Internacional Comunista
e a Situação Alemã 27

Capítulo 2: Hitler, um milico insignificante?

1931 - Conjuntura 53

Alemanha: Chave da situação
internacional 58

E agora? A revolução alemã e
a burocracia 71

Capítulo 3: Ruas sitiadas por milícias, sucesso eleitoral nazista e a morte da social-democracia

1932 - Conjuntura 227

O único caminho 231

Capítulo 4: A ascensão do nazismo sob uma esquerda desorganizada e uma burguesia unida

1933 - Conjuntura 281

O que é o Nazismo 284

Glossário 296

Nota de Edição 316

Sobre o autor 319

Para a liberdade e luta

me enterrem com os trotskistas
na cova comum dos idealistas
onde jazem aqueles
que o poder não corrompeu
me enterrem com meu coração
na beira do rio
onde o joelho ferido
tocou a pedra da paixão

Paulo Leminski

Introdução
As raízes do neofascismo no século XXI

por Henrique Carneiro*

* Henrique Carneiro, professor no departamento de história da USP especialista em estudos sobre proibicionismo.

Introdução
As raízes do neofascismo no século XXI

por Henrique Carneiro

O nazi-fascismo foi derrotado na pior guerra já conhecida pela humanidade. Na Alemanha e Itália estas palavras foram proibidas como denominação política.

No século XXI, no entanto, os movimentos europeus neonazifascistas se reciclaram. Deixaram de serem grupos saudosistas e se vincularam com o fenômeno de uma nova extrema-direita que mantém muitas das características fascistas, mas não todas.

O fascismo não pode ser generalizado para qualquer direita, mesmo que extremada. Os regimes ditatoriais, por exemplo, não são necessariamente fascistas, pois carecem do elemento de mobilização popular que foi típico do fascismo.

Na extrema-direita de hoje em dia, à exceção de extremistas como o norueguês Anders Behring Breivik, que explodiu um carro bomba em Oslo e matou dezenas de jovens a tiros no encontro da Liga de Juventude dos Trabalhadores (sessão estudantil do Partido Trabalhista norueguês) em 2011, o programa de extermínio das organizações de esquerda, dos sindicatos e dos movimentos sociais também é atenuado. O racismo deixa de lado o antijudaísmo e se reconcilia com Israel e o sionismo, mas encontra outros semitas, dessa vez os árabes, e outros povos asiáticos e africanos para discriminar como indesejáveis. O estatismo é substituído por uma aceitação pragmática da lógica dos mercados financeiros. Assim age, por exemplo, Marine Le Pen, do Front Nacional na França. Poucos são os que, como o partido Aurora Dourada, na Grécia, mantém o ideário neonazi quase sem camuflagem.

O caso brasileiro é peculiar, pois a extrema-direita aqui foi, inicialmente, um tipo local de fascismo, o integralismo de Plínio Salgado, e que já adotava, em lugar do nacional desenvolvimentismo, uma doutrina neoliberal. Nos diversos governos do regime militar houve certamente fascistas, mas não se pode caracterizar o regime político em si como fascista, mas sim bonapartista. Além da ausência do culto pessoal ao líder, os governos militares brasileiros mantiveram mesmo que estritamente controladas as instituições parlamentares, que o fascismo clássico sempre suprimiu.

Agora, no ano de 2018, a candidatura de Jair Bolsonaro, um capitão deputado abertamente neofascista, coloca em debate que tipo de regime político poderia se constituir em seu governo. Haveria um auto-golpe, a supressão do parlamento, dos partidos, dos sindicatos e dos movimentos sociais?

Diferentemente do fascismo clássico, inexiste uma organização orgânica em torno ao culto da liderança do capitão que se notabiliza pelo estilo truculento, pela ignorância, pela ameaça de fuzilamento dos adversários, pela misoginia, homofobia e racismo explícitos. O aspecto doutrinário também é muito escasso, mas a adesão do fundamentalismo religioso pode oferecer um novo estofo místico.

Antes de caracterizar as formas dos neofascismos contemporâneos e suas conexões com os fenômenos chamados de alt-right, "direita alternativa", que influenciaram muito a eleição de Trump, nos EUA, é indispensável um olhar histórico para o que foi o fascismo clássico e como ele foi ou deixou de ser combatido.

Para isso, a publicação desse conjunto de textos de Leon Trotsky, escritos enquanto o fascismo crescia na Europa, é muito oportuna.

Fascismo clássico

O emblema do partido nacional fascista na Itália era o *fascio littorio*. *Fascio,* palavra italiana, se refere a um feixe de varetas em torno de uma estaca que sustenta uma machadinha, um símbolo do poder que desde o império Romano fez parte das armas do soldado de escolta das autoridades, chamado de lictor. O número de lictores dependia do posto em questão.

Estes lictores, oriundos da plebe e que serviam de guarda do poder, resumem bem o que é o fascismo: uma força recrutada nas camadas plebeias a serviço de um poder extremado dos ricos que impõe a ordem em uma sociedade desigual.

As formações paramilitares que se formaram após a Primeira Guerra Mundial na Itália e que levaram Mussolini ao poder se chamaram *fascio di combatimento*, ou "feixes de combate".

Em de 1922, quarenta mil "camisas negras", que era como se uniformizavam essas milícias, cercaram Roma e tomaram o poder num golpe que impôs a nomeação de Mussolini como chefe do governo, do qual só sairia preso e depois executado, 23 anos depois. O estatuto nacional do partido fascista, de 1932, se define no artigo primeiro como "uma milícia civil voluntária as ordens do Líder (*Duce*) ao serviço do estado fascista" e a obrigação maior dos seus membros se resume ao lema "crer, obedecer, combater". Antes, em 1943, perdeu o apoio do rei e do exército e foi salvo pelas tropas alemãs. A sua execução, 28 de abril de 1945, ocorreu apenas dois dias antes do suicídio de Hitler.

Após a derrota da Alemanha na Primeira Guerra Mundial (a Itália entrou tardiamente no conflito, contra a Alemanha e Áustria-Hungria, rompendo a Tríplice Entente que mantinha com elas), além da destruição geral, houve pesadas retaliações econômicas no Tratado de Versalhes que levaram a pior crise inflacionária e de desemprego já conhecida.

O Partido Nazista, cinco anos após a sua fundação, teve apenas 1,1% dos votos com o general Ludendorff, na primeira eleição presidencial da história da Alemanha, em 1925, vencida pelo marechal Hindenburg, da direita tradicional. Em 1930, após a crise da bolsa de 29, teve 16% nas legislativas. Na presidencial, em 1932, Hitler saltou para 30% no primeiro turno e 36% no segundo turno. Quem ganhou, entretanto, foi novamente Hindenburg. Mas, em janeiro de 1933, o presidente Hindenburg chamou Hitler para chefiar o governo como chanceler. Um mês depois, ocorria o incêndio do Reichstag, Hitler declarava uma lei de plenos poderes e abolia todos os demais partidos. Ao final do ano, faz eleições de fachada e o partido nazista obtém 92% dos votos. Seis meses mais tarde, em 30 de junho de 1934, massacrou os rivais internos ao partido, da milícia SA, na Noite das Longas Facas, assim como passou a prender e assassinar membros da oposição liberal, socialista e comunista, judeus, homossexuais, maçons, ciganos e toda a oposição. Em agosto, Hindenburg morre, tornando o Führer o único governante.

O fascismo italiano esteve no poder por 23 anos. O nazismo alemão por 12 anos. O primeiro chegou ao poder por um golpe, o segundo, por eleições e, em seguida, por meio de um autogolpe em que adquiriu poderes ditatoriais.

Nascidos das frustrações, da decadência social da pequena-burguesia e das camadas médias após uma guerra devastadora, o nazi-fascismo de Hitler e Mussolini levou a Alemanha e a Itália a uma guerra ainda pior, a que mais matou até hoje em toda a história da humanidade.

A frente única antifascista

Os textos deste livro foram escritos por um dos líderes da revolução russa, Leon Trotsky, banido de seu país e exilado na Turquia, na ilha de Prinkipo, enquanto ocorria o processo de crescimento do nazi-fascismo.

Ele critica a política desenvolvida pelo Partido Comunista alemão, o KPD, seguidor da linha de Moscou, que levava, na opinião dele, a uma derrota. A sua tese mais retomada ao longo dos textos de diferentes momentos é a de que foi a recusa da frente única com o Partido Social Democrata por parte dos comunistas que levou o nazismo a crescer. A estratégia que ele insiste em defender é a da frente única.

O objetivo mais característico de todos os movimentos nazifascistas desse período era o de buscar a destruição de todas as formas de organização partidária, sindical e social independente. Como escreve Trotsky, citando o italiano Ercoli: "a essência e a função do fascismo consistem em abolir completamente as organizações operárias e em impedir o seu restabelecimento".

Para isso, outro traço comum é, já antes da chegada ao poder, desenvolverem milícias paramilitares como força de intimidação. Só quando chegam ao governo que passam a controlar diretamente as forças armadas. No caso alemão, a milícia da SA (*Sturmabteilung* "Destacamento Tempestade"), que ajudou na tomada do poder por Hitler, foi depois, em 1934, descabeçada com o massacre dos seus dirigentes.

O setor social que se constitui como base inicial da adesão a tais movimentos foi o da pequena-burguesia, especialmente desmoralizada após as crises econômicas que destruíram a Alemanha no primeiro pós-guerra e setores desempregados e empobrecidos das classes média.

Neofascismo hoje

O surgimento destes movimentos políticos que destroem os movimentos sociais, sindicatos e as instituições da democracia liberal, como partidos, eleições e parlamento, impondo um sistema de partido único com elementos militarizados foi o resultado direto da pior crise e da mais sangrenta guerra vivida em muitos séculos na Europa e no mundo. A escolha de objetos de ódio como bodes expiatórios também é sempre um meio de criar uma tensão agressiva e discriminatória na sociedade.

Hoje em dia, vivemos em escala mundial os efeitos da última crise econômica e financeira de 2008, que aumentaram a desigualdade mundial e se agravaram pelas guerras do Iraque e da Síria, que causaram uma crise social de imigração. O fracasso dos partidos socialdemocratas na Europa, que executaram os mesmos planos de austeridade da direita e a fraqueza das propostas socialistas mais radicais de solidariedade internacionalista, ajudam a compreender o crescimento de uma onda neofascista europeia que reabilita parte do legado da época da segunda guerra. É reciclado o programa de racismo, xenofobia, militarismo e repressão aos movimentos sociais com novos partidos que obtém maior influência na Hungria, Polônia, Itália, Rússia, Ucrânia e até mesmo na Suécia. A eleição de Trump, nos EUA, também aumenta a conexão da chamada "direita alternativa" que ganha um enorme papel em seu governo.

No Brasil, os movimentos verde-amarelos que fizeram demonstrações de massa pelo impeachment de Dilma Roussef conviveram com pequenos grupos de militância neofascista, fundamentalista religiosa e até de velhos integralistas ou mesmo monarquistas. Nas eleições de 2018, pequenos partidos inexpressivos até então, como o PSL, elegeram grandes bancadas e ganharam governos de estado. O seu maior representante, Jair Bolsonaro, ganhou o primeiro lugar nas eleições presidenciais e disputa o segundo turno com o PT.

Se é apenas o velho conservadorismo de uma burguesia escravista que retoma ascendência sobre o povo por meio de candidatos populistas militares que defendem o autoritarismo ou se há o surgimento de uma nova formação política de tipo fascista explícito ainda é uma questão em aberto.

O período do entre-guerras do nascimento do nazi-fascismo clássico é muito diferente dos tempos atuais. O conflito inter-imperialista e o belicismo chauvinista que conduziram à guerra não se encontram agora. O ultraliberalismo austericida se tornou uma política global para aumentar a extração de rendas às custas de maior desigaldade, miséria e rebaixamento salarial. O parentesco ideológico do neofascismo global continua, entretanto, com suas afinidades supremacistas brancas, de machismo militarista, de pregação do extermínio de adversários e de grupos sociais estigmatizados e de defesa do privatismo contra qualquer tipo de reforma social distributivista ou compensatória.

Estudar a gênese do nazi-fascismo é indispensável para se compreender seu significado histórico, seu destino catastrófico na Europa e as suas reciclagens atuais, que é a única forma de se poder combatê-lo. As políticas adotadas pela esquerda, para Trotsky, foram errôneas na década de 1930 e tornaram mais difícil a luta contra a ascensão fascista.

O neofascismo contemporâneo dependerá para sua disputa pelo poder não apenas da credulidade das massas e da violência de suas ações, mas das respostas que os movimentos sociais darão ao seu crescimento, sobretudo quando ele chega a governar ganhando maiorias eleitorais.

Baseado nas edições dos textos de Trotsky propostas no livro *Fascism, Stalinism and the United Front*, publicando em Londres nos anos 80 pela editora Bookmarks, o presente livro retoma a excelente tradução ao português realizada por Mário Pedrosa de artigos redigidos entre 1930 e 1933. Acrescentam-se a eles o prefácio, no formato de uma carta escrita por Trotsky em que expõe, em linhas gerais, sua análise do fascismo, e um último texto, escrito um ano após a vitória eleitoral de Hitler, ambos inéditos, que foram traduzidos por Aldo Cordeiro Sauda, que também escolheu e traduziu as introduções de Chris Harmann.

Primavera de 2018

O que é o fascismo?[1]

---

[1] Carta para Max Shachtman usar em sua missão na Inglaterra apareceu publicada pela primeira vez em 16 de janeiro de 1932 na publicação socialista *The Militant*.

O que é o fascismo?

Estimado camarada,

Hoje lhe escrevo a respeito do problema do fascismo. Seria importante debater este assunto com os camaradas ingleses, pois, só assim conseguiremos chegar a conclusões e opiniões mais definidas.

O que é o fascismo? O nome surgiu na Itália. Mas seriam todas as formas de ditadura contrarrevolucionárias fascistas? (ou seja: antes da instauração do fascismo na Itália.)

A ditadura espanhola de Primo de Rivera (1923-30) é descrita pela Internacional Comunista como uma ditadura fascista. Isto está certo ou errado? Acreditamos estar errado.

O movimento fascista na Itália foi um movimento espontâneo de amplas massas, com novos líderes de base. É um movimento plebeu em sua origem, direcionado e financiado por grandes poderes capitalistas. Ele surge da pequena-burguesia, dos setores mais marginais do proletariado e, até certo ponto, da massa proletária; Mussolini, um ex-socialista, é o «empreendedor» que surge deste movimento.

Primo de Rivera era um aristocrata. Ocupou altos postos na hierarquia militar, na burocracia e foi governador geral da Catalunha. Garantiu sua tomada do poder com ajuda do Estado e das Forças Armadas. As ditaduras na Espanha e Itália são duas formas inteiramente distintas de ditadura. É necessário diferenciá-las. Mussolini teve dificuldades em reconciliar velhas instituições militares com a milícia fascista. Este problema não existiu com Primo de Rivera.

O movimento na Alemanha é análogo em geral ao italiano. É um movimento de massas, com seus líderes usando grande quanti-

dade da retórica socialista. Isto é necessário para a criação de um movimento de massa.

A base genuína do fascismo é a pequena burguesia. Na Itália, ela tem uma base muito grande – a pequena burguesia das cidades e vilas, e do campesinato. Na Alemanha, igualmente, há uma ampla base para o fascismo. Na Inglaterra esta base é menor, já que os trabalhadores são a ampla maioria da população; e o estrato camponês ou rural é um setor insignificante.

É preciso ser dito, e isto é verdade até certo ponto, que a Nova Classe Média, os funcionários do Estado, os administradores privados, etc., podem constituir tal base. Entretanto, esta é uma nova questão que precisa ser analisada. Isto é uma suposição. É necessário analizar o que realmente ocorrerá. É preciso identificar o movimento fascista que surge de um ou de outro elemento. Não estou afirmando que seja impossível surgir um movimento fascista na Inglaterra, ou que um Mosley[2] ou outra pessoa não se converta em um ditador. É uma pergunta para o futuro. Uma possibilidade verosímil.

Falar dele agora como um perigo iminente não é um prognóstico, mas uma mera profecia. Para que possamos prever as situações em relação ao fascismo, é necessário ter uma definição desta ideia. O que é o fascismo? Quais são suas bases, formas e características? Como se dará seu desenvolvimento? É necessário proceder de forma científica e marxista.

Quanto a outra questão. Naturalmente, é importante que você de atenção aos elementos isolados da Oposição de Esquerda, mas não é menos importante seguir com atenção os passos do Partido

---

[2] Oswald Mosley (1896-1980): começou na política britânica como membro do Partido Conservador, depois migrou para o Partido Trabalhista e depois de largá-lo, fundou o "Partido Novo", que mais tarde tornou-se na União Britânica dos Fascistas em 1932.

Trabalhista britânico, Partido Trabalhista Independente[3] e Partido Comunista. Os primeiros tremores do terremoto devem ter produzido rachaduras muito grandes nas paredes deste edifício, e os bolsheviques-leninistas poderão ganhar influência sobre um grande setor do movimento operário. É necessário prestar atenção não só em nossa pequena sessão, mas também em tudo que esta se dando neste grande organismo.

Esta carta é só um esboço. Nem se quer revisei seu conteúdo, mas confio que saberá compreender o sentido geral das ideias aqui expressas.

Junto há uma carta para a Sra Ellen Wilkinson[4], que, como você se lembra, foi comunista e legisladora pelo Partido Trabalhista. Também tem feito alguns esforços para conseguir uma autorização para minha entrada na Grã Bretanha. Se acreditar que ela pode ser útil de alguma forma, então esta carta anexa deverá ajudar. Caso contrário, pode destruí-la.

Meus mais sinceros comprimentos,
L. Trotsky
15 de novembro de 1931

---

3 Fundado em 1893, o Partido Trabalhista Independente influenciou muito na criação do Partido Trabalhista britânico, normalmente ocupando uma posição na sua ala esquerda. Expulso em 1931 do Partido Trabalhista, aproximou-se por alguns anos do stalinismo. Em meados dos anos 30 se filiou à Comunidade Internacional do Trabalho, corrente centrista internacional. Em 1939 retornou ao Partido Trabalhista.
4 Ellen Wilkinson (1891-1947): Ex-sindicalista, trabalhista de esquerda que participou da fundação da *Revista Tribune*, foi também deputada e ministra da Educação durante o governo trabalhista de Clement Attlee depois da Segunda Guerra Mundial.

Capítulo 1
O fracasso da vanguarda proletária e o peso da pequena burguesia

1930 – Conjuntura
Chris Harman

Em 1929, pela terceira vez em menos de doze anos, a sociedade alemã entrou numa profunda crise. Seu primeiro período ocorreu logo em seguida à derrota de 1918. Motins na marinha, greves nas fábricas, e enormes manifestações dirigidas por socialistas revolucionários forçaram os líderes da direita do Partido Social-Democrata (SPD), cujas inclinações pessoais eram por uma monarquia constitucional, a proclamar a república.

Por um tempo o poder de fato ficou nas mãos dos conselhos de trabalhadores e soldados. Apenas por conseguir comandar uma maioria entre eles é que a Social-Democracia conseguiu governar, eventualmente dissolvendo os conselhos em favor de um parlamento burguês. Mesmo assim, até 1920, na prática, não existia uma estrutura nacional estável e unificada. O governo Social-Democrata só conseguiu reestabelecer a "normalidade" ao se apoiar no exército e nas *frei korps* (milícias semioficiais de direita). Estas, massacraram milhares ao reprimirem o levante espartaquista em Berlim, a República Socialista da Baviera, e nas ocupações de Bremen e Hamburgo.

Em 1921, o período inicial de instabilidade política se encerrou. Uma tentativa de levante nacional pelo Partido Comunista (PC) em março daquele ano ("Ação de Março") terminou em um desastroso fracasso. Em 1923, porém, a continuidade do capitalismo na Alemanha estava novamente posta em questão. Na ganância pelo espólio da Primeira Guerra Mundial, os estados vencedores haviam forçado o governo alemão a concordar com reparações sob o Tratado de Versalhes, cujos pagamentos excediam muito a capacidade da economia alemã. O resultado foi a inflação contínua do marco. Após o fracasso em 1922 de entregar as quantidades exigidas de carvão à França, o exército francês ocupou o Ruhr em janeiro de 1923.

A sociedade alemã foi imediatamente jogada na crise. A economia virou um caos. A inflação cresceu em velocidade sem precedentes. Em janeiro, um dólar comprava cerca de 10.000 marcos, em junho, 47.000, e em setembro, 200 milhões. A moeda alemã perdeu qualquer valor. Sessões inteiras das classes médias de repente viram suas poupanças desaparecerem. Em Ruhr eclodiram greves espontâneas, não apenas contra os franceses, mas também pela nacionalização das minas. Em agosto houve uma greve geral em toda Berlim e em outros grandes centros industriais. Por todo lado, a amargura contra a ocupação francesa era combinada com a amargura contra o governo por sua incapacidade em lidar com a situação. Havia desilusão completa no *status quo*. Na direita, milhares se juntavam a partidos nacionalistas radicais e fascistas; na esquerda, o apoio ao PC pela primeira vez tornou-se majoritário entre os trabalhadores. Mesmo um ano depois sua votação equivalia a 60% a do SPD. E até muitos daqueles que apoiavam os partidos de direita, estavam dispostos a aceitar qualquer tipo de mudança, mesmo uma mudança revolucionária de esquerda, se ela pudesse resolver a crise.

Mas a república burguesa sobreviveu. Inicialmente o PC ignorou as implicações da crise, depois convocou um levante sem haver preparado adequadamente seus seguidores, e finalmente desistiu no último minuto (em Hamburgo, uma quebra nas comunicações levou algumas centenas de comunistas a tentarem tomar o poder isolados do resto da Alemanha). O resultado foi uma rápida desilusão dos milhões que haviam momentaneamente se voltado à esquerda revolucionária. A única compensação foi que em Munique a tentativa fascista de golpe ("O *putsch* do salão cervejeiro") também foi totalmente fracassada.

No verão de 1924, o governo havia começado a resolver a crise. O "Plano Dawes"[5] reduziu o fardo das reparações; a moeda se revalorizou e estabilizou; um fluxo de empréstimos e investimentos deu força à economia. A esquerda revolucionária e a direita fascista rapidamente começaram a perder seus apoiadores. Nos próximos cinco anos, a sociedade alemã parecera haver finalmente se estabilizado. Em 1928, os comunistas receberam três milhões de votos, o que era pouco, comparado com os nove milhões do SPD. Os sociais-democratas aparentavam ter recuperado a força e influência que tinham. Um de seus líderes, Hermann Müller, organizou um governo de coalizão. Eles também governavam a Prússia e muitas outras cidades nas províncias. Tinham 900.000 membros filiados, 10.000 sedes partidárias, cinco milhões só nos sindicatos.

Ao mesmo tempo, os nazistas pareciam confinados a uma margem lunática. Eles receberam ínfimos 2,5% do voto popular.

A quebra de Wall Street e a depressão que a seguiu completamente transformou tudo isto. Os empréstimos estrangeiros em que a economia alemã dependia para sua estabilidade já não estavam mais disponíveis. Milhares de fábricas fecharam. O número de desempregados cresceu para três milhões, em meados de 1930. Setores inteiros da classe média foram empobrecidos, assim como pequenas e grandes empresas vieram à falência. Os preços na agricultura caíram e os camponeses caíram em ruína.

---

5 Uma das diversas medidas que encerraram a crise alemã de 1923, reduzindo o peso das reparações a serem pagas pela Alemanha a um nível em que a economia poderia sustentar durante o período entre 1924-28; acompanhado pela supervisão internacional da economia alemã e grande fluxo de crédito dos EUA à Alemanha.

O que havia antes se tornado irritações marginais – os efeitos de Versalhes e as reparações – agora pareciam males maiores.

O governo Mueller viu-se inteiramente incapaz de lidar com esta nova crise. Em março de 1930 ele caiu depois de disputas entre vários partidos de sua coalizão. O presidente, Hindenburg, pediu em seguida ao líder do Partido do Centro Alemão, Brüning, criar um governo de direita. Eles foram incapazes de obter maioria parlamentar e novas eleições foram convocadas para setembro.

Os novos sentimentos de raiva e desespero foram registrados dramaticamente nas urnas destas eleições. O voto comunista cresceu em 40%. Entretanto, foi inteiramente ofuscado pelo aumento de 800% no voto nazista. Os fascistas de repente tornaram-se uma ameaça maior e ainda mais perigosa do que haviam sido em 1923.

O Komintern e o KPD

Entre os anos de 1925 e 1928, o Komintern[6], sob Josef Stalin e Nikolai Bukharin, seguiu com uma política que enfatizava alianças com não-revolucionários como forma de obter apoio de massas. Essa estratégia era conhecida como "segundo período" da consolidação capitalista (em oposição ao "primeiro período" de instabilidade capitalista, 1917-24). Trotsky criticou esta política (assim como mais tarde criticou a "frente popular"), não porque ela envolvia unidade de ação com entidades não-revolucionárias, mas porque para fazer isto os líderes do Komintern precisariam sacrificar a independência e liberdade de crítica dos Partidos Comunistas.

---

6 Abreviação da Internacional Comunista, também conhecida como Terceira Internacional (1919-1943). Foi uma organização internacional fundada por Vladimir Lenin e pelos bolcheviques, em março de 1919, para reunir os partidos comunistas de diferentes países.

Em 1928, Stalin deu um giro brusco contra seu antigo aliado, Bukharin, e contra suas políticas anteriores. No sexto congresso da Internacional Comunista, no primeiro semestre de 1928, proclamou que o capitalismo havia passado de sua segunda fase de estabilidade temporária para entrar em um "terceiro período" de "rápido desenvolvimento das contradições da economia mundial" e de "máxima agudez da crise geral do capitalismo", que inevitavelmente levaria a guerras e revoluções. Para isso, deduziu a necessidade de uma completa mudança nas táticas. Não apenas a política anterior, inteiramente fracassada, de coligação acrítica com a esquerda da social-democracia foi abandonada, mas também, qualquer tipo de cooperação, dali em diante, estava proibida.

Ao mesmo tempo, todos os diferentes partidos nacionais que haviam antes apoiado as políticas direitistas de Bukharin ou que demonstravam algum grau de independência de Stalin, foram expulsos juntos aos remanescentes da Oposição de Esquerda.

Foi anunciado que a "radicalização" das massas estava ocorrendo, porque havia uma "perda de fé das massas na social-democracia". O papel dos partidos sociais-democratas passou a ser visto como puramente reacionário e bloqueador dos avanços do movimento à revolução. Portanto, argumentava-se que eles eram pouco distinguíveis dos fascistas. Stalin escreveu que "a social-democracia e o fascismo são gêmeos". Esse bordão foi reivindicado e elaborado por uma serie de dirigentes. "Em países em que há fortes partidos sociais-democratas, o fascismo assume a forma particular de social-fascismo"[7]. O termo "social-fascista" se aplicava não apenas a enrijecida ala direita dos sociais-demo-

---

[7] Tese do 10º pleno do comitê executivo da Komintern, publicado pelo Partido Comunista da Grã-Bretanha, citado por CLR James, Revolução Mundial (Londres, 1937).

cratas, mas principalmente à ala esquerda "Na verdade a 'esquerda' da social-democracia apoia incondicionalmente a política do social-fascismo"[8].

Essa designação foi acompanhada pelo fracasso contínuo em compreender o tamanho real da ameaça fascista. Desde fevereiro de 1930, Ernst Thälmann, líder do Partido Comunista Alemão (KPD), chamava o governo social-democrata de Mueller de "gangue de sociais-fascistas" e anunciava que "o governo fascista já estava estabelecido na Alemanha"[9].

Se o fascismo já existia, então porque lutar contra os nazistas, que apenas representavam "uma forma diferente de fascismo"?

Frente aos enormes ganhos dos nazistas, bem maiores que os do KPD nas eleições de 1930, o diário comunista *Rote Fahne* (Bandeira Vermelha) conseguiu apresentar a situação como "vitoriosa para os comunistas", ao escrever que "na noite passada, Herr Hitler teve seu maior dia, mas a chamada vitória eleitoral dos nazistas é o inicio do fim"[10] e "14 de setembro foi o ponto alto do movimento Nacional Socialista na Alemanha. Certamente o que sucederá será o declínio e a queda"[11].

O texto a seguir, *O Giro da Internacional Comunista e a Situação Alemã*, foi escrito imediatamente após as eleições de setembro de 1930. É uma das primeiras tentativas de Trotsky para entender a nova correlação de forças apresentada e mostrar a incapacidade da stalinizada Komintern em responder à mesma.

---

8 Teses do 10º pleno, citado em James.
9 Citado em Braunthal, História da Internacional, volume II (Londres 1967) p. 366.
10 Rote Fahne, 15 de setembro 1930, citado em James.
11 Rote Fahne, 16 de setembro 1930, citado em James.

O Giro da Internacional Comunista e a Situação Alemã
Leon Trotsky / Tradução: Mario Pedrosa

As Origens dos Últimos Giros

Em nossa época, os giros táticos, e mesmo os grandes giros, são absolutamente inevitáveis. Eles provêm de reviravoltas na situação objetiva (falta de estabilidade nas relações internacionais, oscilação brusca e irregular da conjuntura, reflexo brusco das oscilações econômicas na política, impulsos da massa com a impressão de uma situação sem saída etc.). Acompanhar atentamente as mudanças da situação objetiva é uma tarefa mais importante e mais difícil hoje do que antes da guerra, na época do desenvolvimento "orgânico" do capitalismo.

A direção do partido se encontra agora na situação de um motorista que guia o seu automóvel por estradas de curvas muito fechadas. Uma curva fora de tempo ou uma velocidade inoportuna constitui para o condutor e os passageiros uma ameaça de perigos muito grandes, mesmo ameaça de morte.

Durante os últimos anos, a direção da Internacional Comunista nos deu exemplos de giros muito bruscos. Observamos o último deles nestes últimos meses. De onde provêm os giros na Internacional desde a morte de Lenin? De mudanças na situação objetiva? Não. Pode-se dizer com certeza: à partir de 1923, nenhum giro tático foi efetuado a tempo pela Internacional sob a influência de mudanças da situação objetiva, apreciadas com exatidão. Ao contrário: cada giro tem sido o resultado da contradição insuportável entre a linha da Internacional e a situação objetiva. Desta vez, novamente, vemos a mesma coisa.

O IX Pleno do Comitê Executivo da Internacional, o VI Congresso e, especialmente, o X Pleno se orientaram numa linha direta e brusca para um ascenso revolucionário ("terceiro período"), orientação que naquele momento estava completamente contrariada pela situação objetiva que se desenvolveu após as grandes derrotas na Inglaterra, na China, após o enfraquecimento dos PCs no mundo inteiro, sobretudo nas condições de um crescimento da indústria e do comércio que abarcou uma série de países capitalistas mais importantes. Desde fevereiro de 1928 que o giro tático da Internacional é, por assim dizer, completamente o oposto da reviravolta real do desenvolvimento histórico. Desta contradição nasceram: tendências aventureiras, uma separação maior do partido e das massas e o enfraquecimento das organizações. Somente depois que todos esses fenômenos tomaram um caráter ameaçador é que a direção realizou um novo giro, em abril de 1930, para trás e à direita da tática do "terceiro período".

O novo giro tático da Internacional, por uma ironia do acaso, que é severo com todos os *seguidismos*, coincide com uma nova reviravolta na situação objetiva. Um agravamento inesperado da crise internacional abre, sem dúvida, perspectivas de radicalização das massas e de agitações sociais. Na situação presente, principalmente, se poderia e se deveria fazer um giro à esquerda. Isto é, tomar um ritmo audacioso no sentido de um ascenso revolucionário.

Esse giro teria sido inteiramente justo e necessário se, durante os três últimos anos, a direção da Internacional tivesse utilizado como devia o período de recuperação econômica, que foi acompanhado de um refluxo do movimento revolucionário, para fortalecer as posições do partido nas organizações de massa e nos sindicatos em primeiro lugar. Nessas condições, o motorista poderia e deveria, durante o ano de 1930, passar da segunda à terceira marcha ou ao menos preparar-se para uma tal operação no futuro mais próximo.

Na realidade, houve um processo inteiramente oposto. Para não cair no precipício, o motorista foi obrigado, por ter colocado a terceira marcha em um momento desfavorável, a passar à segunda e diminuir o ritmo justamente no momento em que, com uma linha estratégica justa, era necessário aumentar a velocidade.

Tal é a contradição flagrante entre a necessidade tática e a perspectiva estratégica, contradição em que se encontram atualmente, pela lógica dos erros de suas direções, os PCs de uma série de países. Verifiquemos agora essa contradição em sua expressão mais eloquente e mais perigosa: na Alemanha, onde as últimas eleições evidenciaram uma particularidade extraordinária da correlação de forças criada como consequência não só dos dois períodos de estabilização do pós-guerra na Alemanha, como também dos três períodos de erros da Internacional.

A Vitória Parlamentar do Partido Comunista à luz das Tarefas Revolucionárias

A imprensa oficial da Internacional Comunista agora apresenta os resultados das eleições na Alemanha (setembro de 1930) como uma vitória grandiosa do comunismo; esta vitória colocaria a palavra "a Alemanha dos Soviets" na ordem do dia. Os burocratas otimistas recusam analisar o significado das relações de forças que revelam as estatísticas eleitorais. Eles analisam o aumento de votos comunistas independentemente das tarefas revolucionárias e dos obstáculos nascidos da situação objetiva.

O Partido Comunista obteve cerca de 4.600.000 votos contra 3.300.000 em 1928. Esse aumento de 1.300.000 votos é enorme do ponto de vista da mecânica parlamentar «normal», mesmo tendo em conta o aumento geral no número dos eleitores. Mas os ganhos do Partido Comunista parecem pequenos face ao progresso gigantesco dos fascistas, que passaram de 800.000 votos a 6.4000.000. O fato da social-democracia, apesar das perdas importantes, ter preservado seus principais quadros e recebido mais votos dos trabalhadores (8.600.000) que os comunistas, tem também grande importância na análise das eleições.

Portanto, se procuramos "quais são as condições domésticas e internacionais mais suscetíveis para a classe trabalhadora cair com força ao lado do comunismo?», não se pode dar melhor exemplo que o da atual situação na Alemanha: a dificuldade do Plano Young, a crise econômica, a decadência dos dirigentes, a crise do parlamentarismo, a maneira assustadora como a social-democracia no poder desmascara ela própria. O lugar do Partido Comunista alemão na vida social do país, apesar do ganho de 1.300.000 votos, continua frágil e desproporcional do ponto de vista das condições históricas concretas.

A fraqueza das posições do comunismo está indissoluvelmente ligada à política e ao funcionamento interno da Internacional Comunista; ela se revela de maneira ainda mais evidente se compararmos o papel social atual do partido e suas tarefas concretas e urgentes nas condições históricas presentes.

É verdade que o próprio Partido Comunista não contava com um tal crescimento. Mas isso prova que com os seus erros e derrotas repetidas, sua direção perdeu o hábito das perspectivas e dos objetivos ambiciosos. Ontem, subestimava suas próprias possibilidades. Hoje, subestima novamente as dificuldades. Um perigo é assim multiplicado por outro.

A primeira qualidade de um autêntico partido revolucionário é saber olhar a realidade de frente.

Oscilações da grande burguesia

A cada curva do caminho histórico, a cada crise social, é preciso sempre examinar de novo a questão das relações das três classes da sociedade atual: da grande burguesia, que é dirigida pelo capital financeiro; da pequena burguesia, que oscila entre os dois campos fundamentais e, enfim, do proletariado.

A grande burguesia, que é uma pequena minoria da nação, não se pode manter no poder se não tem apoio na pequena burguesia das cidades e do campo, isto é, nos restos do passado e nas massas das novas classes médias. Esse apoio assume, na época atual, duas formas principais, politicamente antagônicas, mas que historicamente se completam: a social-democracia e o fascismo. A pequena burguesia que segue o capital financeiro, na pessoa da social-democracia, arrasta consigo milhões de operários.

Hoje, a grande burguesia alemã oscila, divide-se. A questão de saber qual dos dois métodos ela precisará empregar para resolver a crise social atual absorve as suas divergências. A social-democracia afasta de si uma parte da grande burguesia por causa dos seus resultados duvidosos e de grandes compromissos suplementares (impostos, leis de seguridade social, salários). A intervenção cirúrgica do fascismo apresenta-se a uma outra parte da grande burguesia como muito arriscada e sem consonância com a situação. Em outras palavras, o capital, no seu conjunto, oscila na apreciação da situação, ainda sem base para proclamar o advento do seu "terceiro período", no qual a social-democracia será substituída de forma absoluta pelo fascismo, sendo que, no ajuste de contas, a social-democracia, pelos serviços prestados, deverá sofrer com outros, como se sabe, um massacre geral. Nas oscilações da grande burguesia entre a social-democracia e o fascismo "em virtude do enfraquecimento dos seus partidos principais" constituem um sintoma muito evidente de uma situação pré-revolucionária. Com o advento de condições verdadeiramente revolucionárias, essas oscilações, é claro, cessam imediatamente.

A pequena burguesia e o fascismo

Para que a crise social possa resultar na revolução proletária, é indispensável, além de outras condições, que se produza um deslocamento decisivo das classes pequeno-burguesas em direção ao proletariado. Isso dá ao proletariado a possibilidade de se colocar como protagonista à frente da nação.

As últimas eleições mostram, e isto constitui o seu valor sintomático essencial, um deslocamento inverso: sob os golpes da crise, a pequena burguesia se inclina não para a revolução proletária, mas para a reação imperialista mais extremada, arrastando consigo importantes camadas do proletariado.

O crescimento gigantesco do nacional-socialismo (nazismo) é expressão de dois fatos: da crise social profunda, que lança as massas pequeno burguesas para fora de seu equilíbrio, e da ausência de um partido revolucionário, que já possa se apresentar, hoje, aos olhos das massas populares, como aquele que deverá ser o seu guia revolucionário. Se o Partido Comunista é um partido de esperança revolucionária, o fascismo, como movimento de massas, é então um partido de desespero contrarrevolucionário. Quando a massa proletária é incendiada pela esperança revolucionária, arrasta inevitavelmente consigo, no caminho da revolução, camadas importantes e crescentes da pequena burguesia. Nesse domínio, precisamente, as eleições oferecem uma imagem inteiramente oposta: o desespero contrarrevolucionário abraçou a massa pequeno-burguesa com tal força que atraiu importantes camadas do proletariado.

Como se pode explicar isso? Vimos, no passado (Itália, Alemanha), um brutal fortalecimento do fascismo, vitorioso ou, pelo menos, ameaçador, como resultado de situações revolucionárias esgotadas ou inutilizadas, ao fim de crises revolucionárias em que a vanguarda do proletariado se mostrou incapaz de se colocar à frente da nação para mudar a sorte de todas as classes, inclusive a da pequena burguesia. Foi precisamente isso que deu forças excepcionais ao fascismo na Itália.

Hoje, na Alemanha não estamos às portas da crise revolucionária, mas na sua vizinhança. Daí os funcionários dirigentes do partido, otimistas por obrigação, deduzirem que o fascismo, ao chegar "muito tarde", se encontra condenado a uma derrota inevitável e rápida (*Die Rote Fahne*[12]). Essa gente nada quer aprender. O fascismo chega "muito tarde" com relação às antigas crises revolucionárias, mas chega muito cedo, "ao alvorecer", com relação à nova crise revolucionária. O fato de ele ter tido a possibilidade de ocupar uma boa posição de largada às vésperas do período revolucionário, e não no seu fim, não constitui o ponto fraco do fascismo, mas o ponto fraco do comunismo.

A pequena burguesia não espera, e por causa disso não tem novas esperanças na capacidade do KPD de melhorar a sua sorte. Apoia-se na experiência do passado, recorda-se das lições de 1923, dos saltos ultra esquerdistas caprichosos de Maslov e Thälmann, da impotência oportunista desse mesmo Thälmann, do barulho do "terceiro período" etc. E sobretudo, e isto é o mais importante, a sua desconfiança com a revolução proletária se nutre da desconfiança de milhões de operários sociais-democratas para com o KPD. A pequena burguesia, mesmo quando é lançada fora da vida conservadora, só pode orientar-se para a revolução social se as simpatias da maioria dos proletários se dirigem para a revolução social. Essa condição, que é a mais importante, é precisamente a que ainda falta na Alemanha. E não falta por acaso.

---

12 A Bandeira Vermelha, periódico do Partido Comunista da Alemão.

A declaração-programa do Partido Comunista alemão, antes das eleições, foi consagrada, no seu conjunto e exclusivamente, ao fascismo, considerando-o como inimigo essencial. O fascismo, entretanto, saiu vencedor, recolhendo não só milhões de votos de elementos semiproletários, mas muitas centenas de milhares de votos de operários industriais. Nisso se exprime o fato de que, apesar da vitória parlamentar do KPD, a revolução proletária como um todo sofreu uma derrota séria nessas eleições, derrota de natureza preventiva, evidentemente, ou mesmo pré-preventiva, não de caráter decisivo. Ela pode tornar-se decisiva, e se tornará inevitavelmente se o KPD não souber avaliar a sua vitória parlamentar parcial, não souber ligá-la ao caráter "preventivo" da derrota da revolução, considerada como um todo, e não conseguir tirar daí as conclusões necessárias.

O fascismo é um perigo real na Alemanha. É a expressão aguda da situação sem saída do regime burguês, do papel conservador da social-democracia em relação a esse regime e da fraqueza acumulada do KPD para destruir esse regime. Quem nega isso é um cego ou um fanfarrão.

Em 1923, Brandler, apesar de todas as nossas advertências, superestimou de maneira inaudita as forças fascistas. Da apreciação falsa da correlação de forças, nasceu uma política de espera, de tergiversações, de defensiva, de covardia. Isso aniquilou a revolução. Acontecimentos como esses não passam sem deixar traços na consciência de todas as classes da nação. A superestimação do fascismo pela direção comunista criou uma das condições para o fortalecimento real do fascismo. Um erro oposto, precisamente a subestimação do fascismo pela direção atual do KPD, pode provocar um desmoronamento mais terrível da revolução por toda uma longa série de anos.

O perigo toma uma agudez particular porque está ligado à questão do ritmo de desenvolvimento, que não depende somente de nós. A linha sinuosa desenhada pela situação política, tal como se revelou nas eleições, permite-nos pensar que o ritmo de desenvolvimento da crise nacional possa ser muito rápido. Por outras palavras, o curso dos acontecimentos pode conduzir a Alemanha, no futuro mais próximo, a uma nova altura histórica, à antiga contradição trágica entre a maturidade da situação revolucionária de um lado e a fraqueza e a impotência estratégica do partido revolucionário de outro lado. É preciso dizer isso claramente, abertamente e, sobretudo, a tempo.

O partido comunista e a classe operária

Seria um erro considerável, por exemplo, conformar-se com o fato de que o Partido Bolchevique, que em abril de 1917, depois da chegada de Lenin, apenas começava a se preparar para a conquista do poder, tinha menos de 80 mil membros e não arrastava, mesmo em Petrogrado, mais de um terço dos operários e uma parte ainda menor de soldados.

A situação na Rússia era inteiramente outra. Os partidos revolucionários só saíram da ilegalidade em março, depois de uma interrupção de três anos da vida política, já abafada, que existia antes da guerra. A classe operária se renovou durante a guerra em cerca de 40%. A massa esmagadora do proletariado ignorava a existência dos bolcheviques, e mesmo nada ouvira sobre eles. O voto nos mencheviques e socialistas-revolucionários, em março-junho, era a simples expressão dos primeiros passos cambaleantes que se seguem ao despertar. Nesse voto não existia sequer uma sombra de desilusão com os bolcheviques ou acumulação de desconfiança a seu respeito, desilusão ou desconfiança que somente se pode criar como resultado de erros do partido, verificados pelas próprias massas na sua experiência. Ao contrário, cada dia da experiência revolucionária de

1917 arrancava as massas dos conciliadores para os bolcheviques. Disso nasceu o aumento torrencial e irresistível das fileiras do partido e, sobretudo, de sua influência.

No fundo, neste como em muitos outros aspectos, a situação alemã tem um caráter diferente. O Partido Comunista alemão não apareceu em cena somente ontem ou anteontem. Em 1923 teve ao seu lado, abertamente ou quase abertamente, a maioria da classe operária. Em 1924, na vaga descendente, recebeu 3,6 milhões de votos, porcentagem mais elevada da classe operária do que a de hoje. Isso quer dizer que os operários que ficaram com a social-democracia, bem como os que votaram desta vez nos nacional-socialistas, agiram assim não por simples ignorância ou porque só ontem tivessem despertado, mas porque se basearam na sua própria experiência dos últimos anos e não acreditam mais no KPD.

Não esqueçamos que, em fevereiro de 1928, o IX Pleno do Comitê Executivo da IC começou uma luta encarniçada, extraordinária e sem quartel contra os "social-fascistas". Mais ou menos nessa época, a social-democracia alemã encontrava-se no poder, mostrando às massas, a cada passo, o seu papel criminoso e vergonhoso. E tudo terminou com uma grande crise econômica. É difícil imaginar condições mais favoráveis para o enfraquecimento da social-democracia. Apesar disso, no fundo, ela conservou as suas posições. Que razões podem explicar esse fato surpreendente? Tal coisa só aconteceu porque a direção do KPD auxiliou, com a sua política, a social-democracia, sustentando-a pela esquerda.

O fato de que cinco ou seis milhões de operários e operárias tenham votado na social-democracia não significa, absolutamente, que lhe tenham dado confiança plena e ilimitada. É preciso não considerar os operários sociais-democratas como cegos, e eles não são tão ingênuos a respeito de seus dirigentes, mas não veem outra saída para a situação atual. Não falamos, evidentemente, da aristocracia e da burocracia proletária, mas dos operários da base. A política do KPD não conquista a sua confiança, não porque o KPD seja um partido revolucionário, mas porque eles não acreditam na sua capacidade de alcançar uma vitória revolucionária, e por isso não desejam arriscar a cabeça sem proveito. Votando a contragosto na social-democracia, esses trabalhadores não expressam a sua confiança nela, mas a sua desconfiança com o KPD. Nisso é que consiste a diferença enorme entre a situação comunista alemã de hoje e a dos bolcheviques russos em 1917.

Mas as dificuldades não desaparecem com isso apenas. No próprio KPD e, sobretudo, nos círculos operários que o apoiam ou que só votam nele, há uma grande acumulação de mutua desconfiança com a direção do partido. Isso cria o que se chama de "desproporção" entre a influência geral do partido e os seus efetivos, especialmente em relação à sua função sindical. Na Alemanha uma tal desproporção existe indiscutivelmente. A explicação oficial da desproporção é que o partido não pode "fortificar" organicamente a sua influência. Considera-se a massa como uma matéria inteiramente passiva, cuja entrada ou saída do partido depende exclusivamente da maneira como o secretário saiba ou não tomar cada operário pelo braço.

Os burocratas não compreendem que o operário tem o seu pensamento próprio, a sua experiência, a sua vontade e a sua política ativa ou passiva a respeito do partido. O operário vota no partido, na sua bandeira, na Revolução de Outubro, na sua própria revolução que se aproxima. Mas, ao recusar-se a entrar no partido ou a segui-lo nas lutas sindicais, diz com isso mesmo que não tem confiança na sua política cotidiana. A "desproporção" é, pois, em última instância, uma expressão de desconfiança das massas para com a direção atual da IC. E esta desconfiança, criada e fortalecida pelos erros, pelas derrotas, pelo blefe e pelas mistificações evidentes entre 1923 e 1930, constitui um dos maiores obstáculos no caminho da vitória da revolução proletária.

Sem confiança em si mesmo, o partido não poderá guiar a classe. Sem guiar o proletariado, ele não separará do fascismo as massas pequeno-burguesas. Uma coisa está ligada indissoluvelmente à outra.

Retorno ao "segundo" período ou de novo marcha para o "terceiro"?

Se empregarmos a terminologia oficial do centrismo, devemos formular o problema da maneira seguinte: a direção da IC impôs às seções nacionais a tática do "terceiro período", isto é, a tática do ascenso revolucionário imediato, em um momento (1928) em que havia traços visíveis do "segundo período", ou seja, da estabilização burguesa, de um refluxo e declínio da revolução. O resultado desse giro em 1930 foi o abandono da tática do "terceiro período" em proveito da tática do "segundo período". Esse giro, entre outros, foi realizado pelo aparelho burocrático num momento em que sintomas essenciais começavam a testemunhar, de forma eloquente, ao menos na Alemanha, uma verdadeira aproximação do "terceiro período". Não decorre daí a necessidade de um novo giro tático, no sentido da política, hoje abandonada, do "terceiro período"?

Empregamos essa terminologia para tornar o enunciado do problema mais acessível aos círculos cuja consciência foi emporcalhada pela metodologia e pela terminologia dos burocratas centristas. Mas nós mesmos não estamos dispostos a adotar essa terminologia, atrás da qual se escondem as combinações do burocratismo stalinista e da metafísica bukhariniana. Repelimos a apreciação apocalíptica do "terceiro" período considerado como o último: o número de períodos até a vitória do proletariado é uma questão de correlação de forças e de mudanças de situação. Tudo isso só pode ser verificado pela ação. Condenamos o próprio conteúdo do esquematismo estratégico com os seus períodos numerados.

Não existe uma tática abstrata, estabelecida de antemão para o "segundo" ou o "terceiro" período. É evidente que não se pode chegar à vitória e à conquista do poder sem um levante armado. Mas como chegar a esse levante? A questão de se saber por quais métodos e com que ritmo se deve mobilizar as massas depende não só da situação objetiva em geral, mas, antes de tudo, do estado em que a crise social no país encontra o proletariado, das relações entre o partido e a classe, entre o proletariado e a pequena-burguesia etc. A situação do proletariado no limiar do "terceiro período" depende, por sua vez, da tática que o partido adotou no período precedente.

A mudança tática normal e natural correspondente à reviravolta atual da situação na Alemanha deveria ser a aceleração do ritmo, a acentuação das palavras de ordem e dos métodos de luta. Mas o giro tático teria sido normal e natural somente no caso em que o ritmo da luta e as palavras de ordem da véspera correspondessem às condições do período precedente. Mas não houve nada disso. A contradição flagrante entre a política ultra esquerdista e a estabilização da situação foi, portanto, a causa do giro tático. Como um dos resultados, verificou-se que no momento em que a nova reviravolta da situação objetiva deu ao comunismo um ganho importante de votos, o partido se acha, mais do que nunca, estratégica e taticamente, muito desorientado, desgarrado e desprevenido.

Para esclarecer a contradição em que caiu o Partido Comunista alemão, como a maioria das outras seções da Internacional, mais profundamente do que as outras, façamos a mais simples comparação. Para saltar por cima de uma barreira é necessário primeiro tomar impulso. Quanto mais alta é a barreira, mais importa tomar o impulso a tempo, não muito tarde, mas também não muito cedo, a fim de se aproximar do obstáculo com as reservas de forças necessárias. Entretanto, o Partido Comunista alemão, desde julho de 1929, não fez mais do que tomar o seu impulso. Naturalmente, o KPD começou a ficar ofegante e a arrastar a perna. Enfim, a Internacional ordenou: "Diminua a velocidade!" Porém, mal o partido, já ofegante, começou a entrar numa cadência mais normal, apresenta-se diante dele uma barreira real, e não imaginária, que pode exigir um salto revolucionário. Terá ele distância bastante para tomar impulso? Será preciso renunciar ao giro e transformá-lo em contragiro? Eis as questões táticas e estratégicas que se apresentam diante do Partido Comunista alemão em toda a sua agudez.

Para que os quadros dirigentes possam encontrar respostas justas a essas questões, precisam ter a possibilidade de, no mais curto lapso de tempo, calcular, vinculado à estratégia dos últimos anos e aos seus resultados, tais como apareceram nas eleições, o caminho que será preciso percorrer imediatamente. Se, ao contrário, a burocracia conseguir abafar com gritos de vitória a voz da autocrítica política, o proletariado será levado inevitavelmente a uma catástrofe mais terrível do que a de 1923.

As variantes possíveis do desenvolvimento futuro

A situação revolucionária, que coloca o proletariado diante do problema imediato da conquista do poder, se compõe de elementos objetivos e subjetivos ligados entre si e que, numa grande medida, dependem uns dos outros. Mas essa interdependência é relativa. A lei do desenvolvimento desigual se estende também, em geral, aos fatores da situação revolucionária. O desenvolvimento insuficiente de um deles pode ter como resultado ou o desaparecimento da situação revolucionária como um todo, por esta não ter chegado a explodir ou, com a explosão desta, uma derrota da classe revolucionária. A propósito, qual é a situação atual da Alemanha?

1) Uma crise nacional profunda (economica e internacional) existe indiscutivelmente. Pela via normal do regime parlamentar burguês, não se vê saída.

2) A crise política da classe dominante e de seu sistema de governo existe indiscutivelmente. Não é uma crise do parlamentarismo, mas uma crise da dominação de classe.

3) Entretanto, a classe revolucionária encontra-se ainda profundamente dividida pelas contradições internas. O fortalecimento do partido revolucionário, em detrimento do partido reformista, apenas se inicia e se desenvolve ainda a um ritmo que só de longe corresponde à profundidade da crise.

4) A pequena burguesia já tomou, logo no começo da crise, uma posição que ameaça o sistema atual de dominação capitalista, mas que é, ao mesmo tempo, de hostilidade mortal com a revolução proletária.

Em outras palavras, as condições objetivas principais da revolução proletária já existem; já existe uma das suas condições políticas (o estado de ânimo da classe dominante); uma outra condição política (estado de ânimo do proletariado) começa apenas a evoluir para a revolução e, por causa da herança do passado, não pode evoluir rapidamente; por fim, a terceira condição política (estado de ânimo da pequena burguesia) não se dirige para a revolução proletária, mas para a contrarrevolução burguesa. Uma modificação favorável desta última condição não pode ser realizada sem modificações radicais no próprio proletariado, isto é, sem a liquidação política da social-democracia.

Temos, pois, uma situação profundamente contraditória. Um dos fatores atuais põe na ordem do dia a revolução proletária, e os outros excluem as possibilidades da sua vitória no período mais próximo, isto é, sem uma profunda mudança preliminar da correlação das forças políticas.

Teoricamente, podemos imaginar muitas variantes do desenvolvimento futuro da situação atual da Alemanha, variantes que dependem das causas objetivas, às quais se juntam a política dos inimigos de classe e a atitude do próprio partido. Notemos, esquematicamente, quatro variantes possíveis do desenvolvimento:

1) O KPD, aterrorizado pela sua própria estratégia do "terceiro período", avança tateando, com extrema prudência, evitando os passos arriscados e deixa escapar a situação revolucionária sem combate. Isto seria a repetição, sob outro aspecto, da política de Brandler em 1921-1923. Os brandlerianos e semibrandlerianos do partido e de fora do partido o empurrarão nessa direção, refletindo a pressão da social-democracia.

2) Sob a influência do sucesso eleitoral, o partido faz, ao contrário, um novo giro brusco à esquerda, no sentido da luta direta pelo poder, e, sendo o partido a minoria ativa, sofrerá uma derrota catastrófica. O fascismo, os charlatões, os surdos, os menos refletidos, os menos informados, todos os que estão ensurdecidos pela agitação do aparelho e, enfim, o desespero e a impaciência de uma parte da classe revolucionária, sobretudo dos jovens desempregados, o levarão para esse lado.

3) É igualmente possível que a direção procure, sem abandonar nada, encontrar empiricamente uma linha média entre os perigos dessas duas variantes. Cometerá uma série de novos erros, atenuará tudo o que pode vencer a desconfiança das massas proletárias e semiproletárias, ao mesmo tempo em que as condições objetivas acabarão modificando-se no sentido desfavorá-

vel à revolução, cedendo lugar a uma nova fase de estabilização. Para essa direção eclética, que contém os seguidismos em geral e, numa certa medida, o aventureirismo, o Partido Comunista alemão é empurrado principalmente pelos dirigentes stalinistas de Moscou, que têm medo de tomar uma posição definida e que preparam de antemão um álibi, isto é, a possibilidade de lançar as responsabilidades sobre os "executores" – à esquerda ou à direita, conforme os resultados. É uma política que nos é bem conhecida, que sacrifica os interesses históricos mundiais do proletariado em nome do "prestígio" dos dirigentes burocráticos. As premissas teóricas de um tal curso já se acham no *Pravda* de 16 de setembro.

4) Enfim, a variante mais favorável, ou, melhor dizendo, a única variante favorável: o Partido Comunista alemão, por um esforço dos seus melhores elementos, dos mais conscientes, torna-se consciente de todas as contradições da situação atual. Com uma política justa, audaciosa e maleável, o partido consegue ainda, nas bases da atual situação, reunir a maioria do proletariado e obter uma mudança de rumo das massas semiproletárias e pequeno-burguesas mais oprimidas. A vanguarda do proletariado, como guia da nação trabalhadora e oprimida, alcança a vitória. Auxiliar o partido a nortear sua política nesse sentido é a tarefa dos bolcheviques-leninistas (Oposição de Esquerda).

É supérfluo procurar prever qual dessas variantes tem maiores probabilidades de se realizar no período mais próximo. Questões como essas não se resolvem com previsões, mas pela luta.

O elemento mais indispensável da última variante é a luta ideológica implacável contra a direção centrista da Internacional. Já partiu de Moscou o sinal para a política do prestígio burocrático – que esconde os erros da véspera e prepara os de amanhã – confirmando a linha, mais uma vez, solenemente, com urros mentirosos. Exagerando fortemente os êxitos do partido e diminuindo fortemente as dificuldades, comentando até mesmo os sucessos fascistas como um fator positivo da revolução proletária, o *Pravda* faz, entretanto, uma pequena reserva: "Os sucessos não nos devem perturbar a cabeça". A política falsa da direção stalinista continua, nisso também, fiel a si mesma. Faz-se a análise da situação num sentido ultra esquerdista incriticável. Por esse meio, o partido é levado conscientemente para o caminho do aventureirismo. Ao mesmo tempo, Stalin prepara de antemão o seu álibi pela expressão ritual: "perturbar a cabeça". Precisamente, essa política obtusa, conscientemente errada, pode aniquilar a revolução alemã.

Onde está a saída?

Demos mais acima, sem nenhum atenuante ou mascaramento, a análise das dificuldades e de todos os perigos que pertencem à esfera subjetiva da política, que são engendrados, antes de tudo, pelos erros e pelos crimes dos epígonos da direção e que ameaçam abertamente destruir a nova situação revolucionária que se desenvolve aos nossos olhos. Ou os militantes fecharão os olhos diante da nossa análise, ou atualizarão o seu estoque de injúrias. Mas não nos interessam militantes perdidos, e sim o destino do proletariado alemão. No partido, e mesmo no seu aparelho, ainda há homens que observam e refletem, e que a situação aguda obrigará amanhã a refletir duplamente. Oferecemos a estes a nossa análise e as nossas deduções.

Toda situação crítica contém em si grandes fontes de incertezas. Os estados de espírito, os pontos de vista e as forças inimigas e amigas formam-se no processo da crise. Não se pode prevê-los matematicamente de antemão. É necessário medi-los no processo da luta, pela luta, e introduzir, segundo essas medidas vivas, as correções necessárias na política.

Pode-se medir de antemão a força da resistência conservadora dos operários sociais-democratas? Não se pode. À luz dos acontecimentos dos últimos anos, essa força parece gigantesca. Mas o essencial consiste em que a falsa política do KPD – que encontrou a sua mais alta expressão na teoria inábil do social-fascismo – contribuiu mais do que qualquer outra coisa para a coesão da social--democracia. Para medir a verdadeira força de resistência dos quadros sociais-democratas, é preciso um outro padrão, isto é, uma tática comunista justa. Com essa condição – e não é uma condição desprezível – pode revelar-se, num prazo relativamente curto, em que grau a social-democracia está carcomida interiormente.

Sob outra forma, o que se disse mais acima se aplica igualmente ao fascismo: ele cresceu em outras condições, graças ao fermento da estratégia de Zinoviev-Stalin.[13] Qual é a sua força de ataque? De resistência? Já atingiu o seu ponto culminante, como o afirmam os otimistas por dever, ou se acha apenas nos seus primeiros passos? Não se pode prever isso mecanicamente. Só se

---

13 "Estratégia zinovievo-stalinista": Gregory Y. Zinoviev (1883-1936), dirigente da Internacional Comunista desde sua fundação em 1919 até sua remoção por Stalin em 1926. Após a morte de Lenin, Zinoviev e Kaminev fizeram um bloco com Stalin (a Troika) contra Trotsky e dominado pelo partido russo. Durante o período de dominação da internacional por Zinoviev-Stalin, uma linha oportunista gerou derrotas e perdas de oportunidades em série, a mais conhecida sendo o abandono da revolução alemã de 1923. Após sua ruptura com Stalin, Zinoviev juntou-se à Oposição de Esquerda trotskista. Mas depois de 1928, da expulsão da Oposição Unificada do partido, Zionoviev capitulou a Stalin. Readmitido, ele foi novamente expulso em 1932. Depois de renegar qualquer perspectiva critica, ele foi novamente readmitido ao partido, mais em 1934, foi expulso e preso. "Confessou" durante o primeiro dos Tribunais de Moscou de 1936 e foi executado.

pode determiná-lo pela ação. Precisamente, para o fascismo, que é uma arma afiada nas mãos do inimigo de classe, uma política falsa do KPD pode ter, num prazo muito curto, um resultado fatal. Ao contrário, uma política justa, num prazo que não será, é verdade, tão curto, pode solapar as posições do fascismo.

No momento de uma crise de regime, o partido revolucionário é mais forte nas batalhas extraparlamentares do que no quadro do parlamentarismo. Mas isso só é verdade se ele souber apreciar exatamente a situação e puder ligar praticamente as necessidades vitais das massas à tarefa da conquista do poder. No presente momento, tudo consiste nisso.

Eis porque foi um erro capital só enxergar dificuldades e perigos na atual situação da Alemanha. Não, a situação abre imensas possibilidades, com a condição de que seja esclarecida, compreendida até o fim e bem utilizada.

O que é preciso para isso?

1) O giro forçado "à direita", no momento em que a situação gira "à esquerda", exige um estudo muito atento, consciencioso e inteligente das variações anteriores dos fatores da situação.

É preciso condenar imediatamente a oposição abstrata que se faz entre os métodos do segundo e do terceiro período. É preciso tomar a situação como ela é, com todas as suas contradições e na dinâmica viva de seu desenvolvimento. É preciso adaptar-se atentamente às variações reais dessa situação e agir, dentro dela, na direção de seu verdadeiro desenvolvimento e não segundo o arbítrio dos esquemas dos políticos soviéticos Molotov ou Kuusinen.

Orientar-se na situação é a parte mais importante e mais difícil da tarefa. Não se pode resolvê-la com os métodos burocráticos. A estatística, por importante que seja em si mesma, não basta para esse fim. É preciso que se entre em contato, todos os dias, com as massas compactas do proletariado e em geral com as massas trabalhadoras. É preciso não só que se lancem palavras de ordem vivas, mas examinar, em seguida, como estas atuam nas massas. Tal coisa não se pode realizar sem um partido ativo, que penetre por toda a parte, por meio de dezenas de milhares de tentáculos que reúnam testemunhos, discutam todas as questões e elaborem ativamente a sua opinião coletiva.

2) Disso não se pode dissociar a questão do regime do partido. Os homens nomeados por Moscou, independentemente da confiança ou desconfiança do partido, não poderão levar as massas ao assalto da sociedade capitalista. Quanto mais artificial é o regime atual do partido, tanto mais a crise será profunda nos dias e horas de seu desenlace. De todas as "reviravoltas", a do regime do partido é a mais necessária e é inelutável. É uma questão de vida e de morte.

3) A mudança do regime é a condição preliminar da mudança de curso e, ao mesmo tempo, a sua conclusão. Uma não pode ser imaginada sem a outra. O partido deve arrancar-se à atmosfera falsa, convencional, em que se silenciam as infelicidades reais, em que se celebram os valores fictícios – em uma palavra, à atmosfera perniciosa do stalinismo, que se cria não por uma influência ideológica ou política, mas pela dependência grosseira e material do aparelho e pelos métodos de comando baseados nessa dependência.

Uma das condições indispensáveis para que o partido se liberte do cativeiro burocrático é a revisão completa da "linha geral" da direção alemã, desde 1923, e mesmo desde as jornadas de março de 1921. A Oposição de Esquerda, numa série de documentos, chamou a atenção para todas as etapas desastradas da política oficial do partido. Não se conseguirá ignorá-la ou abafá-la. O partido não se elevará à altura de suas tarefas grandiosas sem uma apreciação livre de seu presente à luz de seu passado.

Se o KPD, apesar das condições excepcionalmente favoráveis, mostrou-se impotente para, com o auxílio da fórmula do "social--fascismo", abalar seriamente o edifício da social-democracia, o fascismo real ameaça agora esse edifício, não com fórmulas verbais de um radicalismo artificial, mas com fórmulas químicas de explosivos. Por mais verdadeira que seja a afirmação de que a social-democracia preparou com toda a sua política o desenvolvimento do fascismo, não deixa de ser menos exato que o fascismo aparece primeiramente como uma ameaça mortal para a própria social-democracia, cuja grandeza está indissoluvelmente ligada às formas de governo parlamentares, democráticas, pacifistas.

Não se pode duvidar que os dirigentes da social-democracia e uma camada muito pequena de operários aristocratas preferirão, em última análise, a vitória do fascismo à vitória revolucionária do proletariado. Mas, a aproximação de uma tal escolha cria, precisamente, para a direção da social-democracia, dificuldades excepcionais nas suas próprias fileiras.

A política de frente única dos operários contra o fascismo decorre de toda essa situação. Ela oferece imensas possibilidades ao KPD. A condição do êxito reside, pois, no abandono da teoria e da prática do "social-fascismo", cuja nocividade se torna perigosa nas condições atuais. A crise social provocará inevitavelmente abalos profundos no seio da social-democracia. A radicalização das massas atuará sobre os operários sociais-democratas muito antes de eles deixarem de ser sociais-democratas. Será preciso, inevitavelmente, realizar acordos contra o fascismo, com as diversas organizações e frações sociais-democratas, apresentando, diante das massas, condições precisas aos seus dirigentes. Prender-se de antemão, por compromissos formais, contra tais acordos, só é possível a oportunistas medrosos, aliados de ontem de Purcell e Cook, de Chiang-Kai-Shek e Wan-Tin-Wei. Da frase oca dos funcionários sobre a frente única, é preciso retornar à política de frente única, como sempre foi feito pelos bolcheviques, sobretudo no ano de 1917.

4) O problema do desemprego é um dos fatores capitais da crise política. A luta contra a racionalização capitalista e pela jornada de sete horas continua inteiramente na ordem do dia. Mas somente uma palavra de ordem de colaboração ampla e sistemática com a URSS pode elevar essa luta à altura das tarefas revolucionárias. Na declaração-programa das eleições, o Partido Comunista alemão (KPD) declara que depois da tomada do poder, os comunistas instaurarão a colaboração econômica com a URSS. Isso é óbvio. Mas não se pode opor a perspectiva histórica às tarefas políticas de hoje. É preciso desde hoje mobilizar os operários e, em primeiro lugar, os desempregados sob a palavra de ordem de ampla colaboração econômica com a República Soviética. A Comissão de Planejamento Estatal da URSS deve elaborar, com a participação dos comunistas alemães e dos economistas, um plano de colaboração econômica que deve basear-se no desemprego atual e desenvolver-se numa colaboração geral, englobando todos os ramos essenciais da economia.

A tarefa não consiste na promessa de que se reconstruirá a economia depois da conquista do poder. A tarefa não consiste na promessa de uma colaboração da Alemanha soviética com a URSS, mas na conquista atual das massas operárias para essa colaboração, ligada estreitamente à crise e ao desemprego e desenvolvida em seguida num plano gigantesco de reconstrução socialista dos dois países.

6) A crise política alemã põe em xeque o regime que o tratado de Versalhes estabeleceu na Europa. O Partido Comunista alemão diz que o proletariado alemão, se tomar o poder, liquidará os pergaminhos de Versalhes. Isso é tudo? A abolição do tratado de Versalhes seria, então, a mais alta conquista da revolução proletária?! Mas o que se colocaria em seu lugar? Nem uma palavra

a esse respeito. Apresentar a questão sob essa forma negativa é aproximar o partido dos nacional-socialistas. Estados Unidos Soviéticos da Europa! Tal é a única palavra de ordem justa que oferece uma solução à desagregação da Europa, desagregação que ameaça não somente a Alemanha, mas toda a Europa com uma completa decadência econômica e cultural.

Ao mesmo tempo, a palavra de ordem de unificação proletária da Europa é uma arma muito importante na luta contra o nacionalismo abjeto do fascismo, sua agitação contra a França etc. A política mais falsa, mais perigosa, é a que consiste em adaptar-se passivamente ao adversário, em tomar as suas cores. Contra as palavras de ordem de desespero nacional e de loucura, é preciso apresentar as palavras de ordem de uma solução internacional. Para isso, é indispensável depurar o próprio partido do veneno do nacional-socialismo, cujo elemento essencial é a teoria do socialismo num só país.

Examinamos a questão do giro tático da Internacional somente à luz da situação alemã porque, antes de tudo, a crise alemã coloca novamente o Partido Comunista alemão no centro da atenção da vanguarda proletária internacional e também porque, à luz dessa crise, todos os problemas surgem com maior relevo. Não seria difícil mostrar que o que se diz aqui se relaciona, em maior ou menor medida, com os outros países.

Na França, depois da guerra, todas as formas da luta de classes têm tido um caráter incomensuravelmente menos agudo e menos decisivo do que na Alemanha. Os giros da Internacional têm, em todo o caso, um caráter universal. O PC francês, que em 1928 foi decretado por Molotov como sendo o primeiro candidato ao poder, realizou uma política de suicídio durante os dois últimos anos e ignorou, em particular, o crescimento econômico. O giro tático é proclamado na França no momento em que o crescimento industrial começa a se transformar em crise. As mesmas contradições, dificuldades e tarefas de que falamos em relação à Alemanha estão igualmente na ordem do dia na França.

Esse giro da Internacional, ligado à reviravolta da situação, apresenta tarefas novas de importância particular à Oposição de Esquerda. Suas forças não são grandes. Mas toda corrente cresce com o aumento de suas tarefas. Compreendê-las claramente é preencher uma das mais importantes condições de vitória.

Capítulo 2
Hitler, um milico insignificante?

1931 – Conjuntura
Chris Harman

As eleições de 1930 foram incapazes de produzir uma maioria para qualquer um dos governos. Brüning praticamente só conseguiu ficar no cargo governando por decreto presidencial, sem submeter-se ao parlamento. Ele não conseguiu, porém, apresentar qualquer solução para a crise.

Nas relações externas uma tentativa de criar unidade aduaneira com a Áustria, para aliviar algumas das consequências do Tratado de Versalhes, teve de ser abandonado por pressão da França. Em junho, dois grandes bancos faliram. O desemprego continuou a crescer e, incapaz de resolver a crise por qualquer meio, o governo reduziu salários, cortou pagamentos a seguros sociais, reduzindo direitos do parlamento e da imprensa.

Entre a massa da população este era o "governo mais odiado". Ambos, nazistas e comunistas, falavam no "Chanceler da fome". Porém, Brüning conseguiu sobreviver por dois anos. Por um lado, ele tinha o apoio de setores majoritários dos grandes empresários e do exército; por outro, a massa de oposição fascista e a massa de oposição comunista na prática balanceavam-se criando um equilíbrio instável.

O apoio nazista continuou a crescer. No final de 1930 havia mais de 100.000 paramilitares da SA lutando pelo controle das ruas. Mas mesmo após novos dirigentes da indústria se juntarem aos primeiros que inicialmente apoiaram Hitler (notadamente o barão do carvão Kirdof e o dirigente do setor de aço, Thyssen) diversas outras figuras influentes ainda mantinham distância.

Os sociais-democratas tinham noção do perigo que os ameaçava, mais dificilmente respondiam de forma adequada. Eles tinham sua própria organização paramilitar, o *Reichsbanner*[14]. Também tinham controle do governo da Prússia e controlavam uma força policial responsável por dois terços da Alemanha. Estes tinham 80.000 membros, armados com metralhadoras, veículos blindados, gás lacrimogêneo, granadas, etc. A ideia no caso de um golpe dos fascistas ou do *Reichswehr*[15] era usá-las para armar o *Reichsbanner*. Portanto, a estratégia defensiva era ter a Prússia como fortaleza social-democrata. Ao mesmo tempo os sociais-democratas "toleravam" o governo Brüning, independente de sua impopularidade. Eles argumentavam que era um "mal menor" comparado aos fascistas.

Mas mesmo se essa estratégia tivesse produzido meios de defesa física, ela, em momento algum, ofereceu uma solução aos problemas sociais e econômicos que estavam levando milhões a apoiar o fascismo. Tudo que os dirigentes da social-democracia podiam fazer era esperar e torcer para a crise passar por si só. Isso poderia parecer uma política boa para os cerca de três ou quatro mil membros das enormes burocracias que os sociais-democratas dirigiam (seja no partido ou nos sindicatos livres, trabalhando para os governos das províncias controladas pelos

---

14 Organização paramilitar dos sociais-democratass alemães, com 300.000 membros dispostos a defender a República Alemã contra qualquer golpe. Desarmados, mas na expectativa de receber armas da policia prussiana caso fosse necessário.

15 Exercito da República Alemã de Weimar. Sob o tratado de Versailles, supostamente se limitava a 100,000 homens, mas na verdade complementado por contingentes secretos – o Reichswehr negro. Exclusão de comunistas garantia confiabilidade política para a direita.

sociais-democratas e etc.), mas não ofereciam um caminho para os desempregados e a massa empobrecida.

Uma sessão do SPD ficou crescentemente impaciente com esta atitude de esperar para ver. Depois de lutar por um giro à esquerda na política partidária ao longo de 1931, eles romperam sob direção do deputado Seydewitz para formar um partido socialista de esquerda, o SAP. Eles fracassaram, porém, na tentativa de juntar o apoio das massas ao seu redor.

A inabilidade dos sociais-democratas em lidar com a crise apresentou enormes oportunidades para o KPD. Porém, eles também pareciam pouco capazes de tirar vantagem da situação. A linha imposta por Moscou os impedia de responder à altura. Porque ainda definia os "sociais-fascistas", não os nazistas, como o perigo maior. Portanto, quando seções inteiras dos trabalhadores sociais-democratas começaram a se questionar seriamente sobre as políticas de seus líderes, Thälmann descreveu o chamado que faziam por uma frente única defensiva entre sociais-democratas e comunistas como "a mais nova manobra do social-fascismo"[16]. Os piores "sociais-fascistas", ele argumentava, eram aqueles que tinham ido ao ponto de romper com o SPD pela esquerda.

Mas o pior exemplo deste sectarismo fatal inspirado por Moscou foi o chamado "referendo vermelho". Por muito tempo, os nazistas e nacionalistas extremistas (unidos no "*Front Harzburg*") tinham tentado derrubar o regime social-democrata na Prússia enquanto obstáculo no seu caminho ao poder. Estava claro para os nazistas quem seriam os principais beneficiários de uma nova eleição. Portanto, eles tentaram usar uma cláusula na constituição que permitiria um referendo sobre a manutenção do governo na Prússia. A resposta imediata de toda a direção do

---

16 Internacional Comunista, 15 de dezembro de 1931, citado por James.

KPD foi de oposição ao referendo. Eles militaram intensamente neste sentido até apenas três semanas antes do dia da votação. De repente, sob direção do Komintern, a linha mudou-se inteiramente. O referendo foi apoiado e todas as energias do partido foram voltada nesta direção. Uma frente única com os "sociais-fascistas" foi proibida por Stalin, mas aparentemente isto não se aplicava aos fascistas de verdade. Ainda assim, o referendo foi derrotado pela recusa da massa dos trabalhadores em apoiá-lo.

Durante este período, o KPD em geral tentava disputar a base nazista superando-os em sua própria fraseologia. Ele falava da "revolução popular contra o acordo de Versalhes" e fraternizavam com militares nacionalistas extremistas, como Schleringer e o Conte Sternback-Fermony.

Havia, porém, pouca consistência nessa política. Então, quando brevemente sugeriram uma Frente Única com os líderes sociais-democratas em junho de 1931 e esta foi recusada, imediatamente, a linha anterior foi revertida para uma denúncia a qualquer frente única "vinda de cima". Eles eram a favor apenas de uma "frente única por de baixo", onde os apoiadores da social-democracia marchariam atrás de bandeiras comunistas.

Para justificar toda essa política, vários argumentos foram usados. O mais notório era que uma vitória nazista duraria pouco, e ao destruir a influência social-democrata preparava-se o caminho para os comunistas. Como colocado por Remmele no Reichstag:

> *Uma vez que eles [os nazistas] chegarem ao poder, a frente única do proletariado se estabelecerá e fará uma limpeza geral de tudo... nós não temos medo dos fascistas, senhores. Eles vão sumir daqui mais rápido que qualquer outro governo.*[17]

---

17 citado por Braunthal, p. 366.

O Partido Comunista permaneceu sendo a força que poderia ter alterado a situação. Seus membros estavam dispostos a lutar no presente, não em algum futuro hipotético.

Todavia, seguiu lutando de forma ineficaz, sem clara direção. Seus líderes, sob direção do aparato do Komintern de Stalin, continuaram a insistir que Hitler não era o perigo principal. Thälmann denunciou "um exagero oportunista sobre o fascismo de Hitler"[18]. No período inicial, o ódio que os ativistas comunistas naturalmente mantinham contra os assassinos de Rosa Luxemburgo, Liebknecht e outros, certamente teve um papel importante em tornar essa linha aceitável. Ao mesmo tempo, era sabido que aceitar qualquer linha alternativa iria levar a remoção pela direção em Moscou. Dos três principais líderes do KPD, um, Heinz Neumann, defendeu uma mudança na política; ele foi imediatamente forçado pelo aparato do Komintern a trocar a Alemanha pela Espanha.

Trotsky escreveu *Alemanha: chave da a situação internacional* em novembro de 1931. Por uma questão de espaço, decidimos cortar alguns parágrafos iniciais. São os que lidam com a situação internacional em geral, mencionando, por exemplo, a derrubada da monarquia na Espanha, a dinâmica política na França e Inglaterra, e os problemas que encarava a Rússia.

E agora? A revolução alemã e a burocracia stalinista foi escrito na primeira metade de 1932. Nele, Trotsky está principalmente preocupado em examinar as muitas forças que existem no movimento dos trabalhadores argumentando que elas ainda podem lutar vitoriosamente se a estratégia correta for adotada. Isso irá leva-lo a um longo, e ainda muito relevante debate sobre a questão da Frente Única.

---

18 citado por Braunthal, p. 378.

Alemanha: Chave da situação internacional
Leon Trotsky / Tradução: Mario Pedrosa

No fundo da política mundial, que está longe de ser pacífica, a situação na Alemanha se destaca com nitidez. Os antagonismos políticos e econômicos atingiram nesse país uma gravidade inaudita. O desenlace se anuncia muito próximo. Está chegando o momento em que a situação pré-revolucionária tem de se transformar em situação revolucionária ou... contrarrevolucionária. Dependendo da direção em que se desenvolver e da solução que tiver a crise alemã, a sorte não só da Alemanha (o que já seria muito), mas também da Europa e do mundo inteiro, será decidida por muitos anos.

A edificação da URSS, a marcha da revolução espanhola, o desenvolvimento de uma situação pré-revolucionária na Inglaterra, o futuro do imperialismo francês, a sorte do movimento revolucionário na China e na Índia, tudo isso se reduz direta e imediatamente a uma só pergunta: qual será o vencedor na Alemanha no correr dos próximos meses? O comunismo ou o fascismo?

Depois das eleições de setembro de 1930 para o Reichstag, a direção do Partido Comunista alemão afirmou que o fascismo tinha alcançado o seu ponto culminante e que iria, dali por diante, entrar em rápida decomposição, preparando o caminho para uma revolução proletária. A Oposição de Esquerda (bolcheviques-leninistas) riu-se, então, desse otimismo imprudente. O fascismo provém de duas condições: de um lado, de uma grave crise social; de outro lado, da fraqueza revolucionária do proletariado alemão. A fraqueza do proletariado, por sua vez, tem duas causas: primeiro, o papel histórico particular da social-democracia, que ainda é uma agência poderosa do capitalismo nas fileiras do proletariado; em seguida, a incapacidade da direção centrista do KPD de unir os operários sob a bandeira da revolução.

O fator subjetivo para nós é o KPD, pois a social-democracia é o obstáculo objetivo que é preciso suprimir. O fascismo cairia verdadeiramente em pedaços se o KPD fosse capaz de unir a classe operária, transformando-a em poderoso polo de atração de todas as massas oprimidas da população. Mas a política do KPD, desde as eleições de setembro, só tem feito agravar a sua inconsistência: frases declamatórias sobre o "social-fascismo", namoro com o chauvinismo, imitação do fascismo autêntico com o objetivo de fazer-lhe concorrência no mesmo mercado e essa aventura criminosa do "plebiscito vermelho". Tudo isso impede que o KPD se torne o guia do proletariado e do povo. Só conseguiu reunir sob a sua bandeira, nestes últimos meses, os novos elementos que uma crise formidável empurrou para ele quase que violentamente.

A social-democracia, apesar de uma situação política que lhe deveria ter sido mortal, pôde, entretanto, conservar o grosso de seus efetivos, graças ao auxílio do KPD, e mantém por enquanto as suas posições, apesar de perdas consideráveis, é verdade, mas de importância secundária. Quanto ao fascismo, a despeito das fanfarronadas de Thälmann, Remmele e outros, mas perfeitamente conforme os prognósticos dos bolcheviques-leninistas, deu, de setembro do ano passado para cá, um novo e enorme salto. A direção da Internacional Comunista não soube prever nem prevenir. Limita-se a registrar as derrotas. Suas resoluções e outros documentos representam, no máximo, desgraçadamente, a fotografia do passado do processo histórico.

A hora em que será preciso tomar resoluções se aproxima. A Internacional não quer tomar conhecimento do caráter verdadeiro da situação mundial atual, ou, mais exatamente, teme fazê-lo. O Presidium da Internacional procura sair do embaraço, expedindo panfletos que nada significam. O partido dirigente da Internacional, o partido russo, não tomou posição. Os "líderes do proletariado mundial" estão mudos. Julgam ficar de fora calando-se. Estão dispostos a ficar quietos, nos seus lugares, enquanto for possível. Esperam manter-se em seus postos aguardando os acontecimentos. Substituíram a política de Lenin pela do avestruz. Aproxima-se o momento, um desses momentos decisivos na história, em que a Internacional, depois de ter cometido grandes erros, que não passavam, entretanto, de erros "parciais", embora abalassem ou destruíssem as suas próprias forças acumuladas nos cinco primeiros anos de sua existência, se arrisca a cometer um erro fundamental, fatal, que pode arrastar consigo a própria Internacional, suprimi-la, como fator revolucionário, durante todo um período histórico, do mapa político.

Que os cegos e os covardes não o vejam! Que os caluniadores e jornalistas vendidos nos acusem de estarmos ligados à contrarrevolução! Não estará subentendido que a contrarrevolução não é absolutamente o que reforça o imperialismo mundial, mas sim o que perturba a digestão do funcionário comunista? A calúnia não amedrontará os bolcheviques-leninistas e não os deterá no cumprimento do dever revolucionário. Nada a calar, nada a atenuar. É preciso dizer clara e energicamente aos operários avançados: depois do "terceiro período" de aventuras e fanfarronadas, chegou o "quarto período", o período do pânico e das capitulações.

Se se traduzir o silêncio dos dirigentes atuais do PCUS em linguagem clara, esse silêncio significa: "Deixem-nos em paz!" As dificuldades internas na URSS são extremas. Como não estão reguladas, as contradições econômicas e sociais continuam a agravar-se. A desmoralização do aparelho, resultado inevitável de um regime plebiscitário, tomou proporções verdadeiramente ameaçadoras. As relações políticas e, antes de tudo, as relações no interior do partido, as relações entre o aparelho desmoralizado e a massa desagregada, atingiram o máximo de tensão. Toda a sabedoria da burocracia consiste em esperar que as coisas melhorem, em adiar. A situação na Alemanha encerra evidentes ameaças de perturbações. Mas o aparelho stalinista teme, precisamente, acima de tudo, as perturbações. "Deixem-nos em paz! Deixem-nos primeiro sair das contradições mais graves aqui dentro. Lá fora... depois veremos." Eis o estado de espírito das esferas superiores da fração stalinista. Aí está, precisamente, o que esconde o escandaloso silêncio dos "líderes" no instante mesmo em que o dever mais elementar do revolucionário é pronunciar-se clara e nitidamente.

Não é de se admirar que o silêncio desleal da direção de Moscou tenha provocado pânico entre os líderes berlinenses. No momento em que é necessário preparar-se para conduzir as massas às batalhas decisivas, a direção do KPD se mostra amedrontada, tergiversa e tenta sair da enrascada com frases ocas. Essa gente não tem o hábito de agir sob a própria responsabilidade. Está agora tentando demonstrar que o "marxismo-leninismo" exige que se fuja ao combate.

A esse respeito, parece que ainda não chegou a construir uma teoria completa. Mas esta já paira no ar. Anda de boca em boca e se mostra nos artigos e discursos. Eis o sentido dessa teoria: o fascismo ascende irresistivelmente; de qualquer modo, sua vitória é certa; em vez de nos lançarmos "cegamente" na luta e sermos abatidos, é mais prudente batermos em retirada, darmos ao fascismo a oportunidade de tomar o poder e de, com isso, comprometer-se. E então – oh! então – mostraremos do que somos capazes.

O aventureirismo e a leviandade, conforme as leis da psicologia política, se transformaram em prostração e capitulação. A vitória dos fascistas, que se considerava há um ano como inimaginável, é tida hoje como assegurada. Um Kuusinen qualquer, inspirado nos bastidores por um Radek qualquer, prepara para Stalin uma genial fórmula estratégica: bater em retirada em tempo oportuno, afastar as tropas revolucionárias das linhas de fogo e armar para o fascismo uma armadilha, que seria... o poder governamental.

Se essa teoria fosse definitivamente adotada pelo KPD e determinasse o curso político desse partido para os meses próximos, seria preciso ver nisso uma traição, por parte da IC, de uma gravidade histórica não menor do que a que foi cometida pela social-democracia em 4 de agosto de 1914[19]; e as consequências seriam hoje ainda mais pavorosas.

O dever da Oposição de Esquerda é soar o alarme: a direção da IC conduz o proletariado alemão a uma catástrofe imensa, que consistirá numa capitulação diante do fascismo, causada pelo pânico.

A tomada do poder pelos "nacional-socialistas" terá como efeito, antes de tudo, a exterminação da elite do proletariado alemão, a destruição de suas organizações; ela lhe tirará toda a fé em si mesmo e no seu futuro. Se levarmos em consideração a maior maturidade e a gravidade ainda maior dos antagonismos existentes na Alemanha, a obra infernal do fascismo italiano parecerá provavelmente insignificante; seria uma experiência quase humanitária em comparação com o que poderia fazer o nacional-socialismo alemão.

---

19 No dia 4 de agosto, com o início da Primeira Guerra Mundial, os líderes do SPD no Reichstag votaram a favor dos créditos de guerra que financiaram a ação militar alemã, consequentemente apoiando a guerra e levando milhões de trabalhadores a carnificina das trincheiras. Nos congressos pré-guerra, o partido garantiu se opor a qualquer guerra imperialista, se comprometendo a causa internacional da classe trabalhadora através da Segunda Internacional.

Bater em retirada, dizeis! Vós, que ontem fostes os profetas do "terceiro período"! Os líderes e as instituições podem bater em retirada. Alguns indivíduos podem esconder-se. Mas a classe operária, diante de um poder fascista, não terá abrigo, não saberá onde esconder-se. Com efeito, se admitirmos o que há de mais monstruoso e inacreditável, isto é, que o Partido Comunista evitará efetivamente a batalha e abandonará, por conseguinte, o proletariado a seu inimigo mortal, essa atitude não teria outro sentido senão este: combates terríveis se dariam não antes da tomada do poder pelos fascistas, mas depois, isto é, em condições infinitamente mais favoráveis para os fascistas. A luta de um proletariado traído por sua própria direção, pego de surpresa, desorganizado, desesperado, contra o regime fascista, se transformaria numa série de terríveis convulsões sangrentas, que ficariam sem resultado. Uma dezena de levantes proletários, uma dezena de derrotas, uma após a outra, não poderiam sangrar e enfraquecer o proletariado alemão tanto quanto o debilitaria neste momento um recuo diante do fascismo; quando apenas começa a ser posta a questão de se saber quem será senhor em território alemão.

O fascismo ainda não chegou ao poder. O caminho do poder ainda não está aberto para ele. Os líderes do fascismo ainda não ousam dar provas de insolência: compreendem a importância do jogo que jogam, sabem que se trata, para cada um, de arriscar a cabeça. Nessas condições, somente as tendências à capitulação, nas altas esferas do comunismo, podem simplificar o problema e facilitar a sua solução.

Se hoje até mesmo os círculos influentes da burguesia temem as experiências do fascismo, é precisamente porque não querem perturbações, não desejam uma longa guerra civil cheia de ameaças; por outro lado, a política de capitulação do Partido Comunista, que abre para o fascismo o caminho ao poder, empurrará totalmente para o lado dos fascistas as classes médias, a pequena burguesia ainda hesitante e também camadas consideráveis do proletariado.

É claro, o fascismo que no momento triunfa cairá algum dia, vítima das contradições objetivas e de sua própria inconsistência. Mas de modo mais imediato, num futuro que se pode prever, no decorrer dos dez ou vinte anos que se seguirão, a vitória do fascismo na Alemanha significará uma ruptura no desenvolvimento da tradição revolucionária, o desmoronamento da IC, o triunfo do imperialismo mundial nos seus aspectos mais odiosos e mais sanguinários.

A vitória do fascismo na Alemanha determinará inevitavelmente uma guerra contra a URSS.

Seria de fato uma verdadeira estupidez política pensar que os nacional-socialistas alemães, chegando ao poder, começassem por declarar guerra à França ou, como mínimo, à Polônia. Uma guerra civil inevitável contra o proletariado alemão entravará fortemente o fascismo em sua política exterior durante todo o primeiro período de sua dominação. Hitler terá tanta necessidade de Pilsudski[20], quanto Pilsudsky de Hitler. Ambos se tornarão na mesma medida os instrumentos de ação da França. Se neste momento o burguês francês teme, como um salto no escuro, a tomada do poder pelos fascistas alemães, não é menos certo que,

---

20 Joseph Pilsudsky (1976-1935) Ditador polonês. Fundador do Partido Socialista Polonês em 1893, em oposição ao Partido Social Democrata internacionalista de Rosa Luxemburgo. Organizou tropas polonesas para lutar pelo lado da Áustria durante a Primeira Guerra Mundial, ministro da guerra durante o primeiro governo polonês de 1916, foi preso pelos alemães em 1917-18. Na prática ditador da Polônia 1918-23, depois novamente após o golpe de 1926. Reprimiu ambos os partidos Comunista e Socialista após 1930.

no dia da vitória de Hitler, a reação francesa, "nacionalista" ou radical-socialista, se apoiará inteiramente no fascismo alemão.

Nenhum dos governos burgueses "normalmente" parlamentares pode por enquanto correr o risco de empenhar-se numa guerra contra a URSS; semelhante empreendimento acarretaria incalculáveis complicações internas. Mas se Hitler chega ao poder, se esmaga em seguida a vanguarda proletária alemã, se pulveriza e desmoraliza por muitos anos o proletariado em conjunto, então o governo fascista será o único capaz de travar uma guerra contra a URSS. Neste caso, agirá, evidentemente, em contato com a Polônia e a Romênia, com outros estados limítrofes e, no Extremo Oriente, com o Japão. Numa empresa dessas, o governo de Hitler não seria senão o órgão executivo de todo o capitalismo mundial. Clemenceau, Millerand, Lloyd George e Wilson não puderam travar abertamente uma guerra contra a República Soviética, mas puderam, durante três anos, sustentar os exércitos de Denikin, de Kolchak, de Wrangel. Hitler, no caso de ser vitorioso, se tornaria um super-Wrangel da burguesia mundial[21].

Não se trata de adivinhar (o que, aliás, seria impossível) como terminaria um conflito de tão formidáveis dimensões. Mas é absolutamente claro que, se uma guerra contra os soviets fosse declarada pela burguesia mundial, depois da ascensão dos fascistas ao poder da Alemanha, isso resultaria em um terrível isolamento para a URSS, que teria de lutar não para viver, mas para escapar à morte nas condições mais penosas e perigosas. O esmagamento

---

21 Clemanceu e Millerand da França, lloyd George da Grã Bretanha, e Woodrow Wilson dos EUA foram os líderes ocidentais cujo apoio secreto aos generais contra-revolucionários Kolchak, Wrangel e Denikin os permitiu realizar uma guerra civil na Rússia após a revolução de 1917.

do proletariado alemão pelo fascismo, por si só, comportará, no mínimo, um semidesmoronamento da República Soviética.

Mas a questão deve ser resolvida na Alemanha, antes de sair para o campo das batalhas europeias. É por isso que dizemos que a chave da situação mundial está na Alemanha. Quem está com essa chave? Ela ainda está, por enquanto, nas mãos do Partido Comunista. O partido ainda não a deixou cair. Mas poderá perdê-la. A direção do partido conduz a isso. Aquele que prega uma "retirada estratégica", isto é, uma capitulação, aquele que tolera semelhante prédica, é um traidor. Os propagandistas de uma retirada diante dos fascistas devem ser considerados como agentes inconscientes do inimigo nas fileiras do proletariado.

O dever revolucionário elementar do KPD é dizer: o fascismo só pode chegar ao poder por meio de uma guerra civil implacável e exterminadora, sem tréguas. É o que devem saber, antes de tudo, os operários comunistas. É o que devem saber os operários sociais-democratas, os sem partido, o proletariado em geral. É o que deve saber o proletariado mundial. É o que deve saber, antes de tudo, o Exército Vermelho.

Mas, de fato, a luta é sem perspectiva? Em 1923, Brandler exagerava monstruosamente a importância dos efetivos do fascismo, dissimulando com isso a capitulação. O proletariado mundial está até hoje sofrendo as consequências dessa estratégia. A capitulação histórica do KPD e da Internacional, em 1923, serviu de base à ascensão do fascismo. Atualmente, o fascismo alemão dispõe de uma força política infinitamente superior à de que dispunha há oito anos. Durante todo esse tempo, não deixamos de prevenir a subestimação do perigo fascista e não somos nós quem agora vá negá-lo. É precisamente por isso que podemos e devemos dizer aos operários revolucionários alemães: vossos líderes vão de um extremo ao outro.

Por enquanto, a principal força dos fascistas é a numérica. Sim, eles têm muitos votos nas eleições. Mas não é o boletim de voto que decide na luta social. Os principais efetivos do fascismo continuam a ser constituídos pela pequena burguesia e pela nova classe média que se formou: pequenos artesãos e empregados do comércio nas cidades, funcionários, empregados técnicos, intelectuais, camponeses arruinados. Na balança de uma estatística eleitoral, mil votos fascistas pesam tanto quanto mil votos comunistas. Mas na luta revolucionária, mil operários pertencentes a uma grande empresa representam uma força cem vezes maior do que a de um milhar de funcionários, de escrivães, contados com suas esposas e sogras. A principal massa fascista se compõe de uma poeira de humanidade.

Na Revolução Russa, os socialistas-revolucionários foram o partido dos votos numerosos. Neles votavam, nos primeiros tempos, todos aqueles que não eram burgueses conscientes. Mesmo na Assembleia Constituinte, isto é, depois da Revolução de Outubro, os socialistas-revolucionários tiveram ainda a maioria. É por isso que se consideravam o grande partido nacional. Entretanto, verificou-se que não eram senão um grande zero nacional.

Não temos a intenção de traçar um sinal de igualdade entre os socialistas-revolucionários russos e os nacional-socialistas alemães. Mas, indiscutivelmente, há entre os dois alguns traços de semelhança muito importantes para quem quiser elucidar a questão ora tratada. Os socialistas-revolucionários constituíam o partido das confusas esperanças populares. Os nacional-socialistas são um partido de desespero nacional. É a pequena burguesia que se mostra mais capaz de passar da esperança ao desespero, arrastando consigo uma parte do proletariado. A maior parte dos efetivos nacional-socialistas, como dos socialistas-revolucionários, é uma poeira de humanidade.

Entregando-se ao seu pânico, os nossos infelizes estrategistas esquecem o essencial: a grande superioridade social e combativa do proletariado. As forças do proletariado não foram gastas até o esgotamento. O proletariado não só é capaz de lutar, mas de vencer. Quando nos falam em uma deficiência do estado de espírito que existe nas empresas, vemos na maior parte dos casos a expressão do marasmo que reina entre os observadores, isto é, entre os funcionários do partido que perderam o norte. Mas é também preciso considerar que os operários não podem deixar de ficar perturbados diante de uma situação complexa e da confusão que se manifesta nas esferas superiores. Os operários compreendem que uma grande batalha exige uma direção segura. O que assusta os operários não é a força dos fascistas, não é a necessidade de uma luta encarniçada.

O que os inquieta é a falta de segurança da direção, suas hesitações, suas tergiversações no momento mais grave. Se existe certa apatia nas fábricas, uma deficiência, esta desaparecerá sem deixar vestígios assim que o partido levantar sua voz fortemente, claramente, com toda a segurança.

Indiscutivelmente, os fascistas dispõem de quadros seriamente formados para a batalha; possuem batalhões de choque experimentados. Não se deve considerar isso levianamente: os "oficiais", mesmo num exército criado para a guerra civil, desempenham um papel importante. Mas o que decide não são os oficiais, são os soldados. Ora, os soldados do exército proletário são incontestavelmente superiores aos do exército de Hitler, mais seguros e mais senhores de si mesmos.

Quando o fascismo tiver tomado o poder, achará facilmente seus soldados. Quando se dispõe do aparelho do Estado, pode-se formar um exército com filhos de família, intelectuais, empregados de administração, operários desmoralizados, mancos etc. Exemplo: o fascismo italiano. Se bem que devamos dizer que o valor combativo da milícia fascista na Itália ainda não foi seriamente posto à prova. Mas trataremos, por enquanto, do fascismo alemão, que ainda não está no poder. Ainda tem de conquistar o poder numa luta contra o proletariado. Será possível que o Partido Comunista tenha formado, para essa luta, quadros piores que os do fascismo? E pode-se admitir por um instante que os operários alemães, senhores de poderosos meios de produção e de transporte, que constituem, pelas próprias condições de trabalho, o exército do ferro, do cobre, do trilho, do fio elétrico, não manifestem na luta decisiva a sua superioridade infinita sobre a poeira de humanidade que Hitler representa?

Há ainda um importante elemento de força para uma classe ou um partido: é a ideia de que esse partido ou essa classe tem das relações de forças existentes no país. Em toda guerra, o inimigo se esforça por dar uma ideia exagerada de suas forças. Era este um dos segredos da estratégia de Napoleão. Hitler é, em todo caso, capaz de mentir não menos habilmente do que Napoleão. Mas a sua fanfarronada não lhe será útil nesta guerra, a não ser a partir do momento em que os comunistas começarem a dar-lhe crédito. O que é extremamente importante fazer agora é uma estimativa real das forças. De que dispõem os nacional-socialistas nas fábricas, entre os ferroviários, no Exército? Com quantos oficiais organizados e armados podem contar? Uma análise clara da composição social dos dois campos, um recenseamento permanente e vigilante das forças que se confrontam, eis as fontes de um otimismo revolucionário que não comportaria erro.

Neste momento, a força dos nacional-socialistas consiste mais nas divergências de seus inimigos mortais do que em seu próprio exército. Mas é precisamente a realidade do perigo fascista, o crescimento e a iminência desse perigo, é a consciência da necessidade de prevenir esse perigo custe o que custar, que impõem aos operários o dever da cerrar fileiras em sua própria defesa. A concentração das forças proletárias se fará tanto mais rapidamente e com tanto maior sucesso, quanto o instrumento essencial desse processo – isto é, o Partido Comunista – se mostrar mais confiante em si mesmo. A chave da posição ainda está, por enquanto, nas mãos desse partido. Ai dele, se a deixar cair!

Nestes últimos anos os funcionários da IC, em todas as ocasiões e invocando toda sorte de pretextos, por vezes absolutamente injustificáveis, soaram o alarme contra os perigos de guerra que ameaçavam imediatamente a URSS. Atualmente esse perigo se apresenta em toda a sua realidade e sob aparências concretas. Para todo operário revolucionário, o seguinte axioma deve ser considerado como evidente: se os fascistas tentam tomar o poder na Alemanha, é necessário que se siga uma mobilização do Exército Vermelho. Para o Estado proletário, trata-se simplesmente de sua própria defesa revolucionária no sentido mais amplo. A Alemanha não é só a Alemanha. É o coração da Europa. Hitler não é somente Hitler. É candidato ao papel de um super-Wrangel. Mas o Exército Vermelho não é somente o Exército Vermelho. É o instrumento da revolução proletária mundial.

E agora? A revolução alemã e a burocracia
Leon Trotksy / Tradução: Mario Pedrosa

O capitalismo russo, em consequência do seu atraso extremo, mostrou-se como o elo mais fraco da cadeia imperialista. Por uma razão oposta, o capitalismo alemão mostra-se na crise atual como o elo mais fraco. É, nas condições de beco sem saída da situação europeia, o capitalismo mais adiantado. Quanto maior é a força dinâmica interna das forças de produção da Alemanha, tanto mais a estrangula o sistema dos Estados da Europa, que se parece com o "sistema" de jaulas de um pequeno zoológico de província. Cada mudança de conjuntura coloca o capitalismo alemão diante destas tarefas, que ele já tentou resolver por meio da guerra. Sob o regime dos Hohenzollern a burguesia alemã se preparava "para organizar a Europa". Com o governo Brüning--Curtius[22], empreende a tentativa... de união aduaneira com a Áustria. Que queda espantosa de tarefas, de possibilidades, de perspectivas! Mas foi preciso renunciar mesmo a esta união. O sistema europeu inteiro repousa sobre pés de barro. A grande e salvadora hegemonia da França pode desmoronar se alguns milhões de austríacos se juntarem à Alemanha.

Para a Europa, e antes de tudo para a Alemanha, não há marcha para frente pela via do capitalismo. Vencer a atual crise pelo jogo automático das forças do próprio capitalismo – sobre os ossos dos operários – significaria o restabelecimento de todas

---

22 Trotsky escrevia da ilha turca de Prinkipo, onde estava exilado da Rússia.

as contradições na próxima etapa, apenas sob uma forma ainda mais concentrada.

O peso específico da Europa na economia mundial só pode decrescer. Da testa da Europa já não saem mais os selos americanos: plano Dawes, Plano Young, moratória Hoover. A Europa é profundamente dependente da ração americana.

A degeneração do capitalismo significa uma putrefação social e cultural. Está trancado o caminho para uma diferenciação metódica da nação, para o crescimento do proletariado à custa do enfraquecimento das classes médias. A manutenção posterior da crise não pode significar senão pauperização da pequena burguesia e degeneração de camadas cada vez maiores da classe operária para o lumpen-proletariado. Mais afiado do que qualquer outro, este perigo aperta a garganta da Alemanha adiantada.

A parte mais podre da Europa capitalista decadente é a burocracia social-democrata. Ela entrou no caminho da história sob a bandeira de Marx e de Engels. Tinha como fim a destruição da dominação burguesa. O poderoso crescimento do capitalismo apoderou-se dela e acorrentou-a à sua cauda. Primeiramente nos fatos e em seguida também nas palavras, renunciou à revolução em nome das reformas. Na verdade, Kautsky continuou ainda muito tempo com a fraseologia da revolução, adaptando-a às necessidades do reformismo. Em compensação, Bernstein exigiu a renúncia à revolução: o capitalismo representava a época do florescimento pacífico, sem crises e sem guerra. Que profecia exemplar! Poderia parecer que entre Kautsky e Bernstein existia uma contradição irreconciliável. Na realidade, completavam-se simetricamente um ao outro, como a bota esquerda e a bota direita do reformismo.

Veio a guerra. A social-democracia apoiou a guerra em nome da prosperidade futura. Em lugar da prosperidade, veio o declínio. Agora, a tarefa não consiste mais em deduzir da insuficiência do capitalismo a necessidade da revolução, tampouco em conciliar os trabalhadores com o capitalismo por meio de reformas. A nova política da social-democracia passou a consistir em salvar a sociedade burguesa à custa da renúncia às reformas.

Mas também isto não foi a última etapa da decadência. A atual crise do capitalismo agonizante forçou a social-democracia a renunciar aos frutos da longa luta econômica e política e reconduzir os operários alemães ao nível de vida de seus pais, de seus avós, de seus bisavós. Não existe espetáculo histórico mais trágico e ao mesmo tempo mais repugnante do que a decomposição fétida do reformismo no meio das ruínas de todas as suas conquistas e de todas as suas esperanças. O teatro corre atrás do modernismo. Que leve à cena mais frequentemente *Os tecelões*, de Hauptmann: a mais atual de todas as peças. Mas que o diretor não esqueça de reservar as primeiras filas aos dirigentes da social-democracia.

Mas os seus pensamentos não se voltam para os espetáculos: estão acuados ao último limite da capacidade de adaptação. Existe um nível abaixo do qual a classe operária da Alemanha não pode deixar-se conduzir voluntariamente e por muito tempo. Mas o regime burguês, que luta pela própria existência, não quer reconhecer este nível. Os decretos-leis de Brüning são apenas um ensaio para se apalpar o terreno.

O regime de Brüning se sustenta graças ao apoio covarde e maldoso da burocracia social-democrata, que, por sua vez, se mantém graças à semiconfiança desgostosa de uma parte do proletariado. O sistema dos decretos burocráticos é incerto, instável, pouco viável. O capital tem necessidade de outra política mais decisiva, e o apoio da social-democracia, que tem de olhar para os seus próprios operários, é não apenas insuficiente para os seus fins, como já começa a incomodá-lo. O período das meias medidas passou. Para tentar uma nova saída, a burguesia precisa desembaraçar-se completamente da pressão das organizações operárias, afastá-las, destruí-las e dispersá-las.

Aqui começa a função histórica do fascismo. Ele põe de pé as classes que se levantam imediatamente acima do proletariado e temem ser precipitadas nas suas fileiras, organiza-as, militarizando-as com os meios do capital financeiro, sob a capa do Estado oficial, e as orienta para a destruição das organizações proletárias, desde as mais revolucionárias até as mais moderadas.

O fascismo não é simplesmente um sistema de repressão, de atos de força e de terror policial. O fascismo é um sistema de Estado particular, baseado no extermínio de todos os elementos da democracia proletária na sociedade burguesa. A tarefa do fascismo não consiste somente em destruir a vanguarda proletária, mas também em manter toda a classe num estado de fragmentação forçada. Para isto, a exterminação física da camada operária mais revolucionária é insuficiente. É preciso destruir todos os pontos de apoio do proletariado e exterminar os resultados do trabalho de três quartos de século da social-democracia e dos sindicatos. Porque neste trabalho também se apoia, em última instância, o Partido Comunista.

A social-democracia preparou todas as condições para a vitória do fascismo. Mas preparou também as condições de sua própria liquidação política. Lançar sobre a social-democracia a responsabilidade do sistema de decretos-leis de Brüning e da barbárie fascista ameaçadora é inteiramente justo. Identificar a social-democracia com o fascismo é inteiramente insensato.

Pela sua política durante a Revolução de 1848, a burguesia liberal preparou a vitória da contrarrevolução, que, então, condenou o liberalismo à impotência. Marx e Engels bateram na burguesia liberal alemã com não menos força do que Lassale e mais profundamente do que ele. Mas enquanto os lassalianos lançavam a contrarrevolução e a burguesia liberal numa "massa reacionária",

Marx e Engels se levantavam do modo mais justificado contra esse falso ultrarradicalismo. A posição falsa dos lassalianos fez deles acidentalmente cúmplices involuntários da monarquia, apesar do caráter geral progressivo de seu trabalho, extremamente mais sério e mais importante do que o do liberalismo.

A teoria do "social-fascismo" reproduz o erro essencial do lassalianismo em novas bases históricas. Ao mesmo tempo em que lança nacional-socialistas e sociais-democratas numa massa fascista, a burocracia stalinista pratica ações como o apoio ao plebiscito hitleriano: isto não é de modo algum melhor do que as manobras lassalianas com Bismarck.

Na sua luta contra a social-democracia, o comunismo alemão deve apoiar-se, na etapa atual, em duas bases inseparáveis:

♦ a responsabilidade política da social-democracia pela força do fascismo;

♦ a irreconciliabilidade absoluta entre o fascismo e as organizações operárias, nas quais a social-democracia se apoia.

As contradições do capitalismo alemão chegaram atualmente a esta tensão, à qual se seguirá a explosão, inevitavelmente. A capacidade de adaptação da social-democracia atingiu o limite em que já se produz a autodestruição. Os erros da burocracia stalinista atingiram o ponto após o qual vem a catástrofe. É esta a tripla fórmula que caracteriza a situação na Alemanha. Tudo está se apoiando sobre o fio da navalha.

Quando se acompanha a vida da Alemanha pelos jornais que chegam pelo correio com o atraso de uma semana, quando os manuscritos precisam de uma outra semana para vencer a distância entre Constantinopla e Berlim, após o quê passam semanas ainda antes que a brochura chegue ao leitor, pensa-se involuntariamente: Não será tarde demais? E todas as vezes respondemos: Não, os exércitos convocados à luta são poderosos demais para que uma decisão única, fulminante, seja de se temer. As forças do proletariado alemão não estão esgotadas. Ainda nem mesmo entraram em movimento. A lógica dos fatos cada dia falará mais amargamente. É isto que justifica a tentativa do autor de, com suas palavras, dar a sua contribuição, mesmo com atraso de algumas semanas, isto é, de toda uma época histórica.

A burocracia stalinista pensou que prosseguiria com seu trabalho mais tranquilamente se mantivesse o autor destas linhas em Prínkipo. Do governo do social-democrata Herman Müller conseguiu a negação do visto para o... "menchevique": a frente única foi, neste caso, realizada sem desvio nem atraso. Hoje, os stalinistas anunciam, nas publicações soviéticas oficiais, que eu "defendo" o governo Brüning de acordo com a social-democracia, que se esforça para conseguir-me o direito de entrada na Alemanha. Em vez de nos indignarmos com esta baixeza, rimos da tolice. Mas o nosso riso será ligeiro, pois o tempo urge.

Que os acontecimentos me darão razão, não pode haver a menor dúvida. Mas por que caminhos a história fará a sua demonstração: pela catástrofe da fração stalinista, ou pela vitória da política marxista?

Toda a questão reside nisto. É a questão da sorte do povo alemão, e não somente a dele.

As questões tratadas nesta brochura não nasceram ontem. Há nove anos que a direção da Internacional Comunista procede à revisão dos valores e desorganiza a vanguarda proletária internacional à custa de convulsões táticas que, na sua soma global, têm o nome de "linha geral". A Oposição de Esquerda russa (bolcheviques-leninistas) formou-se não somente na base dos problemas russos, mas também dos problemas internacionais. O problema do desenvolvimento revolucionário na Alemanha não ocupava aí o último lugar. Em 1923, divergências agudas nasceram neste domínio. O autor destas linhas, por mais de uma vez durante esses anos, pronunciou-se sobre as questões litigiosas. Uma parte importante de seus trabalhos críticos apareceu também em língua francesa. A presente brochura continua o trabalho teórico e político da Oposição de Esquerda. Muito do que aqui é dito de passagem foi, em seu tempo, submetido a uma investigação detalhada. Só me resta recomendar ao leitor os meus livros: *A Internacional Comunista depois de Lenin*[23] e *A revolução permanente*[24]. Hoje, quando as divergências se erguem diante de todos sob a forma de um grande problema histórico, é que melhor e mais profundamente se podem apreciar as suas fontes. Para um revolucionário sério, para um verdadeiro marxista, isto é absolutamente indispensável. Os ecléticos vivem de ideias episódicas, de improvisações que surgem sob a pressão dos acontecimentos. Os quadros marxistas capazes de dirigir a revolução proletária só se educam por uma investigação constante e um entrelaçamento sucessivo das tarefas e das divergências.

A social-democracia

A "Frente de Ferro" é, na sua base, um bloco dos sindicatos sociais-democratas numericamente poderosos e dos grupos "republicanos" burgueses impotentes, que perderam todo o apoio do povo e toda a confiança em si mesmos. Se os cadáveres não são bons para a luta, são bastante bons para impedir os vivos de lutar. Os aliados burgueses servem aos chefes sociais-democratas para deter as organizações operárias. Lutar, lutar... Meras palavras. No fim das contas, tudo se passará sem combate, se o

---

[23] Publicado pela Editora Sundermann como: Trotsky, L. Stalin, O Grande Organizador de Derrotas. São Paulo, Editora Sundermann, 2010.

[24] Publicado pela Editora Sundermann como: Trotsky, L. Stalin, A Teoria da Revolução Permanente. São Paulo, Editora Sundermann, 2010.

bom Deus nos ajudar. Será possível que os fascistas se decidam mesmo a passar das palavras aos fatos? Nós, sociais-democratas, nunca nos decidimos a isso e, entretanto, não somos piores do que todo o mundo.

No caso de um perigo real, a social-democracia põe suas esperanças não na "Frente de Ferro", mas na polícia prussiana. Cálculo enganador! O fato de os agentes de polícia terem sido recrutados em grande parte entre os sociais-democratas não quer dizer absolutamente nada. Aqui também a existência determina a consciência. O operário que se torna policial a serviço do Estado capitalista é um policial burguês, e não operário. Durante estes últimos anos, estes policiais tiveram que lutar muito mais contra os operários revolucionários do que contra os estudantes nacional-socialistas. E uma tal escola não passa sem deixar traços. O mais importante, porém, é que todo policial sabe que os governos mudam, mas a polícia fica.

No artigo de Ano Novo do órgão de discussão da social-democracia *Das Freie Wort*[25] (que revistinha lamentável!) vem explicado o sentido profundo da política de "tolerância". Parece que contra a polícia e a Reichswehr, Hitler nunca poderá chegar ao poder. Ora, a Reichswehr é, segundo a Constituição, subordinada ao presidente da república. Por conseguinte, enquanto à frente do Estado se encontre um presidente fiel à Constituição, o fascismo não é perigoso. É preciso sustentar o governo Brüning até as eleições presidenciais para fazer com que seja eleito, pela aliança com a burguesia parlamentar, um presidente constitucional e cortar assim a Hitler, por mais sete anos, o acesso ao poder.

Expomos muito exatamente o conteúdo do artigo. Um partido de massas, que arrasta atrás de si milhões de homens (para o socialismo!) crê que a questão de se saber que classe subirá ao

---

25 A Palavra Livre, um dos jornais dos sociais-democratas.

poder na Alemanha atual, profundamente abalada, não depende nem da força combativa do proletariado alemão, nem das colunas de assalto do fascismo, nem mesmo da composição da Reichswehr, mas do espírito puro da Constituição de Weimar (com uma quantidade necessária de cânfora e de naftalina), instalada no palácio presidencial. E o que acontecerá se o espírito de Weimar pensar, numa situação dada, como Bettmann-Hollweg – que "a necessidade não conhece leis"? E o que acontecerá se a matéria perecível que envolve o espírito de Weimar cair desfeita em pó, apesar da naftalina e da cânfora, num momento menos propício? E o que acontecerá... Mais perguntas como estas podem ser feitas interminavelmente.

Os políticos do reformismo, negocistas hábeis, esses intrigantes e arrivistas empedernidos, esses experientes manobristas parlamentares e ministeriais, assim que a marcha das coisas os expulsa de sua esfera habitual e os coloca diante de grandes acontecimentos, tornam-se – é difícil encontrar um qualificativo mais brando – completos idiotas.

A esperança que têm no presidente é a esperança de encontrar salvação no "Estado". Diante do choque que se aproxima entre o proletariado e a pequena burguesia fascista – estes dois campos constituem juntos a maioria esmagadora da nação alemã –, os marxistas do Vorwärts chamam em socorro o guarda noturno. "Estado, intervenha!" (Staat, greif zu!) Isto significa: "Brüning não nos obrigue a defender-nos por meio das organizações operárias, pois isto iria despertar todo o proletariado, e então o movimento passaria por cima dos crânios calvos da direção do partido. Iniciado como antifascista, o movimento acabaria como comunista".

A isto Brüning, se não tivesse preferido calar-se, teria respondido: "Mesmo que o quisesse, eu não poderia vencer o fascismo por meio das forças policiais; mas não o quero, mesmo que tivesse essa possibilidade. Movimentar a Reichswehr contra o fascismo significa cindir a Reichswehr, se não significar empurrá-la inteiramente contra mim; mas o essencial é que voltar o aparelho burocrático contra o fascismo é soltar as mãos dos operários, dando-lhes plena liberdade de ação: as consequências seriam as mesmas que vós, sociais-democratas, temeis, e que eu também tenho razões para temer duplamente".

Os apelos da social-democracia produzem sobre o aparelho do Estado, os juízes, a Reichswehr, a polícia, um efeito contrário ao com que contavam os seus autores. O funcionário mais "leal", o mais "neutro", o menos ligado aos nacional-socialistas, reflete mais ou menos assim: "Atrás dos sociais-democratas encontram-se milhões de homens; possuem meios enormes: a imprensa, o parlamento, as prefeituras; está em jogo a própria pele deles; na luta contra os fascistas, o apoio dos comunistas lhes é assegurado; e, apesar disso, estes senhores poderosos se dirigem a mim, funcionário, para que eu os salve contra o ataque de um partido que agrupa milhões de membros e cujos chefes podem amanhã tornar-se meus superiores: então é porque os negócios desses senhores, os sociais-democratas, andam mal; e talvez muito mal... Já é hora de eu, funcionário, pensar também na minha pele".

No final das contas, o funcionário "leal" e "neutro", que até ontem ainda hesitava, se garante duplamente, isto é, entrará em ligações com os nacional-socialistas para garantir o dia de amanhã. Assim, os reformistas ultrapassados trabalham, mesmo na linha burocrática, para os fascistas.

O parasita da burguesia, a social-democracia, é condenado a um parasitismo ideológico. Ora se apodera de uma ideia dos economistas burgueses, ora procura servir-se de destroços do marxismo. Depois de ter citado, de minha brochura, minhas reflexões contra a participação do Partido Comunista no plebiscito hitleriano, Hilferding conclui: "Não há verdadeiramente nada a acrescentar a estas linhas para explicar a tática da social-democracia para com o governo Brüning." Depois dele, levantam-se Remmele e Thalheimer, dizendo: "Estão vendo, Hilferding se apoia em Trotsky." Vem em seguida um tabloide fascista: "Para este negócio, Trotsky foi pago com uma promessa de visto." E o jornalista stalinista telegrafa esta notícia da folha fascista a Moscou. A redação de *Izvestia*[26], onde se encontra o infeliz Radek, publica esse telegrama. Toda essa cadeia serve para ser assinalada e... posta de lado.

Voltemos às questões mais sérias. Hitler pode dar-se ao luxo de lutar contra Brüning unicamente porque o regime burguês no seu conjunto se apoia nas costas de metade da classe operária, dirigida por Hilferding & Cia. Se a social-democracia não tivesse realizado uma política de traição de classe, Hitler, que, neste caso, jamais teria atingido a sua força atual, se teria agarrado ao governo Brüning como a uma tábua de salvação. Se os comunistas tivessem derrubado Brüning com o auxílio da social-democracia, isto seria um fato de uma importância enorme. Ao menos as consequências seriam mais fortes que os chefes da social-democracia. Hilferding procura na nossa crítica uma desculpa para sua traição, que exige que os comunistas contem com a traição de Hilferding como um fato.

Embora Hilferding "nada tenha a acrescentar" às palavras de Trotsky, ele acrescenta assim mesmo alguma coisa: a correlação de forças, diz ele, é tal que mesmo admitindo-se a ação coordenada dos operários sociais-democratas e comunistas, não seria possível "forçando a luta, derrubar o inimigo e tomar o poder". Nesta nota, lançada de passagem, sem provas em apoio, está o centro de gravidade da questão. Segundo Hilferding, na Alemanha contemporânea, em que o proletariado constitui a maioria da população e a força produtiva decisiva da sociedade, a luta co-

---

26 "Notícias", periódico oficial do governo soviético.

mum da social-democracia e do Partido Comunista não poderia entregar o poder ao proletariado!

Quando então poderá ele passar às mãos do proletariado? Até antes da guerra ainda havia uma perspectiva do crescimento automático do capitalismo e do proletariado e do crescimento paralelo da social-democracia. A guerra interrompeu este processo, e nenhuma força no mundo é capaz de restabelecê-lo. A putrefação do capitalismo significa que a questão do poder tem de resolver-se na base das forças produtivas atuais. Prolongando a agonia do regime capitalista, a social-democracia só tem como resultado a decadência contínua da cultura econômica, o fracionamento do proletariado, a gangrena social. Não tem qualquer outra perspectiva diante de si: amanhã será pior do que hoje; depois de amanhã, pior do que amanhã. Mas os chefes da social--democracia não ousam mais prever o futuro. Já possuem todos os vícios da classe dirigente condenada à ruína: uma leviandade, uma paralisia da vontade, uma inclinação a fechar os olhos aos acontecimentos e esperar milagres. Na verdade, as investigações econômicas de Tarnov preenchem hoje a mesma "função" que as revelações consoladoras de algum Rasputin...

Os sociais-democratas com os comunistas não poderiam tomar o poder. Eis aí o pequeno burguês ilustrado, presunçoso, profundamente medroso e penetrado, da cabeça aos pés, pela desconfiança e pelo desprezo com relação às massas. A social--democracia e o Partido Comunista têm, juntos, perto de 40% dos votos – se bem que as traições da social-democracia e os erros do Partido Comunista joguem milhões no campo da indiferença e até do nacional-socialismo. Bastava o simples fato de ações comuns desses dois partidos, ações que abram às massas novas perspectivas, para que a força política do proletariado aumentasse incomensuravelmente. Mas tomemos por ponto de partida os 40%.

Brüning ou Hitler tem mais? E, entretanto, só estes três grupos podem governar a Alemanha: o proletariado, o partido do centro ou os fascistas. Mas o pequeno burguês ilustrado assimilou até a medula dos ossos esta verdade: ao representante do capital não é preciso mais do que 20% dos votos para governar: não tem a burguesia os bancos, os "trustes", os sindicatos, as estradas de ferro? É verdade que o nosso pequeno-burguês ilustrado queria há doze anos atrás "socializar" tudo isto. Mas e daí? Programa de socialização – sim; expropriação dos expropriadores – não! Isto já é bolchevismo.

Tomamos mais acima a correlação de força sob o seu aspecto parlamentar. Mas isso é apenas um espelho curvo. A representação parlamentar de uma classe oprimida diminui consideravelmente a sua força real, e, inversamente, a representação da burguesia, mesmo na véspera do seu desmoronamento, é sempre mascarada de sua força imaginária. Só a luta revolucionária desnuda a correlação real de forças. Na luta direta e imediata pelo poder, o proletariado, se não estiver paralisado pela sabotagem interna, pelo austro-marxismo e por outras formas de traição, desenvolve uma força que ultrapassa em muito sua expressão parlamentar.

Lembremos mais uma vez a lição de valor incalculável da história: mesmo depois de tomar o poder, e tomar de modo seguro, os bolcheviques tinham na Assembleia Constituinte menos de um terço dos votos. Junto com os socialistas-revolucionários de esquerda – somavam menos de 40%. E apesar da desordem econômica pavorosa, apesar da guerra, da traição da social-democracia europeia, e antes de tudo, da social-democracia alemã, apesar da reação de fadiga do pós-guerra, apesar do crescimento do estado de espírito termidoriano, o primeiro Estado operário continua de pé, há catorze anos. O que se deve dizer então da Alemanha? No momento em que o operário social-democrata e o operário comunista se levantarem juntos para tomar o poder, a tarefa estará resolvida nos seus nove décimos.

Entretanto, diz Hilferding, se a social-democracia tivesse votado contra o governo Brüning e o tivesse derrubado, isto teria tido como consequência a subida dos fascistas ao poder. No plano parlamentar, a coisa talvez pareça assim, mas tudo está colocado fora do quadro parlamentar. A social-democracia só poderia se recusar a apoiar Brüning no caso em que tivesse decidido colocar-se no terreno da luta revolucionária. Ou apoiar Brüning, ou lutar pela ditadura do proletariado. Não há um terceiro caminho. O voto da social-democracia contra Brüning teria mudado imediatamente a correlação das forças – não no tabuleiro do parlamento, cujas figuras poderiam passar subitamente para baixo da mesa, mas na arena da luta revolucionária das classes.

As forças da classe operária numa tal reviravolta não só teriam dobrado, mas decuplicado, pois o fator moral não ocupa o último lugar na luta de classe, sobretudo nos grandes momentos históricos. Uma corrente moral de alta tensão passaria por todas as camadas do povo. O proletariado diria a si mesmo com segurança que só ele pode dar hoje outra direção mais elevada a esta grande nação. O desmoronamento e a decomposição do exército de Hitler teriam começado muito antes das lutas decisivas. É claro que não se poderia ter evitado a luta, mas com a firme vontade de vencer e por um ataque ousado, a vitória seria obtida muito mais facilmente do que o imagina hoje o mais extremado dos otimistas revolucionários.

Para isto falta pouca coisa: um giro da social-democracia para o caminho da revolução. Contar com uma reviravolta espontânea dos chefes, depois da experiência dos anos 1914-1932, seria a mais ridícula das ilusões. Outra coisa é a maioria dos operários sociais-democratas: estes podem fazer um giro, e o farão – basta que sejam ajudados. Mas será um giro não só contra o Estado burguês, como também contra a cúpula do seu próprio partido.

Aqui, o nosso austro-marxista, que "nada tem a acrescentar" às nossas palavras, tentará novamente nos objetar com citações dos nossos próprios trabalhos: não escrevemos, com efeito, que a política da burocracia stalinista representa uma cadeia de erros, não estigmatizamos a participação do Partido Comunista no plebiscito de Hitler? Sim, escrevemos; sim, estigmatizamos. Mas se lutamos contra a direção stalinista da Internacional Comunista, é justamente porque ela é incapaz de destruir a social-democracia, de arrancar as massas da sua influência e de livrar a locomotiva da história de um freio enferrujado. Por suas oscilações, por seus erros, por seu ultimatismo burocrático, a burocracia stalinista conserva a social-democracia, permitindo-lhe sempre reerguer-se.

O Partido Comunista é um partido proletário e antiburguês, embora erraticamente dirigido. A social-democracia, apesar de sua composição operária, é inteiramente um partido burguês que, em condições "normais", é dirigido habilmente do ponto de vista dos objetivos burgueses, mas que não vale mais nada nas condições de crise social. Os chefes sociais-democratas são forçados a reconhecer, contra a própria vontade, o caráter burguês da social-democracia. Falando da crise e do desemprego, Tarnov repete as velhas frases sobre "a vergonha da civilização capitalista", como um pastor protestante fala do pecado e da riqueza; sobre o socialismo, Tarnov fala exatamente como um padre sobre a recompensa no outro mundo; mas se exprime de modo muito diferente a respeito das questões concretas: "Se no dia 14 de setembro, este espectro (o desemprego) não estivesse diante das urnas eleitorais, este dia teria tido uma outra fisionomia na história da Alemanha." (Relatório ao Congresso de Leipzig).

A social-democracia perdeu os eleitores e os mandatos porque o capitalismo, através da crise, revelou a sua face autêntica. A crise não reforçou o partido do "socialismo", mas, ao contrário, o enfraqueceu, como enfraqueceu as cifras do comércio, as cifras dos bancos, a autoestima de Hoover e de Ford e os rendimentos do príncipe de Mônaco. As apreciações mais otimistas da conjuntura devem ser procuradas hoje não nos jornais burgueses, mas nos jornais sociais-democratas. Pode haver provas mais irrefutáveis do caráter burguês deste partido? Se a doença do capitalismo significa a doença da social-democracia, a aproximação da morte do capitalismo não pode deixar de significar a morte iminente da social-democracia. O partido que se apoia nos operários, mas que serve à burguesia, não pode, num período de acentuação extrema da luta de classes, deixar de sentir o sopro da morte.

Democracia e fascismo

O XI Pleno do Comitê Executivo da Internacional julgou indispensável acabar com as concepções falsas que se baseiam na "construção liberal da contradição entre o fascismo e a democracia burguesa, assim como entre as formas parlamentares da ditadura burguesa e as formas abertamente fascistas...". O sentido dessa filosofia stalinista é muito simples: da negação marxista da contradição absoluta, ela deduz a negação de toda e qualquer contradição, mesmo relativa. É o erro típico do radicalismo vulgar. Mas se entre democracia e fascismo não existe qualquer contradição, mesmo no domínio das formas de dominação da burguesia, esses dois regimes deveriam simplesmente coincidir. Daí a conclusão: social-democracia = fascismo. Chama-se, entretanto, a social-democracia de social-fascismo. O que significa nesta ligação a palavra "social"? Ninguém explicou isso até agora.

Entretanto, a natureza das coisas não muda a golpes de decisões dos plenos do CE da Internacional. Entre a democracia e o fascismo há uma contradição. Esta contradição não é de forma alguma "absoluta" ou, para falar-se como marxista, não significa de forma alguma a dominação de duas classes antagônicas. Mas significa sistemas diferentes de dominação de uma única e mesma classe. Esses dois sistemas, o sistema parlamentar-democrático e o sistema fascista, apoiam-se em diferentes combinações das classes oprimidas e exploradas e se chocam, inevitavelmente e de forma aguda, um contra o outro.

A social-democracia, que hoje é o representante principal do regime parlamentar burguês, apoia-se nos operários. O fascismo, porém, apoia-se na pequena burguesia. A social-democracia não pode ter influência sem as organizações operárias de massa. O fascismo, porém, não pode consolidar o seu poder de outra forma, senão destruindo as organizações operárias. A arena principal da social-democracia é o parlamento. O sistema do fascismo é baseado na destruição do parlamentarismo. Para a burguesia monopolista, o regime parlamentar e o regime fascista não representam senão diferentes instrumentos de sua dominação: recorre a um ou a outro, segundo as condições históricas. Mas para a social-democracia, como para o fascismo, a escolha de um ou do outro instrumento tem uma importância própria; mais ainda, é para eles uma questão de vida ou de morte política.

A hora do regime fascista chega no momento em que os meios militares-policiais "normais" da ditadura burguesa, com a sua capa parlamentar, se tornam insuficientes para manter a sociedade em equilíbrio. Por meio da agência fascista, a burguesia põe em movimento as massas da pequena burguesia enfurecida, os bandos de "sem-classe", os "lumpen-proletários" desmoralizados, todas essas inumeráveis existências humanas que o próprio capital financeiro levou ao desespero e à fúria.

A burguesia exige ao fascismo um trabalho "limpo": desde que admite os métodos de guerra civil, ela quer ter paz durante uma série de anos. E os agentes fascistas, servindo-se da pequena burguesia como de uma arma, e aniquilando tudo à sua passagem, prosseguem no seu trabalho até o fim. A vitória do fascismo coroa-se quando o capital financeiro subordina, direta e imediatamente, todos os órgãos e instituições de domínio, de direção e de educação: o aparelho do Estado e o exército, as prefeituras, as universidades, as escolas, a imprensa, os sindicatos, as cooperativas. A fascistização do Estado significa não apenas "mussolinizar" as formas e os processos de direção – neste domínio as mudanças desempenham, no final das contas, um papel secundário – mas, antes de tudo e sobretudo, destruir as organizações operárias, reduzir o proletariado a um estado amorfo, criar um sistema de organismos que penetre profundamente nas massas e esteja destinado a impedir a cristalização independente do proletariado. É precisamente nisto que consiste a essência do regime fascista.

O que acaba de ser dito não contradiz o fato de que, entre o sistema democrático e o sistema fascista, se estabeleça, num período dado, um regime transitório, contendo traços de um e de outro sistema; tal é, em geral, a lei da mudança de dois regimes sociais, mesmo de regimes irredutivelmente hostis. Há momentos em que a burguesia se apoia tanto na social-democracia como no fascismo, isto é, quando ela se serve simultaneamente de seus agentes conciliadores e de seus agentes terroristas. Tal foi, em um certo sentido, o governo Kerensky durante os últimos meses de sua existência: ele se apoiava, pela metade, nos soviets e, ao mesmo tempo, contava com Kornilov. Tal é o governo Brüning, que dança numa corda estendida entre os dois campos irreconciliáveis, com os decretos-leis nas mãos como garantia. Mas essa situação do Estado e do governo tem um caráter provisório.

Expressa um período transitório, no qual a social-democracia já está próxima do fim de sua missão, enquanto nem o comunismo, nem o fascismo, se acham ainda em condições de tomar o poder.

Os comunistas italianos, obrigados, há muito tempo, a se ocupar da questão do fascismo, têm protestado muitas vezes contra o abuso muito frequente do uso da noção de fascismo. Por ocasião do VI Congresso da IC, Ercoli[27] desenvolvia ainda pontos de vista sobre o fascismo que, agora, são considerados como pontos de vista "trotskistas". Definindo o fascismo como um sistema de reação consequente e completo, Ercoli explicava:

> *"Esta afirmação se apoia, não em atos de terror selvagem, ou no número elevado de operários e de camponeses mortos, ou na atrocidade de diferentes espécies de suplícios que se aplicavam largamente, ou na severidade das condenações; esta afirmação é baseada na destruição sistemática de todas as formas de organização independente das massas."*

Ercoli tem aqui toda a razão: a essência e a função do fascismo consistem em abolir completamente as organizações operárias e em impedir o seu restabelecimento. Numa sociedade capitalista desenvolvida, esse objetivo não pode ser atingido pelos meios policiais, unicamente. A única via para isso, é opor ao ataque do proletariado – no momento de seu enfraquecimento – o ataque das massas pequeno-burguesas enraivecidas. É precisamente esse sistema particular de reação capitalista que entrou para a história sob o nome de fascismo. Ercoli escreveu:

---

27 Ercoli. Pseudônimo de Palmiro Togliatti (1893-1964). Dirigiu o Partido Comunista Italiano após a prisão de Gramsci. Ele sobreviveu a todos os zig-zags na linha da Internacional Comunista, mas após a morte de Stalin, criticou seu governo assim como algumas características burocráticas na União Soviética e no movimento Internacional Comunista.

"A questão das relações existentes entre o fascismo e a social-democracia faz parte do mesmo domínio (a irreconciliabilidade do fascismo com as organizações operárias). A este respeito, o fascismo difere nitidamente de todos os outros regimes reacionários que se fortificaram até hoje no mundo capitalista contemporâneo. Ele rejeita todo e qualquer compromisso com a social-democracia, persegue-a ferozmente, priva-a de toda possibilidade de existência legal, obriga-a a emigrar."

Assim se exprimia o artigo publicado no órgão dirigente da IC! Depois disso, Manuilsky[28] "soprou" a Molotov a grande ideia do "terceiro período". Foi decretado que a França, a Alemanha e a Polônia se achavam "na primeira fila do assalto revolucionário". Foi declarada como tarefa imediata a tomada do poder. E como, diante da insurreição proletária, todos os partidos, com exceção do Partido Comunista, são contrarrevolucionários, não havia necessidade de se distinguir entre o fascismo e a social-democracia. A teoria do social-fascismo foi sancionada. Os funcionários da IC se rearmaram. Ercoli se apressou em demonstrar que a verdade lhe é cara, mas que Molotov lhe é mais caro ainda, e... escreveu um relatório defendendo a teoria do social-fascismo: "A social-democracia italiana", declarou ele, em fevereiro de 1930, "se fascistiza com uma extrema facilidade". Ai! Com maior facilidade ainda se servilizam os funcionários do comunismo oficial.

É claro que a nossa crítica da teoria e da prática do "terceiro período" foi declarada contrarrevolucionária. A experiência nefasta, que custou muito caro à vanguarda proletária, forçou, en-

---

28 Dmitri Manuilsky (1883-1952): Dirigiu a Internacional Comunista de 1929 a 1934; sua substituição levou a um giro do ultraesquerdismo para o oportunismo durante o período da Frente Popular. Mais tarde ele ressurgiu no cenário diplomático, como representante nas Nações Unidas].

tretanto, a realização de um giro também neste domínio. Tanto o "terceiro período", quanto Molotov, foram despedidos da IC. Mas a teoria do social-fascismo ficou como o único fruto maduro do "terceiro período". Mas aqui as mudanças são impossíveis: no "terceiro período", somente Molotov se enroscou; no social-fascismo, o próprio Stalin se envolveu.

Como epígrafe às suas pesquisas sobre o social-fascismo, a *Rote Fahne* escolheu as palavras de Stalin: "O fascismo é a organização de combate da burguesia que se apoia no auxílio ativo da social-democracia. A social-democracia é objetivamente a ala moderada do fascismo." Como acontece com Stalin quando ele procura generalizar, a primeira frase está em contradição com a segunda. Que a burguesia se apoie na social-democracia e que o fascismo seja uma organização de combate da burguesia, isto é de todo incontestável e conhecido há muito tempo. Mas daí decorre, unicamente, que a social-democracia, assim como o fascismo, são instrumentos da grande burguesia. De que modo a social-democracia se torna, ainda por cima, e ao mesmo tempo, uma "ala" do fascismo, isto já é mais difícil de compreender. Não menos profunda é outra definição do mesmo autor: "O fascismo e a social-democracia são não inimigos, mas gêmeos." Os gêmeos podem ser os piores inimigos; por outro lado, os aliados não nascem, necessariamente, no mesmo dia e da mesma mãe. Na construção de Stalin falta não apenas a dialética, mas mesmo a lógica formal. A força desta construção consiste em que ninguém ousa contradizê-la.

Entre a democracia e o fascismo não há diferença "quanto ao conteúdo de classe", nos ensina, depois de Stalin, Werner Hirsch (*Die Internationale*,[29] janeiro de 1932). A passagem da democracia ao fascismo pode ter um caráter de "processo orgânico", isto

---

29 A Internacional, periódico da Internacional Comunista.

é, pode produzir-se "gradualmente e por via fria". Este raciocínio seria espantoso se os epígonos não nos tivessem tirado o hábito de nos espantarmos.

Entre a democracia e o fascismo não há "diferença de classe". Isto deve significar, evidentemente, que a democracia tem um caráter burguês, assim como o fascismo. Não o púnhamos em dúvida, mesmo antes de janeiro de 1932. Mas a classe dominante não vive no vácuo. Ela estabelece certas relações com as outras classes. No regime "democrático" da sociedade capitalista desenvolvida, a burguesia apoia-se, antes de tudo, na classe operária domesticada pelos reformistas. Esse sistema é expresso de forma mais acabada na Inglaterra, tanto sob o governo trabalhista, como sob o governo conservador. No regime fascista, ao menos no seu primeiro estágio, o capital apoia-se na pequena burguesia, que destrói as organizações do proletariado. Tal é o exemplo da Itália! Há diferença no "conteúdo de classe" desses dois regimes? Se só se coloca a questão da classe dominante, não há qualquer diferença. Mas, consideradas a situação e as relações entre todas as classes, do ponto de vista do proletariado, a diferença se revela bastante grande.

Durante muitas décadas, no interior da democracia burguesa, servindo-se dela e lutando contra ela, os operários edificaram as suas fortificações, as suas bases, os seus núcleos de democracia proletária: sindicatos, partidos, clubes de educação, organizações esportivas, cooperativas etc. O proletariado pode chegar ao poder não nos quadros formais da democracia burguesa, mas somente por via revolucionária. Isto é demonstrado ao mesmo tempo pela teoria e pela experiência. Mas é justamente para a via revolucionária que o proletariado tem necessidade das bases de apoio da democracia operária no interior do Estado burguês. Foi na criação de tais bases que se manifestou o trabalho da II

Internacional, na época em que ela realizava ainda um trabalho historicamente progressivo.

O fascismo tem como função essencial e única a destruição, até os alicerces, de todas as instituições da democracia proletária. Esse fato tem ou não para o proletariado "uma importância de classe"? Que os nossos grandes teóricos reflitam sobre isto um pouco. Dando ao regime o nome de burguês – o que é incontestável –, Hirsch e os seus senhores esqueceram um detalhe: o lugar do proletariado nesse regime. Substituem o processo histórico por uma abstração sociológica vazia. Mas a luta de classes se desenrola no terreno da história, e não na estratosfera da sociologia. O ponto de partida da luta contra o fascismo não é a abstração do Estado democrático, mas as organizações vivas do próprio proletariado, nas quais está concentrada toda a sua experiência e que preparam o seu futuro.

A tese de que a passagem da democracia ao fascismo pode ter um caráter "orgânico" e "gradual" não significa, então, com toda a evidência, outra coisa senão isto: podem tirar do proletariado não só todas as suas conquistas materiais – um certo nível de vida, a legislação social, os direitos civis e políticos – mas também o instrumento essencial de suas conquistas, isto é, as suas organizações, e isso sem abalos e sem combates. A passagem ao fascismo "por via fria" supõe, assim, a mais terrível das capitulações políticas do proletariado que se possa imaginar.

Os raciocínios teóricos de Werner Hirsch não são fruto do acaso: seguindo o desenvolvimento das sentenças teóricas de Stalin, generalizam, ao mesmo tempo, toda a agitação atual do Partido Comunista. Os seus esforços principais são dirigidos no sentido de demonstrar que entre o regime de Brüning e o regime de Hitler não há diferença. É nisso que Thälmann e Remmele enxergam hoje a quintessência da política bolchevique.

A questão não se limita à Alemanha. A ideia de que a vitória dos fascistas não acarretará nada de novo é propagada hoje, com zelo, em todas as seções da IC. No número de janeiro da revista francesa *Cadernos do bolchevismo*, lemos: "Os trotskistas, agindo na prática como Breitscheid, retomam a famosa teoria do 'mal menor', segundo a qual Brüning é menos mau do que Hitler e é infinitamente preferível as pessoas serem fuziladas por Groener do que por Frick." Esta citação não é a mais estúpida, embora seja preciso fazer-lhe esta justiça: ela o é suficientemente. Mas, infelizmente, exprime toda a essência da filosofia política dos chefes da IC.

Os stalinistas comparam dois regimes sob o ângulo da democracia vulgar. Com efeito, se se examinar o regime de Brüning com o critério da "democracia" formal, a conclusão será incontestável: da orgulhosa constituição de Weimar só restam destroços. Mas para nós este fato ainda não resolve a questão. É preciso abordar o problema do ponto de vista da democracia proletária. É, também, o único critério seguro, no que concerne à questão de se saber onde e quando a reação policial "normal" do capitalismo apodrecido será substituída pelo regime fascista.

Brüning é "melhor" do que Hitler (mais simpático, ou o quê?): para dizer a verdade, esta pergunta nos interessa muito pouco. Mas basta dar uma olhada no mapa das organizações operárias para concluir: na Alemanha, o fascismo ainda não venceu. Obstáculos e forças gigantescas continuam, ainda, no seu caminho para a ditadura.

O regime atual de Brüning é um regime de ditadura burocrática, ou mais exatamente: de ditadura da burguesia exercida pelos meios militares policiais. A pequena burguesia fascista e as organizações proletárias parecem manter um equilíbrio recíproco. Se as organizações operárias estivessem agrupadas nos soviets, se os comitês de fábrica estivessem lutando pelo controle da produção, poder-se-ia falar de dualidade de poder. Em consequência da dispersão das forças operárias e da impotência tática da vanguarda proletária, ainda não chegamos a isso. Mas o próprio fato da existência de organizações operárias poderosas, que, em certas condições, são capazes de opor uma resistência decisiva ao fascismo, não permite a Hitler o acesso ao poder e empresta ao aparelho burocrático uma certa "independência".

A ditadura de Brüning é uma caricatura do bonapartismo. Esta ditadura não é estável, é pouco segura de si mesma e pouco durável. Ela não significa o começo de um novo equilíbrio social, mas é o prelúdio do desmoronamento próximo do antigo equilíbrio. Apoiado apenas, de forma imediata, numa pequena minoria burguesa, tolerado pela social-democracia contra a vontade dos operários, ameaçado pelo fascismo, Brüning só é capaz dos raios dos decretos-leis e não de raios verdadeiros. Dissolver o parlamento com o consentimento deste, baixar alguns decretos contra os operários, declarar a trégua de Natal para arranjar alguns negócios escusos, dispersar uma centena de reuniões, suspender uma dezena de jornais, trocar com Hitler uma correspondência digna de um farmacêutico de província: eis tudo para que serve Brüning. Para qualquer coisa mais, seus braços são muito curtos.

Brüning é obrigado a tolerar a existência das organizações operárias na medida em que hoje ainda não se decide a entregar o poder a Hitler e na medida em que não tem forças próprias para a liquidação daquelas. Brüning é obrigado a tolerar os fascistas e a protegê-los, na medida em que teme mortalmente a vitória dos operários. O regime de Brüning é um regime transitório, um regime de curta duração, que precede a catástrofe. O governo atual só se sustenta porque os campos principais ainda não mediram suas forças. A verdadeira batalha ainda não começou. Ainda está diante de nós. A pausa de antes da batalha, esta pausa que precede o encontro decisivo das forças opostas, é preenchida pela ditadura da impotência burocrática.

Os sábios que se vangloriam de não reconhecer diferença "entre Brüning e Hitler" dizem na realidade isto: que as nossas organizações existam ainda ou que já estejam destruídas, não tem importância. Sob esta fraseologia pseudorradical se esconde a passividade mais covarde: não podemos evitar a derrota, por mais que se faça! Releia-se atentamente a citação do jornal dos stalinistas franceses: todo o problema se reduz a isto: sob quem é melhor passar fome, sob Brüning ou sob Hitler? Quanto a nós, colocamos o problema assim: não em que condições se morre melhor, mas como lutar e vencer.

A nossa conclusão é a seguinte: é preciso começar a batalha geral antes que a ditadura burocrática de Brüning seja substituída pelo regime fascista, isto é, antes que sejam esmagadas as organizações operárias.

É preciso preparar-se para a batalha geral pelo desenvolvimento, extensão e acirramento das batalhas parciais. Mas para isso, é preciso que se tenha uma perspectiva justa e, antes de tudo, não declarar vencedor o inimigo que ainda se acha longe da vitória.

Aí é que está o nó da questão, a chave estratégica da situação, a posição de partida para a luta. Todo operário que raciocina e, em primeiro lugar, o operário comunista, deve perceber tudo o que há de vazio, de miserável e de podre nas palavras da burocracia stalinista, segundo as quais Brüning e Hitler são a mesma coisa. Respondemos-lhes: Vocês se perdem na confusão! Vocês caem nessa confusão vergonhosa por temor das dificuldades, por medo de tarefas imensas. Capitulam diante da luta, declaram que já sofremos a derrota. Mentem! A classe operária está dividida, enfraquecida pelos reformistas, desorientada pelas hesitações de sua própria vanguarda, mas ainda não está esmagada; as suas forças não estão esgotadas. Não, o proletariado da Alemanha é poderoso. Os cálculos mais otimistas serão ultrapassados consideravelmente se a sua energia revolucionária franquear o caminho para a arena da ação.

O regime de Brüning é um regime preparatório. Para quê? Ou para a vitória do fascismo ou para a vitória do proletariado. Este regime é preparatório porque os dois campos não fazem mais do que se preparar para a luta decisiva. Identificar Brüning a Hitler é o mesmo que identificar a situação de antes da batalha com a situação posterior à derrota; é o mesmo que reconhecer, de antemão, a derrota como inevitável; é o mesmo que apelar para a capitulação sem combate.

A maioria esmagadora dos operários, sobretudo dos comunistas, não deseja isso. É claro que a burocracia stalinista não o deseja tampouco. Mas é preciso contar não com boas intenções, com as quais Hitler calçará o seu inferno, mas com o sentido objetivo da política, de sua direção e de suas tendências. É preciso denunciar até o fim o caráter passivo, medrosamente expectante, capitulador e declamatório da política de Stalin-Manuilsky--Thälmann-Remmele. É preciso que os operários revolucionários compreendam: a chave da posição está nas mãos do partido, mas a burocracia stalinista procura, com esta, fechar as portas à ação revolucionária.

O ultimatismo burocrático

Quando os jornais do novo Partido Socialista Operário (SAP) escrevem contra "os egoísmos de partido" da social-democracia e do Partido Comunista; quando Seydewitz jura que para ele "o interesse de classe está acima do interesse de partido" – caem no sentimentalismo político ou, ainda pior, procuram, com frases sentimentais, encobrir os interesses de seu próprio partido. Este é um meio que não vale nada. Quando a reação exige que os interesses da "nação" sejam colocados acima dos interesses de classe, nós, os marxistas, dizemos que, sob a forma do interesse "geral", a reação defende os interesses de classe dos exploradores. Não se pode formular os interesses da nação a não ser sob o ângulo da classe dominante ou da classe que busca a dominação; não se pode formular os interesses de classe a não ser sob a forma de um programa; não se pode defender o programa a não ser por meio da criação de um partido.

A classe tomada em si não é mais do que matéria para a exploração. O papel próprio do proletariado começa no momento em que, de uma classe social em si, se torna uma classe política para si. Isto só pode acontecer por intermédio do partido. O partido é o órgão histórico com o auxílio do qual a classe operária adquire a sua consciência. Dizer que "a classe está acima do partido" é o mesmo que dizer: "A classe em estado bruto está acima da classe em vias de adquirir a sua consciência." Isto não só é falso, como é reacionário. Para justificar a necessidade da frente única, não há qualquer necessidade de recorrer a esta teoria vulgar.

O desenvolvimento da classe rumo à sua consciência, isto é, a edificação de um partido revolucionário que arraste atrás de si o proletariado, é um processo complicado e contraditório. A classe não é homogênea. Suas diferentes partes adquirem consciência por caminhos diferentes e em épocas diferentes. A burguesia participa ativamente deste processo. Cria os seus órgãos na classe operária ou utiliza os já existentes, opondo certas camadas de operários a outras. No seio do proletariado agem simultaneamente diferentes partidos. Eis porque o proletariado vive politicamente dividido durante a maior parte de seu caminho histórico. Daí provém – com uma agudez excepcional em certos períodos – o problema da frente única.

O partido comunista – com uma política justa – expressa os interesses históricos do proletariado. Sua tarefa consiste em conquistar a maioria do proletariado: só assim a revolução socialista é possível. O partido comunista só pode desempenhar a sua missão preservando sua plena independência política e organizativa, sem reservas, em relação a todos os partidos e organizações dentro da classe operária e fora dela. A transgressão desta regra fundamental da política marxista é o mais grave crime contra os interesses do proletariado como classe. A revolução chinesa de 1925-1927 foi esmagada precisamente porque a Internacional Comunista, dirigida por Stalin e Bukharin, obrigou o Partido Comunista chinês a entrar no Kuomintang, partido da burguesia chinesa, e a submeter-se à disciplina deste último. A experiência da política stalinista para com o Kuomintang entrará para sempre na história como exemplo de sabotagem funesta da revolução feita por seus dirigentes. A teoria stalinista dos "partidos bicompostos de operários e camponeses" para o Oriente não é mais do que a generalização e a canonização da experiência feita com o Kuomintang. A aplicação desta teoria ao Japão, à Índia, à Indonésia, à Coreia minou a autoridade do comunismo e retardou o desenvolvimento revolucionário do proletariado por vários anos. A mesma política traidora foi efetivamente conduzida, apesar do grau menor de cinismo, nos Estados Unidos, na Inglaterra e em todos os países da Europa até 1928.

A luta da Oposição de Esquerda pela independência completa e sem reservas do partido comunista e de sua política, em todas as condições históricas e em todos os graus de desenvolvimento do proletariado, provocou um tensionamento extremo das relações entre a Oposição e a fração de Stalin durante o período de seu bloco com Chiang-Kai-Shek e Wan-Tin-Wei, Purcell, Raditch, La Follette etc. Não é preciso lembrar que nesta luta Brandler e Thalheimer estiveram, assim como Thälmann e Remmele, ao lado de Stalin contra os bolcheviques- leninistas. Não precisamos, portanto, receber de Stalin e Thälmann lições de independência da política do partido comunista!

Mas o proletariado marcha para a aquisição de sua consciência não pelas séries escolares, e sim pela luta de classes, que não sofre interrupções. Para a sua luta, o proletariado necessita da unidade de suas fileiras. Isto vale tanto para os conflitos econômicos parciais, nos limites de uma empresa, como para as lutas políticas "nacionais", tais como a defesa contra o fascismo. A tática da frente única não é, portanto, algo ocasional ou artificial, uma manobra manhosa qualquer. Não. Ela decorre inteiramente das condições objetivas do desenvolvimento do proletariado. As palavras do *Manifesto comunista* sobre o fato de os comunistas não se oporem ao proletariado, não terem outros objetivos e outras tarefas senão as do proletariado, exprimem o pensamento de que a luta do partido pela maioria da classe não deve, em caso nenhum, entrar em contradição com a necessidade que têm os operários da unidade das suas fileiras de combate.

A *Rote Fahne* condena, com inteira razão, o palavrório sobre "os interesses de classe acima dos interesses do partido". Na realidade, os interesses de classe, bem compreendidos, e as tarefas do partido, bem formuladas, coincidem. Enquanto a coisa se limita a esta afirmação histórico-filosófica, a posição da *Rote Fahne* é invulnerável. Mas as conclusões políticas que tira daí constituem uma zombaria direta do marxismo.

A identidade mais geral entre os interesses do proletariado e as tarefas do partido comunista não significa nem que o proletariado em seu conjunto tenha desde já consciência dos seus interesses, nem que o partido os formule, em todas as circunstâncias, de um modo justo. A própria necessidade do partido decorre, precisamente, do fato de que o proletariado não nasce com a compreensão de seus interesses históricos. A tarefa do partido consiste em, na experiência da luta, aprender a demonstrar ao proletariado o seu direito de dirigi-lo. Entretanto, a burocracia stalinista considera que se pode, muito simplesmente, em base ao bilhete do partido, selado com o carimbo da Internacional Comunista, exigir do proletariado a subordinação.

Toda frente única que não for colocada antecipadamente sob a direção do partido comunista, repete a *Rote Fahne*, é dirigida contra os interesses do proletariado. Todo aquele que não reconhece a direção do partido comunista é, por isso mesmo, um "contrarrevolucionário". O operário é obrigado a dar, de antemão, a sua confiança ao partido comunista sob palavra de honra. Da identidade mais geral entre a tarefa do partido e a classe, o burocrata deduz o direito de mandar na classe. A tarefa histórica que o partido comunista deve ainda resolver – a unificação, sob a sua bandeira, da maioria esmagadora dos operários – o burocrata transforma em ultimato, em revólver apontado contra a cabeça da classe operária. O pensamento dialético é substituído pelo pensamento formalista, administrativo, burocrático.

A tarefa histórica que é preciso resolver já é considerada como resolvida. A confiança que é preciso conquistar já é considerada como conquistada. Assim, claro, fica tudo mais fácil. Mas nem por isso as coisas avançam. Em política é preciso partir do que existe e não do que é desejável ou do que será. Levada até o fim, a posição da burocracia stalinista é, na realidade, a negação do partido: em que consiste todo o seu trabalho histórico, se o proletariado deve reconhecer de antemão a direção de Thälmann e de Remmele?

Ao operário que quer entrar nas fileiras comunistas o partido tem o direito de dizer: precisas reconhecer o nosso programa, os nossos estatutos e a direção dos nossos organismos eleitos. Mas é insensato e criminoso impor esta mesma condição a priori, ou mesmo uma parte desta, às massas operárias ou às organizações operárias, quando se trata de ações comuns em nome de tarefas de combate determinadas. Isto é o mesmo que minar o próprio fundamento do partido, que só pode preencher a sua função tendo relações recíprocas com a classe. Em lugar de lançar um ultimato unilateral que irrita e humilha os operários, é preciso propor um programa determinado de ações comuns: é o caminho mais certo para se conquistar a direção efetiva.

O ultimatismo é uma tentativa para violentar a classe operária quando não se consegue persuadi-la: "se vós, operários, não reconheceis a direção Thälmann-Remmele-Neumann, não vos permitiremos organizar a frente única." O pior inimigo não teria podido inventar uma situação menos cômoda do que esta em que os próprios chefes do Partido Comunista se colocam. É o caminho mais certo para a ruína.

A direção do Partido Comunista alemão não faz senão acentuar mais claramente o seu ultimatismo quando em seus apelos faz essas ressalvas casuísticas: "não vos pedimos que reconheçais antecipadamente as nossas concepções comunistas." Isto soa como uma desculpa para uma política que não tem qualquer desculpa. Quando o partido declara que se recusa a entrar em qualquer negociação com outras organizações, mas permite aos operários sociais-democratas romper com a sua organização e, sem se chamarem comunistas, colocar-se sob a direção do Partido Comunista, isto, precisamente, não passa do mais puro ultimatismo. A ressalva sobre as "concepções comunistas" é completamente ridícula: o operário que está pronto desde já a romper com o seu partido para tomar parte na luta sob a direção comunista não hesitará em adotar o nome de comunista.

Os subterfúgios diplomáticos e o jogo de rótulos são estranhos ao operário. Este vê, na política e na organização, o que estas encerram de essencial. Continua na social-democracia enquanto não tiver confiança na direção comunista. Pode-se dizer com certeza que a maioria dos operários sociais-democratas fica no seu partido não porque tenha confiança na direção reformista, mas unicamente porque ainda não tem confiança na direção comunista. Mas quer lutar desde já contra o fascismo. Se lhe for indicada a etapa mais próxima da luta comum, exigirá que a sua organização se coloque neste caminho. Se a organização teimar em não aceitar este caminho, poderá ir até a ruptura com ela.

Em lugar de auxiliar os operários sociais-democratas a encontrar o seu caminho pela experiência, o Comitê Central do KPD auxilia os chefes sociais-democratas contra os operários. A sua aversão e o seu medo da luta, sua incapacidade de combate, os Wels e os Hilferding os mascaram hoje com êxito, apoiando-se na recusa do Partido Comunista em participar na luta comum. A recusa obstinada, estúpida e insensata do Partido Comunista em aceitar a política da frente única tornou-se, nas condições atuais, o mais importante recurso político da social-democracia. E é por isto que a social-democracia, com o parasitismo que lhe é próprio, se agarra tanto à nossa crítica à política ultimatista de Stalin-Thälmann.

Os dirigentes oficiais da Internacional Comunista tagarelam agora, com um ar muito sério, sobre a elevação do nível teórico do partido e sobre o estudo da "história do bolchevismo". De fato, o "nível" é cada vez mais baixo, as lições do bolchevismo são esquecidas, deformadas, espezinhadas. Entretanto, não é difícil encontrar na história do partido russo o precursor da política atual do Comitê Central alemão: é o falecido Bogdanov, o criador do ultimatismo (ou em russo, *otzovismo*). Ainda em 1905, Bogdanov considerava impossível a participação dos bolcheviques nos soviets de Petrogrado se os soviets não reconhecessem, preliminarmente, a direção social-democrata. Sob a influência de Bogdanov, a secretaria de São Petersburgo do Comitê Central bolchevique adotou, em outubro de 1905, esta decisão: propor ao soviet de Petrogrado o pedido de reconhecimento da direção do partido. Em caso contrário, seria decidido abandonar o soviet. O jovem advogado Krasikov, membro do Comitê Central bolchevique nessa época, lançou este ultimato ao pleno do soviet. Os deputados operários, inclusive os bolcheviques, se entreolharam com espanto e passaram à ordem do dia. Ninguém deixou o soviet. Pouco depois, Lenin chegou do estrangeiro e passou um sabão duríssimo nos ultimatistas: não se pode, ensinava ele, com auxílio de ultimatos, obrigar a massa a saltar por cima das fases indispensáveis de seu próprio desenvolvimento político.

Bogdanov, entretanto, não renunciou à sua metodologia e criou, depois disso, toda uma fração de "ultimatistas" ou de "otzovistas": esta última designação lhes foi dada porque eram inclinados a retirar os bolcheviques de todas as organizações que se negavam a aceitar o ultimato enviado de cima: "Reconheça primeiro a nossa direção." Os ultimatistas procuravam aplicar a sua política não só nos soviets, como também no domínio do parlamentarismo e do movimento sindical e em geral em todas as organizações legais e semilegais da classe operária.

A luta de Lenin contra o ultimatismo foi uma luta pelas relações justas entre o partido e a classe. Os ultimatistas no velho partido bolchevique nunca se elevaram a um papel de qualquer importância. Do contrário, a vitória do bolchevismo teria sido impossível. As relações atentas e sensíveis com a classe constituíram a força do bolchevismo. Lenin continuou a luta contra o ultimatismo mesmo quando estava no poder, particularmente, e sobretudo, no domínio dos sindicatos.

Após dois meses e meio de vitórias incríveis sobre a burguesia da Rússia e sobre a Entente, ele escrevia:

"Se tivéssemos imposto agora na Rússia, como condição de admissão aos sindicatos, o 'reconhecimento da ditadura', teríamos feito uma asneira, teríamos prejudicado a nossa influ-

> *ência sobre as massas, teríamos auxiliado os mencheviques. Toda a tarefa dos comunistas reside na capacidade de persuadir os retardatários, na capacidade de trabalhar entre eles, e não de se separar deles pela invenção de palavras de ordem infantis 'esquerdistas'".* (Lenin, *O esquerdismo, doença infantil do comunismo*)

E isto é ainda mais obrigatório para os partidos comunistas do Ocidente, que não representam senão a minoria da classe operária.

A situação, entretanto, mudou radicalmente na URSS durante o último período. O Partido Comunista, armado com o poder, já representa uma outra relação entre a vanguarda e a classe: nesta relação existe um elemento de coação. A luta de Lenin contra o burocratismo do partido e dos soviets significava, no fundo, uma luta não contra o mau funcionamento das secretarias, a inércia, a sujeira etc., mas contra a submissão da classe ao aparelho, contra a transformação da burocracia em uma nova camada "dirigente". O conselho dado por Lenin antes da sua morte, de criar uma Comissão de Controle operária independente do Comitê Central e de retirar Stalin e sua fração do aparelho do partido, foi dirigido contra a degeneração burocrática do partido. Por uma série de razões, sobre as quais não podemos nos deter aqui, o partido deixou de lado esse conselho. A degeneração burocrática do partido atingiu o auge nestes últimos anos. O aparelho stalinista não sabe fazer outra coisa senão mandar. A linguagem do comando é a linguagem do ultimatismo. Todo operário tem de reconhecer antecipadamente que todas as decisões precedentes, atuais e futuras do Comitê Central são infalíveis. As pretensões de infalibilidade aumentam à medida que a política se vai tornando cada vez mais errática.

Após ter concentrado em suas mãos o aparelho da Internacional Comunista, a fração stalinista, muito naturalmente, trouxe os seus métodos para as seções estrangeiras, isto é, para os partidos comunistas dos países capitalistas. A política da direção alemã é o reflexo da direção de Moscou. Thälmann vê como comanda a burocracia stalinista, que declara contrarrevolucionário todo aquele que não reconhece a sua infalibilidade. Em quê, afinal de contas, Stalin é melhor que Thälmann? Se a classe operária não se coloca obedientemente ao seu comando, é porque a classe operária é contrarrevolucionária. Duplamente contrarrevolucionários são os que mostram a Thälmann os perigos funestos do ultimatismo. Um dos livros mais contrarrevolucionários é a coletânea das obras completas de Lenin. Não é à toa que Stalin as submete a uma censura tão severa, sobretudo nas edições em língua estrangeira.

Se o ultimatismo é funesto em qualquer circunstância, se na URSS ele significa o desperdício do capital moral do partido, ele é duplamente inviável nos partidos do Ocidente, que ainda estão apenas acumulando um capital moral. Na União Soviética, a revolução vitoriosa criou pelo menos as premissas materiais para o ultimatismo burocrático sob a forma de aparelho de coerção. Nos países capitalistas, inclusive a Alemanha, o ultimatismo se transforma numa caricatura impotente e entrava a marcha do Partido Comunista rumo ao poder. O ultimatismo de Thälmann-Remmele é, antes de tudo, ridículo. E o ridículo mata, sobretudo quando se trata do partido da revolução.

Transportai um instante este problema para a arena da Inglaterra, onde o Partido Comunista (em consequência dos erros funestos da burocracia stalinista) continua a não passar de uma parte ínfima do proletariado. Se se admite que toda forma de frente única, exceto a forma comunista, é "contrarrevolucionária", o proletariado britânico será obrigado a recuar da luta revolucionária até o momento em que o Partido Comunista se puser à sua frente. Mas o Partido Comunista só poderá colocar-se à frente da classe na base de sua própria experiência revolucionária. Entretanto, a experiência só pode tomar um caráter revolucionário por meio da atração de milhões de homens à luta. Ora, só se pode arrastar à luta as massas não comunistas, e, sobretudo as massas organizadas, na base da política de frente única. Caímos num círculo vicioso, do qual não há saída no caminho do ultimatismo burocrático. Mas a dialética revolucionária mostrou há muito tempo essa saída. Demonstrou sua eficácia numa quantidade inumerável de exemplos e nos domínios mais diversos: combinação da luta pelo poder com a luta pelas reformas; da independência completa do partido com a salvaguarda da unidade dos sindicatos; da luta contra o regime burguês com a utilização de suas instituições; da crítica irredutível do parlamentarismo com o alto da tribuna parlamentar; da luta implacável contra o reformismo com os acordos políticos com os reformistas nas tarefas parciais.

Na Inglaterra, a inconsistência do ultimatismo salta aos olhos devido à fraqueza extrema do Partido Comunista. Na Alemanha, os efeitos funestos do ultimatismo são em parte mascarados pela força numérica considerável do partido e pelo seu crescimento. Mas o partido alemão cresce graças à pressão das circunstâncias, e não graças à política da direção. Não é o crescimento do partido que decide: o que decide é a relação política recíproca entre o partido e a classe. Nesta linha fundamental a situação não melhora porque o partido põe, entre ele e a classe, uma cerca de arame farpado de ultimatismo.

Os ziguezagues dos stalinistas na questão da frente única

A antiga social-democrata Torchors (Düsseldorf), que passou para o Partido Comunista, declarou no seu relatório oficial ao partido, em meados de janeiro, em Frankfurt: "Os chefes sociais-democratas já estão suficientemente desmascarados, e não é senão desperdício de energia manobrar nesse sentido com a unidade pela cúpula." Fazemos nossa citação segundo o jornal comunista de Frankfurt, que elogiou muito esse relatório. "Os chefes sociais-democratas já estão suficientemente desmascarados" – suficientemente para a autora do relatório, que passou da social-democracia ao comunismo (o que, é claro, só a honra), mas insuficientemente para esses milhões de operários que votam com a social-democracia e suportam nas suas costas a burocracia reformista dos sindicatos.

Porém, não há necessidade de fazer referência a um relatório isolado. No apelo da *Rote Fahne* (28 de janeiro), o último que me chegou às mãos, demonstra-se mais uma vez que só se pode fazer a frente única contra os chefes sociais-democratas e sem eles. Por quê? Porque "ninguém, entre aqueles que viveram a experiência dos dezoito últimos anos e que viram o trabalho desses 'chefes', acreditará neles". E o que acontecerá, perguntamos nós, àqueles que estão na política há menos de dezoito anos e mesmo há menos de dezoito meses? Desde o começo da guerra, muitas gerações políticas que se formaram devem fazer a experiência da velha geração, ao menos numa escala reduzida. "Trata-se, precisamente", ensinava Lenin aos ultraesquerdistas, "de não tomar a experiência vivida por nós pela que foi vivida pela classe, pelas massas".

Mas mesmo a velha geração social-democrata, aquela que fez a experiência dos dezoito anos, absolutamente não rompeu com os chefes. Pelo contrário, é precisamente a social-democracia que conserva muitos "velhos", ligados ao partido por fortes tradições. É claro que é lamentável que as massas aprendam tão lentamente. Mas cabe aí uma boa parte de responsabilidade aos "pedagogos" comunistas, que não souberam desvendar com nitidez a natureza criminosa do reformismo. É preciso, ao menos, utilizar a nova situação, em que a atenção das massas está extremamente tensa pelo perigo mortal, para submeter os reformistas a uma nova prova, que desta vez será, talvez, verdadeiramente decisiva.

Sem nada esconder ou atenuar da nossa opinião sobre os chefes sociais-democratas, podemos e devemos dizer aos operários sociais-democratas: "Já que vocês aceitam, de uma parte, a luta em comum conosco e que, de outra parte, vocês não querem romper com os seus chefes, nós lhes propomos: tratem de obrigá-los a iniciar uma luta comum conosco por tais e tais objetivos práticos, por tais ou tais roteiros. Quanto a nós, comunistas, estamos prontos." Que pode haver de mais simples, de mais claro, de mais convincente?

Foi precisamente neste sentido que escrevi – com a intenção premeditada de provocar sincero terror ou indignação fingida aos imbecis e aos charlatães – que, na luta contra o fascismo, estamos prontos a fazer acordos práticos de luta com o diabo, com a sua avó e mesmo com Noske e Zörgiebel.

O próprio partido oficial viola, a cada passo, a sua posição inviável. Nos apelos pela "frente única vermelha" (frente consigo mesmo) apresenta regularmente a reivindicação de "liberdade ilimitada de manifestações, de reuniões, de coalizões e de imprensa proletárias". É uma palavra de ordem perfeitamente justa. Mas, na medida em que o Partido Comunista fala de jornais, de reuniões etc., proletários, e não apenas comunistas, ele lança na realidade a palavra de ordem de frente única com essa mesma social-democracia que edita jornais operários, organiza reuniões etc. Lançar palavras de ordem política que contêm em si mesmas a ideia de frente única com a social-democracia e renunciar aos acordos práticos para a luta por essas palavras de ordem – é o cúmulo da incoerência.

Münzenberg, em quem a linha geral e o bom senso de um homem de negócios se chocam, escreveu em novembro em *Der Rote Aufbau*:

"É verdade que o nacional-socialismo é a ala mais reacionária, mais chauvinista e mais feroz do movimento fascista na Alemanha e que todos os círculos realmente esquerdistas (!) têm um interesse enorme em impedir o fortalecimento da influência e da força dessa ala do fascismo alemão."

Se o partido de Hitler é a ala "mais reacionária, mais feroz", daí resulta que, quanto ao governo de Brüning, o menos que se pode dizer é que é menos feroz e menos reacionário. Münzenberg chega aqui, sorrateiramente, à teoria do "mal menor". Para salvar as aparências de ortodoxia, Münzemberg distingue diferentes qualidades de fascismo: o fascismo suave, médio e forte, como se se tratasse de fumo turco. Mas se todos os círculos "esquerdistas" (e como são eles chamados pelos seus nomes?) estão interessados na vitória contra o fascismo, não é preciso submeter esses círculos esquerdistas à prova da ação?

Não é claro que se devia agarrar imediatamente, com ambas as mãos, a proposta diplomática e dúbia de Breitscheid, apresentando, por sua vez, um programa prático, concreto e bem estudado de luta contra o fascismo e pedindo uma reunião comum das direções dos dois partidos, com a participação da direção dos sindicatos livres? Seria preciso, ao mesmo tempo, fazer penetrar energicamente esse programa na base, em todas as seções dos dois partidos, e nas massas. As negociações deveriam ser feitas aos olhos de todo o mundo: a imprensa deveria publicar informações cotidianas sobre elas, sem exageros e sem invenções fantasiosas. Sobre os operários, uma tal agitação positiva, visando diretamente o seu objetivo, agiria de um modo muito mais eficaz do que os urros contínuos sobre o "social-fascismo". Com uma tal maneira de se colocar o problema, a social-democracia não poderia, nem por um só instante, esconder-se atrás da decoração de papelão da "frente de ferro".

Releiam *O esquerdismo, doença infantil do comunismo*: é o livro mais atual hoje. É precisamente a respeito de situações semelhantes à da Alemanha de hoje que Lenin fala – citamos literalmente:

> "[da] necessidade absoluta para a vanguarda do proletariado, para a sua parte consciente, para o partido comunista, de negociar, de recorrer a acordos, a compromissos com os diversos agrupamentos proletários, os diversos partidos operários e de pequenos proprietários... O essencial é saber aplicar esta tática de maneira a elevar e não a rebaixar o nível ger- al de consciência, de espírito revolucionário, de capacidade de luta e de vitória do proletariado".

E como age o Partido Comunista? Diariamente ele afirma nos jornais que só admite uma "frente única que seja dirigida contra Brüning, Severing, Leipart, Hitler e seus comparsas". É incontestável que, diante da insurreição proletária, não haverá diferença entre Brüning, Severing, Leipart e Hitler. Contra a insurreição de outubro dos bolcheviques, os socialistas-revolucionários e os mencheviques se aliaram aos democratas constitucionalistas e aos kornilovistas; Kerensky dirigiu o general cossaco das centúrias negras Krasnov contra Petrogrado; os mencheviques apoiaram Kerensky e Krasnov; os socialistas- revolucionários organizaram a insurreição dos cadetes sob a direção de oficiais monarquistas.

Mas isto não significa absolutamente que Brüning, Severing, Leipart e Hitler pertençam todos e em todas as circunstâncias ao mesmo campo. Hoje os seus interesses divergem. Para a social-democracia, a questão, no momento presente, não é tanto a defesa das bases da sociedade capitalista contra a revolução proletária, quanto a defesa do sistema semiparlamentar burguês contra o fascismo. Renunciar à utilização deste antagonismo seria uma asneira enorme. No *Esquerdismo* Lenin escrevia:

"Fazer a guerra para a derrubada da burguesia internacional, e proibir de antemão qualquer manobra, qualquer utilização das contradições (embora momentâneas) reinantes entre os nossos inimigos, renunciar a qualquer acordo e a qualquer compromisso com possíveis aliados (embora aliados provisórios, pouco seguros, cambaleantes, condicionais) é de um ridículo sem limite".

Citamos sempre literalmente: As palavras grifadas nos parênteses o foram por Lenin. Em seguida:

"Não se pode triunfar sobre um adversário superior senão à custa de uma extrema tensão de forças e com a condição obrigatória de se tirar partido, com a maior atenção, minúcia e prudência, das menores 'rachaduras' entre os nossos inimigos."

Ora, que fazem os Thälmann e os Remmele dirigidos por Manuilsky? Usam todas as suas forças para cimentar a rachadura entre a social-democracia e o fascismo – e que rachadura! – com a teoria do social-fascismo e com a prática da sabotagem da frente única.

Lenin exigia que se utilizasse cada:

"possibilidade de se conseguir um aliado de massa, embora aliado temporário, vacilante, pouco sólido, pouco seguro, reservado. Quem não tiver compreendido isto não compreendeu absolutamente nada do marxismo nem do socialismo científico contemporâneo".

Ouçam, profetas da nova escola stalinista: ele diz, claramente, e com precisão, que vocês nada entendem de marxismo. É de vocês que Lenin fala: por favor, acusem recebimento!

Mas sem a vitória sobre a social-democracia, respondem os stalinistas, a vitória sobre os fascistas é impossível. Isto é verdade? Num certo sentido, sim. Mas o teorema inverso é também verdadeiro: sem a vitória sobre o fascismo italiano, a vitória sobre a social-democracia italiana é impossível. O fascismo e a social-democracia são instrumentos da burguesia. Enquanto o capital dominar, a social-democracia e o fascismo existirão em combinações diferentes. Todas as questões se reduzem assim a um só denominador: o proletariado deve derrubar o regime burguês.

Mas é precisamente agora, quando este regime vacila na Alemanha, que o fascismo vem em socorro. Para repelir esse defensor, dizem-nos, é preciso antes liquidar a social-democracia... Assim, esse esquematismo sem vida nos conduz a um círculo vicioso. Não se pode sair dele senão pelo terreno da ação. O caráter da ação é determinado não pelo jogo de categorias abstratas, mas pela correlação real das forças históricas vivas.

Não, reiteram os burocratas, "primeiro" liquidamos a social-democracia. Mas por que meio? É muito simples: dando a ordem às organizações do partido de recrutar, numa data determinada, cem mil membros novos. A propaganda abstrata em lugar da luta política, o plano burocrático em lugar de estratégia dialética. E se o desenvolvimento efetivo da luta de classes coloca, já hoje, diante da classe operária, a questão do fascismo como uma questão de vida ou de morte? Então é preciso desviar a classe operária dessa tarefa, é preciso adormecê-la, é preciso persuadi-la de que a tarefa da luta contra o fascismo é uma tarefa secundária, que esta não tem urgência, que se resolve por si mesma, que afinal de contas o fascismo já domina, que Hitler não trará nada de novo, que não se deve temer Hitler, que Hitler não fará senão franquear caminho aos comunistas.

Isto estará exagerado? Não, é a ideia central autêntica dos chefes do Partido Comunista. Eles não a levam sempre até o fim. No contato com as massas, eles mesmos recuam diante das conclusões finais, confundindo diferentes posições, atrapalhando-se e atrapalhando os operários, mas em todas as ocasiões em que procuram esclarecer as coisas, eles partem do ponto de vista da inevitabilidade da vitória do fascismo.

No dia 14 de outubro do ano passado, Remmele, um dos três chefes oficiais do Partido Comunista, dizia no Reichstag: "Foi o Sr. Brüning que o disse muito claramente: quando eles (os fascistas) estiverem no poder, a frente única do proletariado será realizada e varrerá tudo (aplausos tempestuosos dos comunistas)." Que Brüning ponha medo na burguesia e na social-democracia com uma tal perspectiva, é compreensível: ele defende o seu poder. Que Remmele console os operários com uma tal perspectiva, é uma vergonha: ele prepara o poder para Hitler porque toda essa perspectiva é profundamente falsa e testemunha a incompreensão total da psicologia das massas e da dialética revolucionária.

Se o proletariado na Alemanha, diante do qual se desenvolvem agora abertamente todos os acontecimentos, deixar os fascistas tomarem o poder, isto é, se der prova de uma passividade e cegueira mortais, não há absolutamente nenhuma razão para se esperar que, depois da ascensão dos fascistas ao poder, esse mesmo proletariado sacuda, com um único golpe, a sua passividade e "varra tudo": pelo menos na Itália isto não aconteceu. Remmele argumenta inteiramente no espírito dos frasistas pequeno-burgueses da França do século 19, que deram provas de uma incapacidade total de conduzir as massas, mas que, em compensação, estavam firmemente convencidos de que quando Luís Bonaparte sentasse em cima da república, o povo se levantaria imediatamente em sua defesa e "varreria tudo". Entretanto, o povo, que deixou o aventureiro Luís Bonaparte chegar ao poder, se mostrou, é claro, incapaz de varrê-lo em seguida. Foram precisos, para isto, novos acontecimentos importantes, abalos históricos, inclusive a guerra.

Para Remmele, a frente única do proletariado não é realizável, como o vimos, senão depois da ascensão de Hitler ao poder. Pode haver uma confissão mais lamentável de sua própria falência? Como nós, Remmele & Cia., somos incapazes de unir o proletariado, encarregamos Hitler disto. Quando ele tiver unificado o proletariado para nós, então nos mostraremos em toda a nossa grandeza. Tudo isto é seguido de uma declaração fanfarronesca: "Somos os vencedores de amanhã, e a questão de saber quem será esmagado não se apresenta mais. Esta questão já está resolvida (aplausos dos comunistas). Só resta a questão de se saber em que momento esmagaremos a burguesia." É precisamente isto! Em russo, isto se chama "tocar o céu com o dedo"! Nós somos os vencedores de amanhã. Para isto, só nos falta a frente única. Hitler nos dará a frente amanhã quando chegar ao poder. Isso quer dizer que o vencedor de amanhã será, apesar de tudo, Hitler e não Remmele. Mas então lembrem-se de uma vez por todas: o momento da vitória dos comunistas não chegará tão cedo.

O próprio Remmele sente que o seu otimismo manca da perna esquerda e procura então fortalecê-la. "Os senhores fascistas não nos metem medo. Eles se desmoralizarão muito mais depressa do que qualquer outro governo." ("Correto", gritam os comunistas.) E como prova: os fascistas querem a inflação, o papel moeda, o que é a ruína das massas populares. Tudo se arranjará, pois, da melhor forma possível. Assim, o palavreado inflacionário de Remmele desvia os operários alemães do seu caminho.

Temos aí um discurso programático de um chefe oficial do partido, editado numa enorme quantidade de exemplares e que serve para fins de recrutamento comunista: o discurso é seguido de uma ficha de adesão ao partido. E esse discurso programático é todo construído sobre a capitulação diante do fascismo. "Nós não temos" a ascensão de Hitler ao poder. Mas isto é precisamente uma fórmula disfarçada da covardia. "Nós" não nos consideramos capazes de impedir Hitler de tomar o poder. Pior ainda: nós, burocratas, estamos de tal forma apodrecidos que não ousamos pensar seriamente na luta contra Hitler. Eis porque "não temos". Vocês não temem o quê: a luta contra Hitler? Não, eles não temem... a vitória de Hitler. Não têm medo de fugir do combate. Não têm medo de confessar a própria covardia. Vergonha, mil vezes vergonha!

Numa das minhas brochuras anteriores, escrevi que a burocracia stalinista quer armar para Hitler uma armadilha... sob a forma de poder de Estado. Os jornalistas comunistas, desde Münzemberg, até Ullstein e de Mosse[30] a Münzemberg, declararam imediatamente: "Trotsky calunia o Partido Comunista." Não é claro que, por ódio ao comunismo, por aversão ao proletariado alemão, pelo desejo apaixonado de salvar o capitalismo alemão, Trotsky atribui à burocracia stalinista um plano de capitulação? Na realidade, não fiz mais do que formular, brevemente, o discurso programático de Remmele e o artigo teórico de Thälmann. Onde está então a calúnia?

No entanto, Thälmann e Remmele continuam inteiramente fiéis ao Evangelho de Stalin. Lembremos mais uma vez o que Stalin pensava no outono de 1923, quando tudo na Alemanha se

---

30 Casa de Ullstein e Mosse Verlag eram duas grandes empresas de publicação, produziam tanto livros assim como jornais.

apoiava, como hoje, no fio da navalha. Stalin escrevia a Zinoviev e a Bukharin:

> *"Será que os comunistas devem, no estágio atual"*, *"caminhar para a tomada do poder sem a social-democracia? Já estão maduros para isso? Eis, ao que me parece, a questão. (...) Se hoje o poder na Alemanha cair como que por si mesmo e se os comunistas o tomarem, levarão um tombo enorme. Isso 'no melhor dos casos'. E no pior dos casos, serão reduzidos a migalhas e jogados fora. (...) É claro que os fascistas não dormem, mas é melhor para nós que eles ataquem primeiro: isto agrupará toda a classe operária em torno dos comunistas. (...) Na minha opinião, é preciso conter os alemães, e não os encorajar".*

Na sua brochura sobre *A greve de massas*, Langner escreve: "A afirmação (de Brandler) de que a luta em outubro (1923) teria resultado em uma derrota decisiva não é mais do que uma tentativa de disfarçar os erros oportunistas e a capitulação oportunista sem combate." (Pág. 101) Muito justo. Mas quem foi, então, o iniciador da "capitulação sem combate"? Quem "continha", em lugar de "encorajar"? Em 1931, Stalin não faz mais do que desenvolver a sua fórmula de 1923: se os fascistas tomarem o poder, não farão mais do que nos franquear o caminho... É claro que é menos perigoso culpar Brandler do que Stalin; os Langner o sabem muito bem...

É verdade que, nestes dois últimos meses – não sem uma influência decisiva dos protestos vindos da esquerda – produziu-se uma certa mudança: o Partido Comunista não diz mais que Hitler deve chegar ao poder para ser desmoralizado mais depressa. Agora acentua mais o lado oposto da questão: não se deve mais adiar a luta contra o fascismo para quando Hitler chegar ao poder; é preciso travar a luta desde agora, levantando os operários contra os decretos de Brüning, ampliando e aprofundando a luta no terreno econômico e político. É perfeitamente justo. Nesses limites, tudo o que é dito pelos dirigentes do Partido Comunista é incontestável. Aqui não há divergências entre nós. Entretanto, continua de pé a questão principal: como passar das palavras aos atos?

A maioria esmagadora dos membros do partido e uma parte importante do aparelho – nós não o duvidamos absolutamente – desejam sinceramente a luta. Mas é preciso olhar a realidade bem de frente: esta luta não existe, ninguém a vê chegar. Os decretos de Brüning passaram impunemente. A trégua de Natal não foi violada. A política das greves parciais improvisadas não deu, segundo os relatórios da própria imprensa comunista, resultados sérios. Os operários o veem. Não se pode convencê-los com gritos.

O Partido Comunista lança a responsabilidade da passividade das massas sobre a social-democracia. Historicamente, isso é indiscutível. Mas nós não somos historiadores, e sim militantes revolucionários. Não se trata de investigações históricas, mas da procura de uma saída.

O SAP, que no início de sua existência colocava a questão da luta contra o fascismo (sobretudo nos artigos de Rosenfeld e de Seydewitz) de uma maneira formal, fazendo coincidir o contra-ataque com o momento da ascensão de Hitler ao poder, deu um certo passo adiante. A sua imprensa pede agora que se comece a resistência ao fascismo imediatamente, levantando os operários contra a miséria e o jugo policial. Reconhecemos de bom grado que a mudança na posição do SAP se produziu por influência da crítica comunista: uma das tarefas do comunismo consiste precisamente em empurrar para frente o centrismo, por meio da crítica às hesitações deste último. Mas apenas esta crítica é insuficiente: é preciso que se utilizem politicamente os frutos desta crítica, propondo ao SAP que passe das palavras aos atos. É preciso submeter o SAP a uma prova prática, pública e precisa: não por comentários de citações isoladas – é insuficiente – mas pela proposta de acordo quanto aos meios práticos determinados para a resistência. Se o SAP revelar a sua falência, a autoridade do KPD será realçada na mesma proporção e o partido intermediário será tanto mais depressa liquidado. Então o que há a temer?

Entretanto, é errado afirmar que o SAP não quer lutar seriamente. Há em seu seio diferentes tendências. Hoje, na medida em que tudo se reduz à propaganda abstrata da frente única, as contradições internas estão escondidas. Por ocasião da passagem à luta, elas subirão à superfície. Só o Partido Comunista poderá tirar proveito disso.

Mas resta ainda a questão principal, a do Partido Social Democrata. Se este repele as propostas práticas aceitas pelo SAP, isto cria uma nova situação. Os centristas, que desejariam ficar entre o KPD e a social-democracia, queixando-se de um e de outro e reforçando-se à custa de ambos (uma tal filosofia é desenvolvida por Urbahns), ficariam logo suspensos no ar porque se demonstraria logo que a luta revolucionária é sabotada precisamente pela social-democracia. Não seria isto uma séria vantagem? A partir desse momento, os operários do SAP se voltariam decisivamente para o Partido Comunista.

Mas a recusa de Wels & Cia. em aceitar o programa de ação adotado pelo SAP também não passaria impunemente para a social-democracia. O *Vorwärts* seria logo privado da possibilidade de se queixar da passividade do Partido Comunista. A atração dos operários sociais-democratas pela frente única aumentaria logo e isto equivaleria à atração pelo Partido Comunista. Não é claro?

Em cada uma destas etapas e destes giros o Partido Comunista encontraria novas possibilidades. Em lugar de repetir monotonamente as únicas e mesmas fórmulas já feitas diante de um auditório que é sempre o mesmo, o Partido Comunista teria a possibilidade de arrastar ao movimento novas camadas, de instruí-las na base de uma experiência viva, de temperá-las e de consolidar a sua hegemonia na classe operária.

Ao mesmo tempo, o Partido Comunista não deve de forma alguma renunciar à direção independente das greves, das manifestações, das campanhas políticas. Ele conserva toda a sua liberdade de ação. Não espera por ninguém. Mas na base de sua ação, realiza uma política ativa de manobras em relação às outras barreiras conservadoras entre os operários, põe a nu as contradições do reformismo e do centrismo e faz avançar a cristalização revolucionária no seio do proletariado.

Nota histórica sobre a frente única

As elaborações sobre a política da frente única decorrem de necessidades tão fundamentais e irrefutáveis da luta de classe contra classe (no sentido marxista, e não burocrático destas palavras), que é impossível ler as objeções da burocracia stalinista sem corar de vergonha e de indignação. Podem-se explicar cotidianamente as ideias mais simples às massas operárias e camponesas mais atrasadas e mais obscuras sem experimentar o menor cansaço: é que se trata, neste caso, de despertar camadas inteiramente novas. Mas que triste quando temos de explicar pensamentos elementares a indivíduos cujo cérebro está derretido pela imprensa burocrática! Que fazer com "chefes" que não dispõem de argumentos lógicos, mas que, em compensação, possuem à mão um manual de injúrias internacionais? As teses fundamentais do marxismo são combatidas com uma única palavra: "contrarrevolução!" Esta palavra está terrivelmente desmoralizada na boca dos que até agora, entretanto, não demonstraram ainda em nada a sua capacidade de realizar uma revolução. Mas o que se deve fazer com as decisões dos quatro primeiros congressos da Internacional Comunista? Reconhece-os ou não a burocracia stalinista?

Os documentos existem e até hoje conservam toda a sua importância. Do grande número desses documentos, escolhi as teses elaboradas por mim entre o terceiro e o quarto congressos, para o Partido Comunista da França – teses aprovadas pelo Bureau Político do PC russo e pelo Comitê Executivo da Internacional Comunista e publicadas então nos órgãos comunistas em várias línguas. Reproduzimos textualmente a parte das teses consagrada à definição e à defesa da política da frente única:

"É de todo evidente que a luta de classe do proletariado não cessa neste período de preparação da revolução. Os conflitos entre a classe operária e os patrões, a burguesia ou o Estado surgem e se desenvolvem sem cessar, pela iniciativa de uma ou de outra das partes. Nestes conflitos, na medida em que abarcam os interesses vitais de toda a classe operária ou da sua maioria ou ainda de uma parte qualquer desta classe, as massas operárias sentem a necessidade da unidade de ação, da unidade da defensiva contra o adversário. O partido que contraria mecanicamente essas aspirações da classe operária à unidade de ação está irrevogavelmente condenado pela consciência operária. O problema da frente única surgiu da necessidade de assegurar à classe operária a possibilidade de uma frente única na luta contra o capital, apesar da divisão inevitável, na época presente, das organizações políticas que têm o apoio da classe operária. Para os que não o compreendem, o partido não é mais do que uma associação de

propaganda, e não uma organização de ação de massa. Se o partido comunista não tivesse realizado uma ruptura radical e decisiva com os sociais-democratas, não se teria tornado jamais o partido da revolução proletária. Se o partido comunista não procurasse descobrir as vias de organização capazes de tornar possíveis, em cada momento dado, ações comuns, do conjunto das massas operárias comunistas e não comunistas (inclusive sociais-democratas), provaria, por isto mesmo, a sua incapacidade em conquistar a maioria da classe operária para ações de massa. Não basta que os comunistas sejam separados dos reformistas e ligados pela disciplina da organização. É necessário que a organização aprenda a dirigir todas as ações coletivas do proletariado em todas as circunstâncias de sua luta vital. Tal é a segunda letra do abecê do comunismo. A unidade da frente se estende unicamente às massas operárias ou compreende também os chefes oportunistas? Esta pergunta não é mais do que o fruto de um mal-entendido. Se tivéssemos podido unir as massas operárias em torno da nossa bandeira ou sob as nossas palavras de ordem correntes, desprezando as organizações reformistas, partidos ou sindicatos, isso seria certamente a melhor das alternativas. Mas então a questão da frente única não se apresentaria nem mesmo na sua forma atual. "Independentemente de quaisquer outras considerações, estamos interessados em fazer os reformistas saírem de seus abrigos e em colocá-los ao nosso lado, na frente das massas em luta. Com uma boa tática, isto só pode ser favorável a nós. O comunista que duvidar ou que tiver medo disto, se assemelha a um nadador que tivesse aprovado as teses sobre o melhor modo de nadar, mas que não se arriscasse a se lançar na água. "Entrando em acordo com outras organizações, nós nos sujeitamos sem dúvida a uma certa disciplina de ação. Mas esta disciplina não pode ter um caráter absoluto. Se os reformistas sabotam a luta e se contrapõem ao sentimento das massas, nós nos reservamos o direito de sustentar a ação até o fim, como organização independente, sem os nossos semialiados temporários. Ver nesta política uma aproximação com os reformistas é adotar o ponto de vista do jornalista que acredita afastar-se do reformista quando o critica, sem sair da sua sala de redação e que tem medo de enfrentá-lo diante das massas operárias, medo de dar a estas a possibilidade de comparar o comunista e o reformista nas condições iguais da ação das massas. Sob o temor aparentemente revolucionário da 'aproximação', se dissimula, no fundo, uma passividade política que tende a conservar um estado de coisas no qual os comunistas, assim como os reformistas, têm cada qual o seu círculo de influência, os seus auditórios, a sua imprensa, e no qual isto basta para dar, a uns e a outros, a ilusão de uma luta política séria. Na questão da frente única, vemos uma tendência passiva e indecisa mascarada de intransigência verbal. Salta aos olhos, desde o primeiro instante, o seguinte paradoxo: os elementos direitistas do partido, com as suas tendências centristas e pacifistas, (...) são os adversários mais irreconciliáveis da frente única, cobrindo-se com a bandeira da intransigência revolucionária. E, ao contrário, os elementos (...) que, nos momentos mais difíceis, continuaram inteiramente no terreno da III Internacional, são os partidários da tática da frente única. Na realidade, sob a máscara da intransigência pseudorrevolucionária, agem agora os partidários da tática da espera passiva." (Trotsky, *Cinco Anos da Internacional Comunista*, p. 347-378 da edição russa.)

Não lhes parece que essas linhas foram escritas hoje contra Stalin, Manuilsky, Thälmann, Remmele, Neumann? Na realidade, foram escritas há dez anos contra Frossard, Cachin, Charles Rappoport, Daniel Renoult e os outros oportunistas franceses que se escondiam por trás de frases ultraesquerdistas. As teses citadas mais acima eram – fazemos diretamente esta pergunta à burocracia stalinista – "contrarrevolucionárias", já no momento em que exprimiam a posição do Bureau Político russo, com Lenin à frente, e determinavam a política da Internacional Comunista? Que não se procure responder que com o tempo, as condições mudaram. Trata-se não de questões de conjuntura, mas, como foi dito no próprio texto, do "abecê do comunismo".

Assim, há dez anos a Internacional Comunista explicava a essência da política da frente única no sentido de que o partido comunista mostra às massas e às suas organizações a sua vontade real de entrar na luta com elas, ao menos para os objetivos mais modestos, desde que esses objetivos se achem no caminho do desenvolvimento histórico do proletariado: nesta luta, o partido comunista conta com o estado real da classe operária em cada momento dado; dirige-se não apenas às massas, mas também às organizações, cuja direção é reconhecida pelas massas; confronta, aos olhos das massas, as organizações reformistas com as tarefas reais da luta de classes. Revelando efetivamente que não é o sectarismo do partido comunista, mas a sabotagem consciente da social-democracia que solapa o trabalho comum, a política da frente única acelera o desenvolvimento revolucionário da classe. É evidente que essas ideias não podem envelhecer em nenhum caso.

Como explicar então a renúncia da Internacional Comunista à política da frente única? Pelos insucessos e fracassos dessa política no passado. Se estes insucessos, cujas razões residem não na política, mas nos políticos, tivessem sido descobertos, analisados, estudados em tempo, o Partido Comunista alemão estaria admiravelmente bem armado, estratégica e taticamente, para a situação atual. Mas a burocracia stalinista agiu como o macaco míope da fábula: depois de ter posto os óculos na cauda e de tê-los lambido sem resultado, concluiu que eles não valiam nada e quebrou-os. Digam o que quiserem: mas a culpa não era dos óculos.

Os erros na política da frente única foram de duas espécies. Na maior parte dos casos aconteceu que os órgãos dirigentes do partido comunista se dirigiram aos reformistas com propostas de lutarem conjuntamente por palavras de ordem radicais, que não decorriam da situação e não correspondiam à consciência das massas. As propostas tinham um caráter de tiros de festim. As massas continuaram inativas. Os chefes reformistas explicaram as propostas dos comunistas como uma intriga que tinha por objetivo a destruição da social-democracia. Tratava-se de uma aplicação puramente formal, decorativa, da política de frente única, quando, por sua própria natureza, ela só pode ser fecunda na base da apreciação realista da situação e do estado de espírito das massas. Por um uso frequente e mau, a arma das "cartas abertas" ficou cega e foi preciso abandoná-la.

A outra espécie de deformação da política da frente única teve um caráter muito mais fatal. A política da frente única tornou-se, para a direção stalinista, uma busca desesperada de aliados, conquistados à custa da independência do partido comunista. Tendo o apoio de Moscou e julgando-se todo-poderosos, os burocratas da Internacional Comunista pensaram seriamente que podiam comandar as classes; indicar-lhes os caminhos; retardar os movimentos agrários e grevistas na China; comprar a união com Chiang-Kai-Shek pelo preço da renúncia à política independente do partido comunista; reeducar a burocracia das *trade-unions*, o apoio principal do imperialismo britânico, por ocasião de um banquete em Londres ou em uma estação de águas do Cáucaso; transformar burgueses croatas do tipo de Raditch em comunistas etc.

É claro que as intenções eram as melhores possíveis: acelerar o desenvolvimento, fazendo, no lugar das massas, o que estas ainda não tinham compreendido. É bom lembrar também que numa série de países, particularmente na Áustria, os funcionários da Internacional Comunista tentaram, no período passado, criar, de modo artificial, por cima, uma social-democracia de "esquerda", que servisse de ponte para o comunismo. Deste baile de máscaras também só saíram fracassos. Os resultados dessas experiências e dessas aventuras foram, invariavelmente, catastróficos. O movimento revolucionário mundial foi jogado para trás por vários anos.

Então Manuilsky decidiu quebrar os óculos e Kuusinen, para nunca mais se enganar, qualificou a todo mundo, exceto a si e aos seus amigos, de fascista. Agora tudo ficou mais simples e mais claro, e não pode haver mais erros. Que frente única pode haver com os "social-fascistas" contra os nacional-fascistas? Ou com os "social-fascistas de esquerda" contra os da direita? Assim, depois de ter operado sobre as nossas cabeças uma curva de 180 graus, a burocracia stalinista viu-se obrigada a declarar contrarrevolucionárias as decisões dos quatro primeiros congressos.

As lições da experiência russa

Num de nossos escritos anteriores, referimo-nos à experiência bolchevique na luta contra Kornilov: os chefes oficiais nos responderam com grunhidos de desaprovação. Recordemos mais uma vez os fatos essenciais para demonstrar, com maior precisão e mais detalhadamente, de que modo a escola stalinista tira lições do passado.

Durante o período de julho a agosto de 1917 o chefe do governo, Kerensky, aplicava efetivamente o programa do comandante do Exército, Kornilov: restabeleceu as cortes marciais no front e a pena de morte para os soldados; privou os soviets conciliadores de sua influência nas questões de Estado; reprimiu os camponeses; dobrou o preço do pão (havendo o monopólio estatal do comércio do trigo); preparou a evacuação da Petrogrado revolucionária; trouxe para a capital, em acordo com Kornilov, os exércitos contrarrevolucionários; prometeu aos aliados uma nova ofensiva na frente etc. Tal era a situação política geral.

No dia 26 de agosto, Kornilov rompeu com Kerensky por causa das hesitações deste último e lançou seu exército contra Petrogrado. O Partido Bolchevique estava numa situação semi-ilegal. Seus chefes, começando por Lenin, estavam na ilegalidade ou na prisão, acusados de ligação com o Estado-maior dos Hohenzollern. Confiscavam-se os jornais bolcheviques. Estas perseguições partiam do governo Kerensky, sustentado, à esquerda, pelos conciliadores, os socialistas-revolucionários e os mencheviques.

Como agiu o Partido Bolchevique? Não hesitou um só instante em fazer um acordo prático com os seus carcereiros – Kerensky, Tseretelli, Dan e outros – para a luta contra Kornilov. Por toda a parte foram criados comitês de defesa revolucionária, nos quais os bolcheviques estavam em minoria. Isto não impediu que os bolcheviques desempenhassem um papel dirigente: nos acordos feitos para as ações revolucionárias das massas, é sempre o partido revolucionário mais consequente e mais audacioso que toma a frente. Os bolcheviques estavam nas primeiras fileiras e quebraram as divisões que os separavam dos operários mencheviques e principalmente dos soldados socialistas-revolucionarios, arrastando-os atrás de si.

Talvez os bolcheviques tenham agido assim por terem sido apanhados de improviso? Não. Nos meses precedentes os bolcheviques exigiram centenas de vezes dos mencheviques que estes aceitassem a luta em comum contra a contrarrevolução que estava se mobilizando. Ainda no dia 27 de maio, quando Tseterelli pediu que os marinheiros bolcheviques fossem reprimidos, Trotsky declarou na sessão do Soviet de Petrogrado: "Quando o general contrarrevolucionário tentar colocar uma corda no pescoço da revolução, os kadetes passarão sabão na corda, mas os marinheiros de Kronstadt virão lutar e morrer conosco." Isto foi literalmente confirmado. Durante os dias da ofensiva de Kornilov, Kerensky dirigiu-se aos marinheiros do cruzador Aurora, pedindo-lhes que se encarregassem da defesa do Palácio de Inverno. Seus representantes foram à prisão de Kresty para ver Trotsky, que ali se achava preso, e lhe perguntaram: "E se prendêssemos Kerensky?" Mas esta pergunta tinha um caráter semijocoso: os marinheiros compreendiam que era preciso antes esmagar Kornilov para depois ajustar contas com Kerensky. Os marinheiros do Aurora, graças a uma direção política correta, compreendiam mais do que o Comitê Central de Thälmann.

Rote Fahne qualifica nossa nota histórica sobre a frente única como "falsa". Por quê? Pergunta inútil. É possível esperar objeções inteligentes por parte daqueles indivíduos? Foi-lhes mandada de Moscou a ordem de latir assim que se pronunciasse o nome de Trotsky, sob pena de serem demitidos. Executam essa ordem como podem. Dizem:

> *"Trotsky fez uma comparação falsa entre a luta dos bolcheviques durante a insurreição reacionária de Kornilov, no começo de setembro de 1917 – quando os bolcheviques lutavam contra os mencheviques pela maioria no seio dos soviets, imediatamente antes da situação revolucionária aguda, quando os bolcheviques, armados na luta contra Kornilov, atacavam simultaneamente Kerensky 'no flanco' – com a 'luta' atual de Brüning 'contra' Hitler. Trotsky apresenta assim o apoio de Brüning e do governo da Prússia como o mal menor."* (Rote Fahne, 22 de dezembro).

É difícil refutar esse amontoado de frases. Supostamente, eu comparo a luta dos bolcheviques contra Kornilov com a luta de Brüning contra Hitler. Não superestimo as capacidades mentais da redação do *Rote Fahne*, mas não é possível que aquela gente não tenha compreendido a minha ideia: a luta de Brüning contra Hitler eu comparo com a luta de Kerensky contra Kornilov; a luta dos bolcheviques contra Kornilov eu comparo com a luta do Partido Comunista alemão contra Hitler. Mas por que então é "falsa" esta comparação? Os bolcheviques, diz a *Rote Fahne*, lutaram naquela ocasião contra os mencheviques pela maioria nos soviets. Mas o Partido Comunista alemão luta, do mesmo modo, contra a social-democracia pela maioria na classe operária. Na Rússia, estava-se "diante de uma situação revolucionária aguda". Correto! Contudo, se os bolcheviques tivessem, em agosto, adotado a posição de Thälmann, em vez da situação revolucionária, poderia ter se aberto uma situação contrarrevolucionária.

Nos últimos dias de agosto, Kornilov foi esmagado, na verdade, não pela força das armas, mas somente pela unanimidade das massas. Imediatamente depois, no dia 3 de setembro, Lenin propôs na imprensa um acordo com os mencheviques e os socialistas-revolucionários: vocês são maioria nos soviets – dizia-lhes –, tomem o poder, nós vos ajudaremos contra a burguesia; nos deem garantia de ampla liberdade de agitação, e nós vos asseguramos a luta pacífica pela maioria nos soviets. Mas que oportunista foi Lenin! Os mencheviques e os socialistas-revolucionários rejeitaram esse acordo, isto é, a nova proposta de frente única contra a burguesia. Esta recusa tornou-se a arma mais poderosa nas mãos dos bolcheviques para a preparação da insurreição armada, que, sete semanas depois, varreu os mencheviques e os socialistas-revolucionários.

Só houve, até agora, uma única revolução proletária vitoriosa no mundo. Não pretendo afirmar, de modo algum, que não tenhamos cometido nenhum erro no caminho da vitória, mas creio que nossa experiência tem uma certa importância para o Partido Comunista alemão. Fiz a mais próxima e mais adequada analogia histórica. Mas como respondem a isso os chefes do Partido Comunista alemão? Com injúrias.

Somente o grupo ultraesquerdista de *Roter Kaempfer* tentou responder "seriamente", armado de toda a sua ciência, à nossa comparação. Considera que os bolcheviques agiram corretamente em agosto "porque Kornilov foi o chefe da contrarrevolução czarista. Isto significa que a sua luta foi a da reação feudal contra a revolução burguesa. Nessas condições, o compromisso tático dos operários com a burguesia e o seu apêndice menchevique-socialista-revolucionário não somente foi correto, mas também necessário e inevitável porque os interesses das duas classes coincidiam na luta contra a contrarrevolução feudal".

E como Hitler representa a contrarrevolução burguesa e não feudal, a social-democracia que sustenta a burguesia não pode ir contra Hitler. Eis porque a frente única na Alemanha não existe e eis porque a comparação de Trotsky está errada.

Tudo isso parece muito sólido. Na verdade, não há nisso tudo uma única palavra correta. A burguesia russa não se opôs, absolutamente, em agosto de 1917, à reação feudal: todos os latifundiários apoiavam o Partido Kadete, que lutava contra a expropriação dos latifundiários. Kornilov se dizia republicano, "filho de camponês", partidário da reforma agrária e da Assembleia Constituinte. Toda a burguesia sustentava Kornilov. O acordo dos bolcheviques com os socialistas-revolucionários e os mencheviques só foi possível porque os conciliadores haviam rompido temporariamente com a burguesia: foram levados a isso por medo de Kornilov. Os conciliadores compreenderam que, com a vitória de Kornilov, a burguesia não teria mais necessidade deles e permitiria que Kornilov os esmagasse. Nesses limites, como se vê, a analogia nas relações entre a social-democracia e o fascismo é completa.

A diferença não começa, de modo algum, onde a veem os teóricos do *Roter Kaempfer*. Na Rússia, as massas da pequena burguesia, sobretudo o campesinato, inclinavam-se para a esquerda, e não para a direita. Kornilov não tinha como apoio a pequena burguesia. Foi precisamente por esse motivo que o seu movimento não teve um caráter fascista. Foi uma contrarrevolução burguesa – e não "feudal" – de um general conspirador. Nisso estava a sua fraqueza. Kornilov tinha como apoio a simpatia de toda a burguesia e o auxílio militar dos oficiais, dos junkers, isto é, da nova geração da própria burguesia. Tudo isso mostrou ser insuficiente. Mas com uma política errada dos bolcheviques, a vitória de Kornilov não podia, de modo algum, ser excluída.

Como vemos, as objeções do *Roter Kaempfer* contra a frente única na Alemanha se baseiam no fato de esses teóricos não compreenderem nem a situação russa, nem a situação alemã.

Sentindo-se pouco segura no espelho da história russa, a *Rote Fahne* tenta abordar a questão por outro lado. Para Trotsky, somente os nacional-socialistas seriam fascistas. "O estado de exceção, a baixa ditatorial dos salários, a proibição de fato das greves... tudo isso, segundo Trotsky, não é fascismo. Tudo isso nosso partido deve tolerar." Essa gente quase nos desarma pela impotência de sua maldade. Onde e quando propus que se "tolerasse" o governo Brüning? O que significa esse "tolerar"? Se se trata do apoio parlamentar ou extraparlamentar ao governo de Brüning, então é completamente vergonhoso falar-se nisso entre comunistas. Mas em outro sentido, historicamente muito mais amplo, os senhores, senhores gritadores, são forçados, apesar de tudo, a "tolerar" o governo Brüning porque lhes falta a força para derrubá-lo.

Todos os argumentos que a *Rote Fahne* dirige contra mim com relação à questão alemã, poderiam, com razão, ser dirigidos contra os bolcheviques em 1917. Poderia se dizer: "Para os bolcheviques, a korniloviada começa com Kornilov, mas Kerensky não é kornilovista? A sua política não visa o esmagamento da revolução? Ele não reprime os camponeses por meio de expedições punitivas? Não organiza lock-outs? Lenin não está na ilegalidade? E devemos tolerar tudo isso?"

Que eu me recorde, não houve um único bolchevique que ousasse argumentar de tal modo. Mas se houvesse, lhe teríamos respondido mais ou menos o seguinte: "Acusamos Kerensky de preparar e facilitar a ascensão de Kornilov ao poder. Mas isso pode livrar-nos da obrigação de nos lançarmos ao ataque contra Kornilov? Acusamos o porteiro de ter entreaberto a porta para o ladrão. Mas isso significa que devemos voltar as costas a essa porta?" Como, graças à tolerância da social-democracia, o governo Brüning já enterrou o proletariado até os joelhos na capitulação diante do fascismo, vocês concluem: "Até os joelhos, até a cintura ou até acima da cabeça – não é tudo a mesma coisa?" Não, não é a mesma coisa. Aquele que está enterrado até os joelhos num atoleiro ainda pode sair dele. Aquele que está enterrado até a cabeça nunca sairá de lá.

Lenin escrevia a respeito dos ultraesquerdistas: "Falam muito bem de nós, bolcheviques. Muitas vezes tem-se vontade de dizer: que nos elogiassem um pouco menos, e penetrassem um pouco mais na tática dos bolcheviques, estudassem-na melhor!"

A experiência italiana

O fascismo italiano nasceu diretamente da insurreição do proletariado italiano, traída pelos reformistas. Desde o fim da guerra, o movimento revolucionário na Itália foi sempre crescendo e resultou, em setembro de 1920, na ocupação das usinas e das fábricas pelos operários. A ditadura do proletariado tornava-se um fato e só restava organizá-la e tirar dela todas as conclusões. A social-democracia teve medo e recuou. Depois de esforços audaciosos e heroicos, o proletariado se viu diante do vácuo. O desmoronamento do movimento revolucionário foi a premissa mais importante para o crescimento do fascismo. Em setembro, a ofensiva revolucionária do proletariado foi interrompida; já em novembro se verificou a primeira manifestação importante dos fascistas (a tomada de Bolonha[31]).

É verdade que o proletariado foi capaz de lutas defensivas mesmo depois da catástrofe de setembro. Mas a social-democracia só se preocupava com uma coisa: retirar da linha de fogo os operários, a preço de concessões ininterruptas. Os sociais-democratas esperavam que a atitude dócil dos operários erguesse "a opinião pública" da burguesia contra os fascistas. Mais do que isso, os reformistas contavam até mesmo com o auxílio de Vítor Manuel. Até o último minuto, refrearam com todas as suas forças os operários na luta contra os bandos de Mussolini. Mas em vão.

---

[31] A campanha de violência dos fascistas começou em Bolonha, dia 21 de novembro de 1920. Quando os vereadores sociais-democratas, vitoriosos na eleição municipal, apresentaram diante da prefeitura o novo prefeito, eles foram atacados a tiros, sendo que 10 morreram e 100 se feriram. Os fascistas deram continuidade com "expedições punitivas" pelo interior, um dos bastiões das "Ligas Vermelhas". "Esquadrões de ação" dos camisas-negras, em veículos cedidos pelos grandes fazendeiros, tomaram vilas em ações relâmpago, espancando e assassinando camponeses e líderes operários de esquerda, destruído sedes de organizações, e aterrorizando a população. Encorajados pelo sucesso fácil, os facistas então começaram a executar ataques de larga-escala nas grandes cidades.

Depois das altas esferas da burguesia, a coroa se colocou do lado do fascismo. Convencidos, no último momento, de que não se pode combater o fascismo pela docilidade, os sociais-democratas chamaram os operários para uma greve geral. Mas o seu apelo foi um fiasco. Os reformistas tinham molhado por tanto tempo a pólvora, temendo que ela explodisse, que quando finalmente lhe aproximaram o fósforo com a mão trêmula, ela não pegou fogo.

Dois anos depois do seu nascimento, o fascismo chegou ao poder. Consolidou suas posições graças ao fato de o primeiro período de seu domínio ter coincidido com uma conjuntura econômica favorável que sucedeu a depressão dos anos 1921-1922. Os fascistas esmagaram o proletariado em retirada por meio da força ofensiva da pequena burguesia. Mas isso não se deu de uma vez. Já no poder, Mussolini avançava no seu caminho com certa prudência: ainda não tinha o modelo feito. Durante os dois primeiros anos, a Constituição nem mesmo foi modificada. O governo fascista tinha um caráter de coligação. Nesse período, os bandos fascistas trabalhavam com paus, facas e revólveres. O Estado fascista, que equivale ao estrangulamento completo de todas as organizações independentes de massas, foi criado pouco a pouco.

Mussolini conseguiu isso à custa da burocratização do próprio partido fascista. Depois de se ter utilizado da força ofensiva da pequena burguesia, o fascismo estrangulou-a nas malhas do Estado burguês. Não podia agir de outra maneira, porque a desilusão das massas por ele reunidas se transformava em um dos perigos mais imediatos para ele. O fascismo burocratizado se aproximou enormemente das outras formas de ditadura militar-policial. Não tem mais o seu apoio social precedente. A principal reserva do fascismo – a pequena burguesia – esgotou-se. Só a inércia histórica permite ao Estado fascista manter o proletariado num estado de dispersão e de impotência. A relação de forças muda automaticamente a favor do proletariado. Esta mudança deve levá-lo à revolução. A derrocada do fascismo será um dos acontecimentos mais catastróficos na história europeia. Mas todos esses processos, como mostram os fatos, exigem tempo. O Estado fascista existe já há uma década. Quanto tempo durará ainda? Sem arriscar-se na previsão dos prazos, pode-se dizer com segurança: a vitória de Hitler na Alemanha significará uma nova e longa possibilidade para Mussolini. A derrota de Hitler será o começo do fim para Mussolini.

Na sua política contra Hitler, a social-democracia alemã não inventou uma única palavra: ela não faz mais do que repetir de um modo mais pesado o que realizaram, no seu tempo, com muito mais temperamento, os reformistas italianos. Estes últimos explicavam o fascismo como uma psicose do pós-guerra; a social-democracia alemã vê no fascismo a psicose de "Versalhes" ou a psicose da crise. Em ambos os casos, os reformistas fecham os olhos para o caráter orgânico do fascismo, como movimento de massas, oriundo da decadência do capitalismo.

Temendo a mobilização revolucionária dos operários, os reformistas italianos colocaram toda a sua esperança no "Estado". Sua palavra de ordem era: "Vitor Emmanuel, aja!" A social-democracia alemã não tem um recurso tão democrático como um monarca fiel à Constituição. Pois bem, contentam-se com um presidente: "Hindenburg, aja!".

Na luta contra Mussolini, isto é, no recuo diante dele, Turati lançou a sua fórmula genial: "É preciso ter a coragem de ser covarde." Os reformistas alemães são menos brincalhões nas suas palavras de ordem. Exigem "coragem para suportar a impopularidade". (Mut zur Unpopularitat). É a mesma coisa. Não se deve temer a impopularidade devida à adaptação covarde ao inimigo.

As mesmas causas provocam as mesmas consequências. Se a marcha dos acontecimentos só dependesse da direção do partido social-democrata, a carreira de Hitler estaria garantida.

É preciso reconhecer, no entanto, que o Partido Comunista alemão também não aprendeu muito com a experiência italiana.

O Partido Comunista da Itália nasceu quase ao mesmo tempo que o fascismo. Mas as mesmas condições de refluxo revolucionário que faziam o fascismo subir ao poder, travavam o desenvolvimento do Partido Comunista. O Partido Comunista não tinha uma noção exata da extensão do perigo fascista, embalava-se com ilusões revolucionárias, foi irremediavelmente hostil à política de frente única, foi atingido, em suma, por todas as doenças infantis. Não há nisso nada de surpreendente: tinha só dois anos. Só via no fascismo uma "reação capitalista". O Partido Comunista não discernia os traços particulares do fascismo, que a mobilização da pequena burguesia contra o proletariado lhe apresentava. Segundo as informações dos amigos italianos, com exceção de Gramsci[32], o Partido Comunista nem mesmo admitia a possibilidade da tomada do poder pelos fascistas. Uma vez que a revolução proletária tinha sofrido uma derrota, que o capita-

---

32 Antonio Gramsci (1881-1937): um dos fundadores do Partido Comunista da Itália, preso por Mussolini em 1926, ele morreu no cárcere 11 anos depois. Enviou uma carta da prisão, em nome da direção política do partido, se opondo à campanha de Stalin contra a Oposição de Esquerda. Togliatti, que estava em Moscou como representante italiano na Internacional Comunista, escondeu a carta. Durante a era de Stalin, a memória de Gramsci foi apagada. Durante o período de desestalinização, porém, ele foi "redescoberto" pelo Partido Comunista Italiano e oficialmente elevado a herói e mártir. Desde então, tornou-se um dos marxistas internacionalmente mais reconhecidos por seus trabalhos teóricos, em particular seus Cadernos do Cárcere.

lismo tinha sabido resistir e a contrarrevolução tinha triunfado, como poderia advir ainda um golpe de Estado contrarrevolucionário? É, em qualquer caso, impossível que a burguesia se insurja contra si mesma. Foi esta a essência da orientação política do Partido Comunista italiano. Não se deve esquecer, contudo, que o fascismo italiano foi então um fenômeno novo que estava ainda em vias de se formar: seria difícil, mesmo a um partido mais experiente, definir os seus traços específicos.

A direção do Partido Comunista alemão repete hoje quase literalmente a posição inicial do comunismo italiano: o fascismo não é mais do que uma reação capitalista; a distinção entre as diferentes formas de reação capitalista não tem importância do ponto de vista proletário. Este radicalismo vulgar é tanto menos perdoável quanto o partido alemão é muito mais velho do que era o partido italiano na época correspondente e, além disso, o marxismo está hoje enriquecido da experiência trágica da Itália. Afirmar que o fascismo já está no poder ou negar a própria possibilidade de sua chegada ao poder é politicamente a mesma coisa. A ignorância da natureza específica do fascismo paralisa inevitavelmente a vontade de luta contra ele.

É claro que a maior culpa cabe à direção da Internacional Comunista. Os comunistas italianos, mais do que todos os outros, deveriam levantar a voz para prevenir esses erros. Mas Stalin e Manuilsky os obrigam a renegar as mais importantes lições de seu próprio esmagamento. Já vimos com que solicitude servil Ercoli adotou as posições do "social-fascismo", quer dizer, as posições de espera passiva da vitória fascista na Alemanha.

A social-democracia internacional consolou-se durante muito tempo dizendo que o bolchevismo só é concebível em países atrasados. Em seguida, a mesma afirmação foi aplicada por ela com relação ao fascismo. A social-democracia alemã é agora forçada a sentir na própria pele a falsidade desse consolo: os seus companheiros de jornada pequeno-burgueses passaram e continuam a passar para o campo do fascismo, ao passo que os operários a abandonam para aproximar-se do Partido Comunista. Só esses dois agrupamentos crescem na Alemanha: o fascismo e o bolchevismo. Embora a Rússia, de um lado, e a Itália, do outro, sejam países muito mais atrasados do que a Alemanha, uma e outra serviram, contudo, de arena do desenvolvimento dos movimentos políticos peculiares ao capitalismo imperialista. A Alemanha adiantada é forçada a reproduzir os processos que atingiram o seu desenvolvimento completo na Rússia e na Itália. O problema fundamental do desenvolvimento alemão pode ser agora formulado assim: ou o caminho da Rússia, ou o da Itália.

É claro que isso não quer dizer que a estrutura social desenvolvida da Alemanha não tenha importância do ponto de vista do desenvolvimento dos destinos do bolchevismo e do fascismo. A Itália é, muito mais do que a Alemanha, um país pequeno-burguês e camponês. Basta lembrar que, para 9,8 milhões de homens empregados na economia agrícola e florestal, há na Alemanha 18,5 milhões de homens empregados na indústria e no comércio, isto é, quase o dobro. Na Itália, para 10,3 milhões empregados na economia agrícola e florestal, há 6,4 milhões empregados na indústria e no comércio. Esses algarismos abstratos estão longe ainda de dar uma ideia do peso específico considerável do proletariado na vida da nação alemã. Mesmo a cifra gigantesca dos desempregados é uma prova negativa da força social do proletariado alemão. Tudo consiste em traduzir essa força na língua da política revolucionária.

A última derrota importante do proletariado alemão, que pode ser colocada na mesma escala histórica das jornadas de setembro na Itália, foi a do ano de 1923. No período de oito anos que decorreu, muitas feridas cicatrizaram, veio uma nova geração. O Partido Comunista alemão representa uma força incomparavelmente maior do que a dos comunistas italianos em 1922. O peso específico do proletariado, o intervalo considerável que o separa da última derrota, a força considerável do Partido Comunista – são três vantagens de enorme importância na apreciação geral da situação e da perspectiva.

Mas para utilizar essas vantagens, é preciso compreendê-las. E é o que não acontece. A posição de Thälmann em 1932 reproduz a de Bordiga em 1922. Nesse ponto, o perigo toma um caráter particularmente agudo. Mas aqui também há uma vantagem complementar que não existia há dez anos. Nas fileiras revolucionárias da Alemanha encontra-se uma oposição marxista que se apoia na experiência da década decorrida. Esta oposição é fraca numericamente, mas os acontecimentos dão à sua voz uma força excepcional. Em certas condições, um leve abalo pode produzir toda uma avalanche. O abalo crítico da Oposição de Esquerda pode ajudar em tempo a mudança da política da vanguarda proletária. É nisto que consiste hoje a tarefa!

Através da frente única – rumo aos soviets como órgãos supremos de frente única

A admiração puramente verbal pelos soviets espalhou-se nos círculos de "esquerda" juntamente com a incompreensão de sua função histórica. Em geral, definem-se os soviets como órgãos de luta pelo poder, como órgãos de insurreição e, finalmente, como órgãos da ditadura. Estas definições estão certas formalmente. Mas não esgotam de modo algum toda a função histórica dos soviets. Antes de tudo, não explicam porque são precisamente os soviets que são necessários na luta pelo poder. A resposta a esta questão é a seguinte: assim como o sindicato é a forma elementar de frente única na luta econômica, do mesmo modo o soviet é a forma mais elevada de frente única nas condições em que o proletariado entra na fase da luta pelo poder.

Por si mesmo, o soviet não possui qualquer força milagrosa. É apenas a representação de classe do proletariado, com todos os lados fortes e todos os lados fracos deste último. Mas é precisamente por isso, e exclusivamente por isso, que o soviet cria a possibilidade organizativa dos operários de diferentes tendências políticas, de um nível de desenvolvimento diferente, unirem seus esforços na luta revolucionária pelo poder. Na situação pré--revolucionária de hoje, os operários alemães devem pensar com especial clareza sobre a função histórica dos soviets como órgãos de frente única.

Se durante o período preparatório o Partido Comunista tivesse conseguido eliminar completamente das fileiras operárias todos os outros partidos, depois de ter reunido sob sua bandeira, política e organizativamente, a maioria esmagadora desses operários, não seria necessária a existência dos soviets. Mas, como o demonstra a experiência histórica, não há razão alguma para se crer que em qualquer país – nos países de antiga cultura capitalista ainda menos que nos países atrasados – o Partido Comunista chegue, principalmente antes da insurreição proletária, a ocupar uma situação tão indiscutível e incondicionalmente dominante nas fileiras operárias.

É precisamente a Alemanha de hoje que nos mostra que a tarefa da luta direta e imediata pelo poder se apresenta ao proletariado muito antes de ele estar inteiramente reunido sob a bandeira do Partido Comunista. No plano político, uma situação revolucionária consiste precisamente em que todos os agrupamentos e todas as camadas do proletariado, ou pelo menos a sua maioria esmagadora, estejam tomados do desejo de unificar os seus esforços para mudar o regime existente. Contudo, isto não quer dizer que todos compreendam como fazê-lo e, menos ainda, que estejam todos prontos, já hoje, para romper com os seus partidos e passar para as fileiras do comunismo. Não, a consciência política da classe não chega à sua maturação de acordo com um plano tão rigoroso e de uma maneira tão metódica.

Continuam a existir profundas divergências internas, mesmo durante a época revolucionária, quando todos os processos se desenvolvem por saltos. Mas ao mesmo tempo, a necessidade de uma organização acima dos partidos, abarcando toda a classe, adquire uma agudez especial. Dar uma forma a esta necessidade – é este o destino histórico dos soviets. É esta a sua grande função. Nas condições da situação revolucionária, exprimem a suprema organização da unidade proletária. Quem não tiver compreendido isso não compreendeu nada sobre o problema dos soviets. Thälmann, Neumann, Remmele podem pronunciar à vontade os seus discursos e escrever artigos sobre a "Alemanha Soviética" futura. Pela sua política atual, sabotam a criação dos soviets na Alemanha.

Longe dos acontecimentos, sem ter impressões imediatas provenientes das massas, sem a possibilidade de tomar o pulso da classe operária, é difícil para mim prever as formas transitórias que levarão à criação de soviets na Alemanha. Em outro escrito formulei a suposição de que os soviets alemães podem vir a ser uma forma ampliada dos comitês de empresa. Baseava-me então, principalmente, na experiência de 1923. Mas é claro que este não é o único meio. Sob a pressão do desemprego e da miséria por um lado, e diante da ofensiva fascista por outro, a necessidade de unidade revolucionária pode vir à tona subitamente sob a forma de soviets, colocando de lado os comitês de empresa. Mas independentemente do meio pelo qual devam surgir, os soviets não podem vir a ser outra coisa senão a expressão organizativa dos lados fortes e dos lados fracos do proletariado, de suas divergências internas e de sua ânsia geral para superá-las; em suma: órgãos de frente única da classe.

Na Alemanha a social-democracia e o Partido Comunista dividem entre si a influência sobre a maioria da classe operária. A direção social-democrata faz o que pode para afastar de si os operários. A direção do Partido Comunista dificulta com toda a sua força o afluxo dos operários. Em consequência disso, surgiu um terceiro partido, que é fruto de uma mudança relativamente lenta da correlação de forças a favor dos comunistas. Mas mesmo com a política mais justa por parte do Partido Comunista, a necessidade que têm os operários da unificação revolucionária da classe cresceria muito mais depressa do que a preponderância do Partido Comunista em seu seio. A necessidade da criação dos soviets conservaria, portanto, toda a sua importância.

A criação dos soviets pressupõe um acordo entre os diversos partidos e organizações da classe operária, a começar pela fábrica, tanto no que concerne à própria necessidade dos soviets, como quanto à hora e aos meios de sua criação. Isto quer dizer: se os soviets representam a forma suprema de frente única numa fase revolucionária, a sua criação deve ser precedida de uma política de frente única na fase preparatória.

Será preciso lembrar mais uma vez que durante seis meses de 1917 os soviets na Rússia tinham uma maioria de conciliadores? O Partido Bolchevique, sem renunciar um só momento à sua independência revolucionária, submetia-se, como partido, ao mesmo tempo, nos limites da atividade dos soviets, a uma disciplina de organização com relação à maioria. Pode-se afirmar sem medo que na Alemanha o Partido Comunista, no próprio dia da criação dos soviets, teria nestes um lugar muito mais importante do que o que ocupavam os bolcheviques nos soviets de março de 1917. Não se exclui absolutamente a possibilidade de os comunistas adquirirem muito depressa a maioria nos soviets. Isto não tirará em nada dos soviets o caráter de instrumentos de frente única, porque a minoria – os sociais-democratas, os sem partido, os operários católicos etc. – terá, a princípio, apesar de tudo, alguns milhões. Se o KPD tentar saltar por cima de tal minoria, pode bem, mesmo na situação mais revolucionária, quebrar a cabeça. Mas tudo isso é uma cantiga para o futuro. Hoje, é o Partido Comunista que está em minoria. É daí que precisamos partir.

É claro que tudo o que acima ficou dito não quer dizer que a criação de soviets só seja possível por um acordo com Wels, Hilferding, Breitscheid etc. Se em 1918 Hilferding pensava em como incluir os soviets na Constituição de Weimar sem prejuízo para esta última, hoje o seu pensamento trabalha, sem dúvida, sobre o problema de como incluir na Constituição de Weimar as casernas fascistas sem prejuízo para a social-democracia... É preciso abordar a criação dos soviets no momento em que o estado geral do proletariado permita a realização destes, mesmo contra a vontade dos chefes da social-democracia. Mas para isso é preciso separar a base social-democrata de sua cúpula, e isto não pode ser feito fingindo que já aconteceu. É precisamente para separar os milhões de operários sociais-democratas de seus chefes reacionários que é preciso mostrar a esses operários que estamos dispostos a entrar para os soviets mesmo com os seus "chefes".

Contudo, não se deve crer que esteja excluído de antemão que também a camada superior da social-democracia seja forçada a colocar-se de pé na chapa quente dos soviets para tentar repetir a manobra de Ebert, de Scheidemann, de Haase e de outros em 1918-1919: tudo dependerá não tanto da má vontade desses senhores, como da medida e das condições nas quais a história os apertar nas suas garras.

O nascimento do primeiro soviet local importante em que estivessem representados os operários comunistas e sociais-democratas, não como pessoas privadas, mas como organizações, produziria um efeito enorme sobre toda a classe operária alemã. Não só os operários sociais-democratas e sem partido, mas também os operários católicos e liberais, não poderão resistir a esta força centrípeta. Todos os setores do proletariado alemão, o mais apto e o mais inclinado à organização, serão atraídos pelos soviets como a limalha pelo ímã. Nos soviets, o Partido Comunista encontrará uma arena nova e especialmente favorável à luta pelo papel dirigente na revolução proletária. Pode-se afirmar sem medo que a maioria esmagadora dos operários sociais-democratas e mesmo uma parte considerável do aparelho social-democrata já teriam sido arrastados para os quadros dos soviets se a direção do Partido Comunista não tivesse, com tanto esforço, auxiliado os chefes sociais-democratas a paralisar a pressão das massas.

Se o Partido Comunista acha inadmissível um acordo com os comitês de empresa, com as organizações sociais-democratas, com os organismos sindicais etc., na base de um programa de tarefas práticas determinadas, isto quer dizer que acha inadmissível a criação de soviets em comum com os sociais-democratas. E como soviets exclusivamente comunistas são impossíveis e, aliás, como tais, não serviriam de nada, a renúncia do Partido Comunista aos acordos e às ações comuns com os outros partidos da classe operária significa nada menos do que a renúncia à criação dos soviets.

Certamente, a *Rote Fahne* responderá a esta reflexão com uma salva de injúrias e demonstrará, como dois e dois são quatro, que sou um agente eleitoral de Brüning, um conselheiro secreto de Wels etc. Estou pronto para arcar com a responsabilidade de todos esses capítulos, mas com uma condição: que a *Rote Fahne*, por seu lado, explique aos operários alemães como, quando e de que forma podem ser criados na Alemanha os soviets sem uma política de frente única com as outras organizações operárias.

Para esclarecer o problema dos soviets como órgãos de frente única, convém citar as considerações muito instrutivas enunciadas sobre o assunto por um jornal comunista de província, o *Klassen-kampf* (Halle-Mersenburgo). O jornal diz ironicamente:

"Todas as organizações operárias, tais como são hoje, com todos os seus defeitos e todas as suas fraquezas, devem ser ligadas por grandes uniões de defesa antifascista. Que quer dizer isto? Podemos dispensar explicações históricas demoradas. A própria história foi, a este respeito, a rude professora da classe operária alemã: a frente única amorfa, a mistura de todas as organizações operárias – tudo isso foi pago pela classe operária alemã com o esmagamento da revolução de 1918-1919."

Eis aí um modelo realmente incomparável de palavrório superficial! A frente única em 1818-1919 realizou-se principalmente pelos soviets. Os espartaquistas deviam ou não fazer parte dos soviets? Segundo o sentido exato do trecho acima citado, deveriam permanecer fora dos soviets. Ora, como os espartaquistas representavam uma pequena minoria da classe operária e não poderiam de modo algum substituir os soviets sociais-democratas por soviets seus, isolar-se dos soviets teria significado, para eles, simplesmente isolar-se da revolução. Se a frente única foi "amorfa" e teve o aspecto de "mistura de todas as organizações", a culpa não foi dos soviets como órgãos de frente única, mas do estado político da própria classe operária: da fraqueza do Spartakusbund e da força extraordinária da social-democracia. A frente única não pode de modo algum substituir um forte partido revolucionário: só pode servir para ajudá-lo a se fortalecer. Isto se aplica inteiramente aos soviets. O medo que tinha o fraco Spartakusbund de deixar passar uma situação excepcional o levava a dar passos ultraesquerdistas e a empreender ações prematuras. Se os espartaquistas tivessem se colocado fora da frente única, isto é, fora dos soviets, estes traços negativos teriam certamente se manifestado de um modo ainda muito mais agudo.

Será possível que esses indivíduos nada tenham aprendido da experiência da revolução alemã de 1918-1919? Terão lido *O esquerdismo, doença infantil do comunismo*? Realmente, o regime stalinista praticou horríveis devastações nos cérebros! Depois de ter burocratizado os soviets na URSS, os epígonos os tratam agora como instrumentos técnicos nas mãos do aparelho do partido. Esqueceram-se que os soviets se formaram como parlamentos operários e que atraíam as massas porque criavam a possibilidade de colocar ombro a ombro todas as partes da classe operária, independentemente das divergências de partido; esqueceram-se que foi precisamente nisto que consistiu a força educadora e revolucionária dos soviets. Tudo está esquecido, tudo está embaralhado, tudo está deformado. Oh, epígonos, mil vezes malditos!

A questão das relações entre o partido e os soviets tem uma importância decisiva para a política revolucionária. Se o curso atual do Partido Comunista é efetivamente dirigido no sentido da substituição dos soviets pelo partido, Hugo Urbahns, que não perde uma só oportunidade para fazer confusão, prepara-se para substituir o partido pelos soviets. Segundo nos informa o SAZ[33], Urbahns, opondo-se às pretensões do Partido Comunista de dirigir a classe operária, dizia em janeiro na reunião de Berlim: "A direção se encontrará nas mãos dos soviets eleitos pela própria massa, não pela vontade e pelo bel-prazer de um só e único partido. (Aplausos entusiásticos)".

É muito fácil compreender que, pelo seu ultimatismo, o Partido Comunista irrite os operários, que se dispõem a aplaudir to-

---

[33] Sozialistische Arbeiter Zeitung, A Gazeta do Operário Socialista, periódico do SAP.

dos os protestos contra a fanfarronada burocrática. Mas isto não impede que a posição de Urbahns, também nesta questão, nada tenha de comum com o marxismo. Que os "próprios" operários elegerão os seus delegados aos soviets – isso é indiscutível. Mas toda a questão está em se saber quem eles elegerão. Devemos ir aos soviets com todas as outras organizações, sejam quais forem, "com todos os seus erros e todas as suas fraquezas". Mas pensar que os soviets podem dirigir "por si mesmos" a luta do proletariado pelo poder é semear o mais grosseiro fetichismo soviético. Tudo depende do partido que dirigir os soviets. É por isso que os bolcheviques-leninistas, ao contrário de Urbahns, não negam de modo algum ao Partido Comunista o direito de dirigi-los. Pelo contrário, dizem que somente na base da frente única, somente por meio das organizações de massas, o Partido Comunista poderá conquistar o papel dirigente nos soviets futuros e arrastar o proletariado à conquista do poder.

O SAP

Qualificar o SAP de "partido social-fascista" ou "contrarrevolucionário" só é possível a funcionários furiosos que pensam que tudo lhes é permitido, ou então a papagaios estúpidos que repetem as injúrias sem compreender o sentido. Mas seria de uma leviandade imperdoável e de um otimismo barato depositar, antecipadamente, confiança numa organização que, tendo rompido com a social-democracia, se encontra ainda, todavia, no caminho entre o reformismo e o comunismo, e sob uma direção que está mais perto do reformismo do que do comunismo. Mesmo nesta questão, a Oposição de Esquerda não se responsabiliza absolutamente pela política de Urbahns.

O SAP está sem programa. Não se trata de um documento formal: um programa só é forte no caso em que seu texto esteja ligado à experiência de um partido, aos ensinamentos das lutas, impregnando até a carne e o sangue dos seus quadros. Não há nada disso no SAP. A Revolução Russa; algumas de suas etapas; a luta das frações; a crise alemã de 1923; a guerra civil na Bulgária; os acontecimentos da revolução chinesa; a luta do proletariado inglês (1926); a crise revolucionária espanhola – todos esses acontecimentos, que devem viver na consciência do revolucionário como marcos luminosos no caminho político, não são, para os quadros do SAP, mais dos que recordações confusas de jornais, e não uma experiência revolucionária vivida.

Que o partido operário seja forçado a fazer uma política de frente única, é indiscutível. Mas a política de frente única tem os seus perigos próprios. Só um partido revolucionário temperado na luta pode conduzir uma tal política. Em todo caso, a política de frente única não pode servir de programa a um partido revolucionário. Contudo, é nessa base que o SAP constrói hoje toda a sua atividade. Consequentemente, a política de frente única é transferida para o interior do partido, isto é, serve para apagar as contradições entre as diversas tendências. E é bem esta a função fundamental do centrismo.

O jornal diário do SAP está impregnado de um espírito de hesitação. Apesar da saída de Ströbel, o jornal continua semipacifista e não marxista. Alguns artigos revolucionários não lhe mudam a fisionomia. Pelo contrário, tornam-na ainda mais evidente. O jornal se enche de entusiasmo pela carta de Küster a Brüning a respeito do militarismo, carta sem gosto e tomada de um espírito profundamente pequeno-burguês. Aplaude o "socialista" dinamarquês, antigo ministro de seu rei, pela sua recusa em tomar parte na delegação governamental em condições excessivamente humilhantes. O centrismo se contenta com pouca coisa. Mas a revolução exige muito. A revolução exige tudo, integralmente.

O SAP critica a política sindical do KPD: ruptura dos sindicatos e criação da RGO (Oposição Sindical Revolucionária). Sem dúvida, também no terreno sindical, a política do KPD está profundamente errada. A direção de Lozovsky está saindo muito cara à vanguarda proletária internacional. Mas a crítica do SAP não está menos errada. Não se trata absolutamente do fato de o partido "romper" as fileiras do proletariado e "enfraquecer" os sindicatos sociais-democratas. Este não é um critério revolucionário porque, sob a atual direção, os sindicatos não servem aos operários, mas aos capitalistas. O crime do KPD não está no fato de "enfraquecer" a organização de Leipart, mas no fato de enfraquecer a si mesmo. A participação dos comunistas nos sindicatos reacionários não é ditada por um princípio abstrato de unidade, mas pela necessidade da luta pela eliminação da organização dos agentes do capital. No SAP, este elemento ativo, revolucionário, agressivo da política recua diante do princípio abstrato da unidade das organizações dirigidas pelos agentes do capital. v

O SAP acusa o Partido Comunista de tendências "golpistas". Esta acusação também encontra apoio em certos fatos e certos métodos, mas, antes de ter o direito de fazer esta acusação, o SAP deve formular com precisão e indicar com fatos a maneira pela qual se comporta em face dos problemas fundamentais da revolução proletária. Os mencheviques acusaram sempre os bolcheviques de blanquismo e de aventureirismo, isto é, de golpismo. A estratégia leninista, pelo contrário, estava tão longe do golpismo, quanto o céu da terra. Mas Lenin compreendeu, e soube fazer compreender aos outros, a importância da "arte da insurreição" na luta proletária.

A crítica do SAP a este respeito toma um caráter tanto mais suspeito, quanto se apoia em Paul Levi, que ficou aterrorizado com a doença infantil do Partido Comunista e preferiu a esta o marasmo senil da social-democracia. Em conversas particulares a respeito dos acontecimentos de março na Alemanha (1921), Lenin disse, a propósito de Levi: "Esse homem definitivamente perdeu a cabeça." É verdade que Lenin acrescentou, então, com malícia: "Pelo menos ele tinha alguma coisa a perder, o que não se pode dizer dos outros." Com a expressão "dos outros", Lenin fazia alusão a Bela Kun, a Thalheimer etc. Não se pode negar que Paul Levi tenha tido uma cabeça sobre os ombros. Mas um homem que perdeu a cabeça e que, nestas condições, dá um pulo das fileiras do comunismo às do reformismo, não vale nada como mestre para um partido proletário. O fim trágico de Levi, pulando de uma janela em estado de delírio, é o símbolo de sua trajetória política[34].

Se para as massas, o centrismo não é mais do que a transição de uma etapa a outra, para certos políticos, o centrismo pode vir a ser uma segunda natureza. À frente do SAP encontra-se um grupo de funcionários, de advogados, de jornalistas, sociais-democratas assustados, indivíduos que já chegaram à idade em que a educação política deve ser considerada como terminada. Um social-democrata assustado ainda não é um revolucionário.

Um representante desse tipo – o melhor deles – é George Ledebour. Apenas há pouco tempo tive a oportunidade de ler as peças de seu processo em 1919. E lendo-as, mais de uma vez aplaudi comigo mesmo o velho combatente, sua sinceridade, seu temperamento, a nobreza de sua natureza. Mas Ledebour não saiu dos limites do centrismo. Quando se trata de ações de massas, das formas superiores da luta de classes, de sua preparação, da responsabilidade do partido que assume abertamente a direção dos combates de massas – aí Ledebour é apenas o melhor

---

[34] Paul Levi, dirigente histórico e um dos fundadores do KPD, foi expulso do partido no inicio dos anos 1920 por criticar publicamente a linha partidária. Se suicidou em 1930, ao pular de uma janela.

representante do centrismo. Foi isto que o afastou de Liebknecht e de Rosa Luxemburgo. É isto que o afasta hoje de nós.

Indignado com a acusação formulada por Stalin contra a ala radical da velha social-democracia alemã a propósito de sua atitude passiva na luta das nações oprimidas, Ledebour se refere ao fato de ter sempre dado provas de uma grande iniciativa, precisamente na questão nacional. É absolutamente incontestável. Ledebour se levantou pessoalmente, com muita paixão, contra os desvios chauvinistas no seio da velha social-democracia alemã, embora absolutamente não escondesse o sentimento nacional alemão fortemente desenvolvido nele. Ledebour foi sempre o melhor amigo dos russos, dos poloneses e de outros emigrados revolucionários, e muitos destes últimos guardaram sempre uma viva recordação do velho revolucionário, que era chamado, entre os burocratas da social-democracia, num ar de condescendência irônico, ora de "Ledeburov", ora de "Ledebursky".

Contudo, Stalin, que nada sabe nem dos fatos nem da literatura daquele tempo, tem razão nesta questão, na medida em que repete a apreciação geral de Lenin. Tentando responder, Ledebour apenas confirmou esta apreciação. Refere-se ao fato de ter mais de uma vez, em seus artigos, exprimido a sua indignação contra os partidos da II Internacional, que, em perfeita tranquilidade, observavam o trabalho de seu colega Ramsay MacDonald, resolvendo o problema nacional hindu com auxílio de bombardeios aéreos. Nesta indignação e neste protesto existe, incontestavelmente, uma diferença honrosa entre a pessoa de Ledebour e um Otto Bauer qualquer, para não falar em Hilferding e Wels: para que estes senhores possam fazer bombardeios democráticos, só lhes falta a Índia.

Contudo, a posição de Ledebour, também nesta questão, não sai dos limites do centrismo. Ledebour exige a luta contra a opressão colonial. No Parlamento, ele se pronunciará contra os créditos coloniais; assumirá a defesa audaciosa das vítimas da insurreição colonial esmagada. Mas Ledebour não tomará parte na preparação da insurreição colonial. Considera isso golpismo, aventureirismo, bolchevismo. E aí está todo o fundo da questão.

O que caracteriza o bolchevismo na questão nacional é que ele considera as nacionalidades oprimidas, mesmo as mais atrasadas, não somente como um elemento objetivo, mas como um elemento subjetivo da política. O bolchevismo penetra no meio das nacionalidades oprimidas, levanta-as contra o opressor, liga sua luta à do proletariado dos países capitalistas, ensina aos chineses oprimidos, aos hindus ou as árabes a arte da insurreição e assume a completa responsabilidade deste trabalho em face dos carrascos civilizados. É só aí que começa o bolchevismo, quer dizer, o marxismo revolucionário em ação. Tudo o que não atingir esses limites continua a ser centrismo.

Nunca se pode julgar corretamente a política do partido do proletariado em base unicamente aos critérios nacionais. Para um marxista, isto é uma lei. Quais são, pois, os laços internacionais e as simpatias do SAP? Os centristas noruegueses, suecos, holandeses, as organizações, os grupos e as personalidades isolados, os quais o próprio caráter passivo e provincial permite que se conservem entre o reformismo e o comunismo – eis seus amigos mais próximos. Angélica Balabanova é a figura simbólica dos laços internacionais do SAP. Ela procura ainda hoje ligar o novo partido aos destroços da Internacional II 1/2!

Leon Blum, o defensor das reparações, o compadre socialista do banqueiro Oustric, é tratado como "camarada" nas páginas dos jornais de Seidewytz. Será delicadeza? Não, é uma falta de princípios, de caráter, de firmeza. "Apego a detalhes", dirá qualquer sábio de gabinete. Não. Nesses detalhes, o fundo político se manifesta com muito mais verdade e clareza do que no reconhecimento abstrato dos soviets, não confirmado pela experiência revolucionária. De nada serve chamar Blum de "fascista" e parecer assim ridículo. Mas aquele que não sente desprezo e ódio por esta espécie de políticos não é um revolucionário.

O SAP se distingue do "camarada" Otto Bauer na mesma proporção em que o faz Max Adler. Para Rosenfeld e Seidewytz, Bauer não é mais do que um adversário ideológico, talvez apenas temporário, enquanto para nós, é um inimigo irreconciliável que conduziu o proletariado austríaco a um terrível pântano.

Mas Adler é um barômetro muito sensível do centrismo. Não se pode negar a utilidade de um tal aparelho, mas é preciso saber que, registrando as mudanças do tempo, ele é incapaz de influenciá-lo. Sob a pressão da situação sem saída do capitalismo, Max Adler está agora novamente disposto a aceitar – não sem lástima filosófica – a inevitabilidade da revolução. Mas que espécie de aceitação! Quantas reservas e quantos suspiros! Seria bem melhor que a II e a III Internacionais se unissem. Seria bem melhor que o socialismo fosse introduzido de maneira pacífica. Mas infelizmente esse meio é, como sabemos, irrealizável. Verifica-se que não só nos países bárbaros, mas também nos civilizados, a classe operária será obrigada a fazer, desgraçadamente, duas vezes a sua revolução. Mas mesmo esta aceitação melancólica da revolução não é mais do que um ato literário.

Ainda não houve e não haverá nunca na história condições tais que possam levar Max Adler a dizer: "A hora é essa!" Indivíduos da espécie de Adler são capazes de justificar a revolução no passado, de admitir a sua inevitabilidade no futuro, mas nunca podem apelar para ela no presente. De todo esse grupo de antigos sociais-democratas de esquerda, que nem a guerra imperialista, nem a Revolução Russa modificou, não se pode esperar nada. Como aparelhos barométricos, ainda passam. Como dirigentes revolucionários, não!

Em fins de dezembro, o SAP se dirigiu a todas as organizações operárias, convidando-as para preparar, em todo o país, reuniões em que os oradores de todas as tendências dispusessem de um tempo igual de palavra. É evidente que por este caminho não se vai a lugar algum. Com efeito, que sentido haveria para o Partido Comunista ou para o Partido Social-Democrata compartilhar, em pé de igualdade, a tribuna com Brandler, Urbahns e outros representantes de organizações e grupos insignificantes demais para pretenderem um lugar destacado no movimento? Frente única quer dizer unidade das massas trabalhadoras comunistas e sociais-democratas, e não uma transação de grupos políticos desprovidos de massa. Nos dirão: o bloco de Rosenfeld-Brandler-Urbahns não é mais do que o bloco de propaganda da frente única. Mas precisamente no domínio da propaganda, a frente única é inadmissível. A propaganda deve apoiar-se em princípios claros, num programa definido. Marchar separadamente, lutar juntos. O bloco é unicamente para ações práticas de massas. Os acordos de cúpula, sem base de princípios, não trazem outra coisa, senão confusão.

A ideia de propor o candidato à presidência pela frente única operária é uma ideia radicalmente errônea. Só se pode propor um candidato na base de um programa definido. O partido não tem o direito de furtar-se, durante a eleição, de mobilizar os seus simpatizantes e de contar as suas forças. A candidatura do partido, oposta a todas as outras candidaturas, não poderia impedir, em nenhum caso, o acordo com as outras organizações para os fins imediatos da luta. Os comunistas, façam ou não façam parte do partido oficial, apoiarão com todas as suas forças a candidatura Thälmann. Não se trata de Thälmann, mas da bandeira do comunismo. Defenderemos essa bandeira contra todos os outros partidos. Destruindo os preconceitos enxertados pela burocracia stalinista nas fileiras comunistas, a Oposição de Esquerda abre para si o caminho da consciência destas.

Qual foi a política dos bolcheviques em relação às organizações operárias e aos partidos que se desenvolveram para a esquerda, do reformismo ou do centrismo para o comunismo?

Em 1917 existia em Petrogrado a organização Interdistrital, que agrupava cerca de quatro mil operários. A organização bolchevique compreendia, em Petrogrado, dezenas de milhares de operários. Entretanto, o Comitê de Petrogrado dos bolcheviques entrava em acordos, em todas as questões, com a Interdistrital; informava-a de todos os seus planos e facilitou assim a fusão completa.

Pode-se objetar que os interdistritais se achavam politicamente próximos dos bolcheviques. Mas o caso não ficou só nos interdistritais. Assim que os mencheviques-internacionalistas (grupo de Martov) se opuseram aos social-patriotas, os bolcheviques fizeram tudo o que puderam para chegar à ação comum com os martovistas e se, na maioria dos casos, não o conseguiram, não foi absolutamente por culpa dos bolcheviques. É preciso acrescentar que os mencheviques-internacionalistas continuavam, formalmente, nos quadros do mesmo partido de Tseretelli e Dan.

Esta mesma tática, mas numa escala incomparavelmente mais ampla, foi renovada com os socialistas-revolucionários de esquerda. Os bolcheviques atraíram uma parte dos socialistas-revolucionários de esquerda até mesmo para o Comitê Militar Revolucionário, isto é, o órgão da insurreição, embora, nessa época, os socialistas-revolucionários de esquerda pertencessem ainda ao mesmo partido que Kerensky, contra o qual era diretamente dirigida a insurreição. É claro, isto não era muito lógico da parte dos socialistas-revolucionários de esquerda e mostrava que nem tudo estava em ordem na sua cabeça. Mas se se for esperar a hora em que tudo esteja em ordem na cabeça, não se terá nunca uma revolução vitoriosa. Os bolcheviques fizeram em seguida um bloco governamental com o partido dos socialistas-revolucionários de esquerda ("kornilovistas" ou "fascistas" de esquerda, segundo a terminologia atual), bloco que durou alguns meses e só acabou por ocasião do levante dos socialistas-revolucionários de esquerda.

Eis como Lenin resumiu a experiência dos bolcheviques com os centristas que se deslocavam para a esquerda:

> "*A tática correta dos comunistas deve consistir em utilizar essas oscilações e de forma alguma ignorá-las: esta utilização exige concessões aos elementos que se orientam para o proletariado, só no caso e na medida precisa em que se voltem para o proletariado, e a luta contra aqueles que se orientam para a burguesia. Com a decisão demasiado apressada de 'nenhum acordo, nenhuma manobra!', só se faz impedir o crescimento do proletariado revolucionário e o aumento de suas forças.*"

A tática dos bolcheviques, nesta questão também, nada tinha de comum com o ultimatismo burocrático!

Os próprios Thälmann e Remmele pertenciam, não faz muito tempo, ao Partido Independente. Se quiserem fazer um esforço de memória, poderão talvez restabelecer o seu estado de espírito político nos anos em que, tendo rompido com a social-democracia, entraram para o Partido Independente e o levaram para a esquerda. Que teriam feito se alguém lhes tivesse dito, naquela época, que não representavam mais do que "a ala esquerda da contrarrevolução monarquista"? Provavelmente teriam julgado que o seu acusador estava bêbado ou louco. Entretanto, é esta a definição que, presentemente, eles mesmos dão do SAP!

Lembremo-nos das conclusões que Lenin tirou do nascimento do Partido Independente:

"Por que, na Alemanha, um mesmo movimento de operários à esquerda (idêntico ao da Rússia em 1917) levou à consolidação imediata não dos comunistas, mas, antes, do partido intermediário dos 'independentes'? Evidentemente, uma das causas foi a tática errônea dos comunistas alemães, que devem lealmente e sem temor reconhecer o seu erro e aprender a corrigi-lo (...). O erro consistiu nas manifestações numerosas dessa doença infantil de 'esquerda', que enfim acabou irrompendo e que, por isso mesmo, será melhor e mais depressa curada, com maior vantagem para o organismo."

Isto até parece escrito para hoje!

O Partido Comunista alemão de hoje é muito mais forte do que a Liga Spartakus de então. Mas se hoje surge uma segunda edição do Partido Independente, em parte sob a mesma direção, a culpa do Partido Comunista é muito mais grave.

O nascimento do SAP é um fato contraditório. Seria certamente melhor que os trabalhadores entrassem diretamente para o Partido Comunista. Mas, para isto, o Partido Comunista deveria ter tido uma outra política, uma outra direção. Para julgar o SAP é preciso partir não de um partido comunista ideal, mas do partido tal qual ele é na realidade.

Na medida em que o Partido Comunista, mantendo as posições do ultimatismo burocrático, se opunha às forças centrífugas no seio da social-democracia, o nascimento do SAP se tornava um fato inevitável e progressivo. Entretanto, o caráter progressivo deste fato é extraordinariamente enfraquecido pela direção centrista. Se ela se reforça, causará a perda do SAP. Tolerar o centrismo do SAP por causa de seu papel progressivo geral significaria liquidar o seu papel progressivo. Os elementos conciliadores que se encontram à frente do partido e que são manobristas experimentados procurarão por todos os meios desfazer as contradições e retardar a crise. Mas esses meios podem bastar apenas até a primeira pressão séria dos acontecimentos. A crise no seio do partido pode desenvolver-se em plena crise revolucionária e paralisar os seus elementos proletários.

A tarefa dos comunistas é ajudar, em tempo, os operários do SAP a depurar as suas fileiras do centrismo e a livrar-se da direção dos chefes centristas. Para isto, é preciso não silenciar, não tomar as boas intenções por atos e chamar todas as coisas pelo seu nome. Mas pelos seus nomes de fato, e não por nomes inventados. Criticar, não caluniar. Procurar aproximações, não repelir brutalmente.

A respeito da ala esquerda do Partido Independente, Lenin escreveu:

"Temer um 'acordo' com esta ala do partido é simplesmente ridículo. Ao contrário, os comunistas são obrigados a procurar e a encontrar uma forma conveniente de acordo com ela, um acordo tal que, de uma parte, possa facilitar e apressar a indispensável fusão completa com esta ala, e que, de outra parte, não dificulte em nada os comunistas na sua luta ideológica e política contra os oportunistas da ala direita, os 'independentes'."

Mesmo hoje, não se poderia acrescentar quase nada a esta diretiva tática.

Digamos aos elementos de esquerda do SAP: "Os revolucionários se temperam não apenas nas greves e nos combates de rua, mas antes de tudo na luta pela política justa de seu próprio partido. Tomem as 'vinte e uma condições' elaboradas, em seu tempo, para acolher os novos partidos na IC. Tomem os trabalhos da Oposição de Esquerda, em que as 'vinte e uma condições' são aplicadas ao desenvolvimento político destes oito últimos anos.

À luz dessas 'condições', desenvolvam uma ofensiva metódica contra o centrismo nas vossas próprias fileiras, e levem as coisas até o fim. De outro modo só restará a vocês o papel pouco honroso de cobertura de esquerda do centrismo."

E depois? Depois é preciso voltar os olhos para o KPD. Os revolucionários não permanecem absolutamente entre a social-democracia e o Partido Comunista, como desejariam Rosenfeld e Seidewytz. Não. Os chefes sociais-democratas representam a agência do inimigo de classe no proletariado. Os chefes comunistas são revolucionários confusos, ruins, desastrosos, desorientados. Não é a mesma coisa. A social-democracia deve ser destruída. O Partido Comunista deve ser corrigido. Vocês dizem que é impossível? Mas procuraram abordar a questão seriamente?

É precisamente agora, quando os acontecimentos fazem pressão sobre o Partido Comunista, que é preciso ajudar os acontecimentos pela pressão de nossa crítica. Os operários comunistas nos escutarão tanto mais atentamente, quanto mais depressa se convencerem, realmente, que não desejamos um "terceiro partido", mas que nos esforçamos, sinceramente, em auxiliá-los a transformar o Partido Comunista existente num guia autêntico da classe operária.

– E se isto não for possível?

– Se isto não for possível, significará, quase seguramente, na situação histórica dada, a vitória do fascismo. Mas na véspera de grandes combates, o revolucionário não pergunta o que acontecerá se não vencer; ele pergunta o que fazer para vencer. É possível. É realizável. Pois então, deve ser feito.

O centrismo "em geral" e o centrismo da burocracia stalinista

Os erros da direção da IC e, consequentemente, do Partido Comunista alemão se reduzem, segundo a terminologia familiar de Lenin, a uma série de "tolices ultraesquerdistas". Mesmo as pessoas inteligentes podem fazer tolices, sobretudo na sua juventude. Mas desse direito, como já aconselhava Heine, não se deve abusar. Se as tolices políticas de um tipo determinado se repetem sistematicamente no curso de um período prolongado, e isto no domínio dos problemas mais importantes, então deixam de ser simplesmente tolices e se tornam uma tendência. Qual é esta tendência? A que exigências históricas atende? Quais são as suas raízes sociais?

O ultraesquerdismo possui, nos diferentes países e em épocas diferentes, uma base social diferente. As expressões mais determinadas do ultraesquerdismo foram o anarquismo, o blanquismo e as suas diversas combinações, inclusive a mais recente: o anarcossindicalismo.

A base social dessas correntes, que se desenvolveram principalmente nos países latinos, foi a velha e clássica pequena indústria parisiense. Sua estabilidade deu um significado incontestável aos diversos aspectos do ultrarradicalismo francês e lhe permitiu, até certo ponto, influenciar ideologicamente o movimento operário dos outros países. O desenvolvimento de uma grande indústria na França, a guerra e a Revolução Russa quebraram a espinha dorsal do anarcossindicalismo. Descartado, ele se transformou num oportunismo de má qualidade. Em todos os seus estágios, o sindicalismo francês foi dirigido por esse mesmo Jouhaux: os tempos mudam e nós com eles.

O anarcossindicalismo espanhol só conservou o seu revolucionarismo aparente num ambiente de estagnação política. Colocando positivamente todos os problemas, a revolução forçou os dirigentes anarcossindicalistas a se livrar do ultrarradicalismo e a revelar a sua natureza oportunista. Pode-se contar com firmeza que a Revolução Espanhola expulsará os preconceitos sindicalistas de seu último abrigo latino.

Elementos anarquistas e blanquistas fazem igualmente parte de outras espécies de correntes e agrupamentos ultraesquerdistas. À periferia de um grande movimento revolucionário, observam-se sempre fenômenos de golpismo e de aventureirismo, cujos protagonistas são ora de camadas operárias atrasadas, frequentemente semi-artesãos, ora companheiros de jornada intelectuais. Mas em geral este tipo de ultraesquerdismo não se eleva até uma importância histórica independente. Conserva, na maioria das vezes, um caráter episódico.

Nos países historicamente retardatários que têm de fazer a sua revolução burguesa, no ambiente de um movimento operário mundial desenvolvido, os intelectuais de esquerda levam às vezes ao movimento semiespontâneo das massas, especialmente das massas pequeno-burguesas, as fórmulas e os métodos mais extremos. Tal é a natureza de partidos pequeno-burgueses, do tipo dos "socialistas-revolucionários" russos, com a sua tendência ao golpismo, ao terror individual etc. Graças à presença de partidos comunistas no Oriente, é pouco provável que lá os agrupamentos aventureiristas independentes cheguem a adquirir a importância dos socialistas-revolucionários russos. Mas em compensação, os jovens partidos comunistas do Oriente podem conter no seu próprio interior elementos de aventureirismo. No que diz respeito aos socialistas-revolucionários russos, estes, sob a influência da evolução da sociedade burguesa, se transformaram em um partido imperialista da pequena burguesia e tomaram, em relação à Revolução de Outubro, uma posição contrarrevolucionária.

É perfeitamente evidente que o ultraesquerdismo da atual Internacional não corresponde a qualquer um dos tipos históricos caracterizados mais acima. O partido mais importante da Internacional, o PC russo, apoia-se notoriamente no proletariado industrial e, bem ou mal, em parte das tradições revolucionárias do bolchevismo. A maioria das outras seções da Internacional é de organizações proletárias. Por acaso a própria diferença de condições dos diversos países nos quais se desenvolve, da mesma maneira e simultaneamente, a política ultraesquerdista do comunismo oficial, não demonstra que essa corrente não pode ter raízes sociais comuns? Não vemos o curso ultraesquerdista com o único e mesmo caráter de "princípio", aplicado na China e na Inglaterra? Mas se é assim, onde procurar, então, a origem do novo ultraesquerdismo?

O problema se complica ainda, mas ao mesmo tempo se esclarece, por uma circunstância extremamente importante: o ultraesquerdismo não é absolutamente o traço invariável e fundamental da atual direção da IC. O mesmo aparelho, renovado na sua composição, realizou até 1928 uma política abertamente oportunista, passando inteiramente, em muitas questões da mais alta importância, para os trilhos do menchevismo. Ao longo do período de 1924-1927, não somente os acordos com os reformistas foram julgados obrigatórios, como se admitia, ao mesmo tempo, a renúncia à independência do partido, à sua liberdade de crítica e até mesmo à sua base proletária de classe.[35]

Não se trata, pois, absolutamente, de uma corrente ultraesquerdista particular, mas de prolongados ziguezagues ultraesquerdistas de uma corrente que, no passado, demonstrou ser igualmente

---

35 Ver a análise detalhada desse capítulo oportunista da IC, que durou alguns anos, em nossos trabalhos: *A Internacional Comunista depois de Lenin*, *A revolução permanente* etc. (N. do A.)

capaz de ziguezagues ultradireitistas acentuados. Bastam estes sinais exteriores para mostrar que se trata de centrismo.

Para falar de uma maneira formal e descritiva, o centrismo é composto de todas essas correntes (no proletariado e na sua periferia) que se colocam entre o reformismo e o marxismo, representando na maioria das vezes etapas diferentes da evolução do reformismo ao marxismo e vice-versa. O marxismo também, assim como o reformismo, tem sob si uma sólida base social. O marxismo exprime os interesses históricos do proletariado. O reformismo corresponde à posição privilegiada da burocracia e da aristocracia proletárias no Estado capitalista. O centrismo, tal como o conhecemos no passado, não tinha e não podia ter bases sociais independentes. As diferentes camadas do proletariado se desenvolvem na direção revolucionária por vias diferentes e em ritmos diferentes.

Nos períodos de crescimento industrial prolongado ou nos períodos de refluxo político, depois da derrota, as diferentes camadas do proletariado se deslocam politicamente da esquerda para a direita, encontrando-se com outras camadas que começam apenas a caminhar para a esquerda. Os grupos diferentes param em certas etapas de sua evolução, encontram os seus chefes temporários, criam os seus programas e as suas organizações. Não é difícil compreender a variedade de correntes que a noção de "centrismo" abarca. Segundo a sua origem, a sua composição social e a tendência de sua evolução, os diversos agrupamentos podem encontrar-se em estado de luta encarniçada, sem deixar por isso de ser espécies diferentes do centrismo.

Se o centrismo em geral exerce habitualmente a função de uma capa de esquerda para o reformismo, a questão de se saber a qual dos campos fundamentais (do reformismo ou do marxismo) pertence uma tendência centrista dada não encontra solução determinada de uma vez por todas. Aqui, mais do que nunca, é preciso sempre analisar o conteúdo concreto do processo e as tendências interiores de seu desenvolvimento. Assim, certos erros políticos de Rosa Luxemburgo podem com justiça, do ponto de vista teórico, ser caracterizados como erros centristas de esquerda. Pode-se ir mais longe e dizer que a maior parte das divergências entre Rosa Luxemburgo e Lenin representava uma inclinação maior ou menor para o lado do centrismo. Mas só os sem-vergonha, ignorantes e charlatães da burocracia da IC podem classificar o luxemburguismo, enquanto corrente histórica, como centrismo. Não é preciso dizer que os "dirigentes" atuais da IC, a começar por Stalin, não chegam nem política nem moralmente aos pés da grande revolucionária.

Mais de uma vez nestes últimos tempos, os críticos que não estudam a fundo o problema acusaram o autor destas linhas de ter abusado da palavra "centrismo", agrupando sob este nome correntes e grupos muito diferentes no seio do movimento operário. Na realidade, a diversidade dos tipos do centrismo decorre, como já se disse, da essência do fenômeno, e não do abuso das terminologias. Lembremo-nos quantas vezes os marxistas foram acusados de atribuir os mesmos fenômenos multiformes e contraditórios à pequena burguesia. E efetivamente, sob a categoria "pequena burguesia", é preciso que se inscrevam fatos, ideias e tendências que, à primeira vista, são incompatíveis. Possuem um caráter pequeno-burguês o movimento camponês e o movimento radical na reforma comunal; os jacobinos pequeno-burgueses franceses e os populistas (narodniki) russos; os proudhonianos pequeno-burgueses, mas também os blanquistas; a atual social-democracia, mas também o fascismo são pequeno-burgueses; os anarcossindicalistas franceses, o "Exército de Salvação", o movimento de Gandhi nas Índias etc.

Um quadro ainda mais variado se apresenta se passamos para o domínio da filosofia e da arte. Isto quer dizer que o marxismo brinque com a terminologia? Não, isto quer dizer apenas que a pequena burguesia é caracterizada por uma extraordinária heterogeneidade em sua natureza social. Embaixo ela se confunde com o proletariado e passa para o lumpen-proletariado; no alto, ela se estende à burguesia capitalista. Pode apoiar-se nas antigas formas produtivas, mas pode depressa desenvolver-se também na base da indústria mais moderna (novas classes médias). Não é de admirar que se enfeite ideologicamente com todas as cores do arco-íris.

O centrismo no seio do movimento operário representa, num certo sentido, o mesmo papel que a ideologia pequeno-burguesa de qualquer espécie representa em relação à sociedade burguesa em geral. O centrismo reflete os processos da evolução do proletariado, o seu desenvolvimento político, assim como a sua decadência revolucionária, ligada à pressão exercida sobre o proletariado por todas as outras classes da sociedade. Não é de se admirar que a aquarela do centrismo se distinga por tal variedade de cores! Todavia, daí não decorre que seja preciso renunciar à noção do centrismo, mas apenas que, em cada caso determinado, é indispensável descobrir, por meio de uma análise social histórica concreta, a natureza real do centrismo da espécie em questão.

A fração dominante da Internacional Comunista não representa um centrismo "em geral", mas uma formação histórica perfeitamente determinada, com poderosas raízes sociais, embora ainda muito recentes. Trata-se, antes de tudo, da burocracia soviética. Nos escritos teóricos de Stalin esta camada social absolutamente não existe. Fala-se aí unicamente de "leninismo", de direção imaterial, de tradição ideológica, de espírito do bolchevismo, de "linha geral" imponderável. Mas sobre o fato de que o burocrata de carne e osso maneja esta linha geral como um bombeiro a sua mangueira, não se ouve dizer uma única palavra.

Entretanto, esse burocrata não se parece absolutamente com um espírito imaterial. Come, bebe, reproduz-se e cria barriga. Comanda com voz autoritária, escolhe embaixo os seus fiéis, conserva fidelidade aos superiores, não admite que o critiquem e vê nisto a própria essência da linha geral. Há muitos milhões desses burocratas – muitos milhões! – mais do que houve operários industriais no período da Revolução de Outubro. A maior parte desses burocratas nunca participou da luta de classes, que exige sacrifícios e comporta perigos. Na sua massa predominante, essa gente nasceu, politicamente, já na qualidade de camada dirigente. Atrás dela se encontra o poder de Estado. Este assegura a sua existência, eleva-a consideravelmente acima do resto da massa. Ela não conhece o perigo do desemprego, contanto que se conserve perfilada, as mãos na costura das calças. Os erros mais grosseiros lhe são perdoados, desde que concorde em desempenhar, no momento necessário, o papel de bode expiatório e salvar a responsabilidade de seus superiores imediatos. E então, uma tal camada dirigente, de muitos milhões, tem um peso social real e uma influência política na vida do país? Sim ou não?

Que a burocracia operária e a aristocracia operária constituem a base social do oportunismo, isto é conhecido dos velhos livros. Na Rússia, o fenômeno tomou novas formas. Sobre a base da ditadura do proletariado (num país atrasado – com uma circunvizinhança capitalista) surgiu, pela primeira vez, das camadas superiores dos trabalhadores, um poderoso aparelho burocrático elevado acima da massa, dando-lhe ordens, gozando de enormes privilégios, ligado por uma solidariedade coletiva interna e imprimindo à política do Estado operário os seus interesses particulares, os seus métodos e os seus modos.

Nós não somos anarquistas. Compreendemos a necessidade do Estado operário e, por conseguinte, a inevitabilidade histórica da burocracia no período transitório. Mas compreendemos também os perigos que comporta esse fato, sobretudo para um país atrasado e isolado. A idealização da burocracia soviética é o erro mais vergonhoso que pode cometer um marxista. Lenin procurou com todas as suas forças fazer com que o partido, como vanguarda autônoma da classe operária, se elevasse acima do aparelho estatal, o controlasse, o fiscalizasse, o dirigisse e o depurasse, colocando os interesses históricos do proletariado – internacional, não apenas nacional – acima dos interesses da burocracia dirigente. Como primeira condição para o controle do partido sobre o Estado, Lenin indicou o controle da massa do partido sobre o aparelho do partido. Releiam com atenção os seus artigos, os seus discursos e as suas cartas do período soviético, especialmente as dos dois últimos anos de sua vida, e verão com que angústia o seu pensamento sempre voltava a esta questão candente.

Mas o que aconteceu depois de Lenin? Toda a camada dirigente do partido e do Estado, que fizera a revolução e a guerra civil, foi destituída, afastada, destruída. Foi o burocrata sem personalidade que tomou o seu lugar. Ao mesmo tempo, a luta contra o burocratismo, que teve um caráter tão agudo em vida de Lenin, quando a burocracia mal havia saído das suas fraldas, cessou completamente, agora que o aparelho cresceu em proporções monstruosas.

E quem poderia conduzir esta luta? Hoje, o partido, como vanguarda autônoma do proletariado, não existe mais. O aparelho do partido se confunde com o do Estado. A GPU se apresenta, no interior do partido, como o instrumento mais importante da linha geral. A burocracia não só não permite a crítica de baixo para cima, mas impede aos seus teóricos até mesmo de falar dela, de notar a sua presença. O ódio encarniçado contra a Oposição de Esquerda é provocado, antes de tudo, porque a Oposição fala abertamente da burocracia, de seu papel particular, de seus interesses, desvendando o segredo de que a linha geral é inseparável da carne e do sangue da nova camada dirigente nacional, que não se identifica absolutamente com o proletariado.

A burocracia estatal faz deduzir a sua pureza angelical do caráter operário do Estado: como ela pode se degenerar se ela é a burocracia de um Estado operário? O Estado e a burocracia são tomados, assim, não como processos históricos, mas como categorias eternas: como a Santa Igreja e os seus padres inspirados por Deus podem pecar? Mas se a burocracia operária, ao elevar-se acima do proletariado em luta na sociedade capitalista, pôde degenerar no partido de Noske, Scheidemann, Ebert e Wels, por que não pode ela degenerar ao elevar-se acima do proletariado vitorioso?

A situação dominante e sem controle da burocracia soviética cultiva uma psicologia que contradiz muito a psicologia do proletário revolucionário. A burocracia faz os seus cálculos e as suas combinações de política interior e exterior independentemente das tarefas de educação revolucionária das massas e fora de toda ligação com as tarefas da revolução internacional. Ao longo de vários anos, a fração stalinista demonstrou que os interesses e a psicologia do "camponês forte", do engenheiro, do administrador, do intelectual burguês chinês, do funcionário das *trade-unions* inglesas lhe eram mais próximos e mais compreensíveis do que a psicologia e as necessidades da base, do camponês pobre, das massas populares chinesas insurrectas, dos grevistas ingleses etc.

Mas por que então a fração stalinista não levou até o fim a sua linha de oportunismo nacional? Porque é a burocracia do Estado operário. Se a social-democracia internacional defende os fundamentos da dominação burguesa, a burocracia soviética, sem proceder ao derrubamento do Estado, é obrigada a adaptar-se às bases sociais lançadas pela Revolução de Outubro. Daí o duplo caráter da psicologia e da política da burocracia stalinista.

O centrismo, mas o centrismo que se apoia nos fundamentos do Estado operário, é a única expressão possível desta duplicidade.

Se os agrupamentos centristas nos países capitalistas têm mais frequentemente um caráter temporário, transitório, refletindo a evolução de certas camadas operárias, à direita ou à esquerda, o centrismo que existe nas condições da República Soviética recebeu uma base bem mais sólida e bem mais organizada na figura da numerosa burocracia. Representando o meio natural das tendências oportunistas e nacionalistas, ela é forçada, entretanto, a defender as bases de sua dominação na luta contra o kulak e a se preocupar, ao mesmo tempo, com o seu prestígio "bolchevique" no movimento operário internacional. Depois de ter procurado a amizade do Kuomintang e da burocracia de Amsterdã, cujo espírito lhe é muito próximo, a burocracia soviética entrou em conflito constante e agudo com a social-democracia, que, por sua vez, reflete a hostilidade da burguesia mundial com o Estado soviético. Tais são as fontes do atual ziguezague de esquerda.

A particularidade da situação consiste não em que a burocracia soviética possua uma imunidade particular contra o oportunismo e o nacionalismo, mas no fato de que, não tendo a possibilidade de tomar uma posição nacional-reformista acabada, é forçada a descrever ziguezagues entre o marxismo e o nacional-reformismo. As oscilações do centrismo burocrático, segundo a sua força, os seus recursos e as contradições de sua situação, tiveram uma extensão inteiramente inaudita: da aventura ultraesquerdista na Bulgária e na Estônia... à aliança com Chiang-Kai-Chek, Raditch e Purcell; da vergonhosa confraternização com os fura-greves britânicos, até a recusa completa da política de frente única com os sindicatos de massa.

A burocracia stalinista transporta os seus métodos e ziguezagues para os outros países na medida em que, a partir do aparelho do partido, não somente dirige a Internacional Comunista, como lhe dita ordens. Thälmann foi a favor do Kuomintang quando Stalin era a favor do Kuomintang. No VII Pleno do Comitê Executivo da IC, no outono de 1926, o delegado do Kuomintang, embaixador de Chiang-Kai-Shek, que se chamava Shao-Ly-Dsy, manifestou-se de pleno acordo com Thälmann, Semard e outros Remmele, contra o "trotskismo".

O "camarada" Shao-Ly-Dsy dizia: "Estamos todos convencidos de que, sob a direção da Internacional, o Kuomintang realizará a sua tarefa histórica." (*Atas russas*, vol. I, p. 459) Tal é o fato histórico!

Tomemos a *Rote Fahne* do ano de 1926 e encontraremos nela uma quantidade de artigos sobre o tema de que Trotsky, exigindo a ruptura com o Conselho Geral dos fura-greves, demonstrava, com isto mesmo, o seu... menchevismo! Já hoje o "menchevismo" consiste na reivindicação da frente única com as organizações de massas, isto é, em seguir a política que formularam, sob a direção de Lenin, os III e IV Congressos da Internacional contra todos os Thälmann, Thalheimer, Bela Kun, Frossard etc.

Todos esses ziguezagues dolorosos não teriam sido possíveis se, em todas as seções comunistas, não tivesse se formado uma camada de burocratas autônomos, isto é, independentes do partido. Eis a raiz do mal!

A força de um partido revolucionário consiste na independência da vanguarda, que verifica e seleciona os seus quadros e, tendo educado os seus dirigentes, os eleva gradualmente pela sua confiança. Isto cria um laço indissolúvel dos quadros com as massas, dos chefes com os quadros e transmite a toda a direção a confiança em si mesma. Nada disso existe nos partidos comunistas atuais! Os dirigentes são nomeados. Eles mesmos escolhem os seus auxiliares. A base é obrigada a aceitar os dirigentes nomeados, em torno dos quais se cria uma atmosfera artificial de publicidade. Os quadros dependem da cúpula, não da base. Procuram as fontes de sua influência, assim como as de sua existência, em grande medida fora das massas. Não tiram as suas palavras de ordem políticas da experiência da luta, mas as recebem pelo telégrafo. Durante esse tempo, no arquivo de Stalin se acumulam, para os casos de necessidade, documentos acusadores. Cada dirigente sabe que se pode fazê-lo voar como uma penugem a qualquer momento.

Assim se forma na Internacional Comunista uma camada burocrática fechada que é um campo de cultura, no qual se nutre o bacilo do centrismo. Muito estável e resistente organizativamente, porque se apoia na burocracia do Estado soviético, o centrismo de Thälmann, Remmele & Cia. se distingue pela extraordinária instabilidade no domínio político. Privado da segurança que só se adquire pela ligação orgânica com as massas, o CC infalível é capaz dos mais monstruosos ziguezagues. Quanto menos preparado para a luta ideológica séria, tanto mais generoso em injúrias, insinuações, calúnias. A imagem de Stalin "brutal e desleal", segundo a definição de Lenin, é a própria personificação desta camada.

A característica dada aqui ao centrismo burocrático determina as relações da Oposição de Esquerda com a burocracia stalinista: apoio total e ilimitado, na medida em que a burocracia defende as fronteiras da República Soviética e as bases da Revolução de Outubro; crítica aberta, na medida em que a burocracia torna difícil, pelos seus ziguezagues administrativos, a defesa da revolução e a construção socialista; oposição irreconciliável, na medida em que, pelo seu despotismo burocrático, ela desorganiza a luta do proletariado mundial.

A contradição entre os sucessos econômicos da URSS e a burocratização do regime

Não se pode elaborar as bases de uma política revolucionária "em um só país". O problema da revolução alemã está agora indissoluvelmente ligado ao problema da direção política na URSS. Esta ligação precisa ser compreendida a fundo.

A ditadura do proletariado é a resposta à resistência das classes privilegiadas. A limitação da liberdade deriva do regime de guerra da revolução, isto é, das condições da guerra de classe. Deste ponto de vista, é perfeitamente evidente que a consolidação interior da República dos Soviets, o seu desenvolvimento econômico, o enfraquecimento da resistência da burguesia, sobretudo os sucessos da "liquidação" da última classe capitalista, dos kulaks, deveriam trazer o florescimento da democracia no partido, nos sindicatos e nos soviets.

Os stalinistas não se cansam de repetir que "já entramos no socialismo", que a atual coletivização significa, por si mesma, a liquidação dos kulaks como classe e que o próximo plano quinquenal já deve encerrar este processo. Se é assim, por que esse mesmo processo acarreta a completa asfixia do partido, das organizações sindicais e dos soviets pelo aparelho burocrático, o qual, por sua vez, adquiriu um caráter de bonapartismo plebiscitário? Por que, durante o período da fome e da guerra civil, o partido transbordava de vida e a ninguém ocorria a ideia de perguntar se se podia ou não criticar Lenin ou o CC todo, enquanto que agora a menor divergência com Stalin acarreta a exclusão do partido e represálias administrativas?

A ameaça de guerra por parte dos Estados capitalistas não pode, de modo algum, explicar e, menos ainda, justificar o crescimento da autocracia dos burocratas. Se na sociedade socialista nacional as classes são mais ou menos liquidadas, isto significaria o começo do definhamento do Estado. A sociedade socialista pode opor uma resistência vitoriosa ao inimigo exterior precisamente na qualidade de sociedade socialista, e não como Estado da ditadura proletária, ainda menos como Estado burocratizado.

Não falamos do definhamento da ditadura: é cedo demais, ainda não "entramos no socialismo". Falamos de outra coisa. Perguntamos: Como se explica a degeneração burocrática da ditadura? Qual é a fonte da gritante, monstruosa, aterradora contradição entre os sucessos da construção socialista e o regime da ditadura pessoal, que se apoia num aparelho impessoal, que segura pela garganta a classe dominante do país? Como explicar o fato de que a economia e a política se desenvolvem em direções diretamente opostas?

Os sucessos econômicos são muito grandes. Do ponto de vista econômico, a Revolução de Outubro justifica-se completamente desde já. Os coeficientes elevados do crescimento econômico exprimem irrefutavelmente que os métodos socialistas possuem vantagens enormes, mesmo para a solução dos problemas da produção que, no Ocidente, foram resolvidos com métodos capitalistas. Que grandiosas serão as vantagens da economia socialista nos países adiantados!

Entretanto, o problema posto pela insurreição de Outubro ainda não está resolvido, nem mesmo como rascunho. A burocracia stalinista qualifica a economia de "socialista", segundo suas premissas e suas tendências. Isto é insuficiente. Os sucessos econômicos da União Soviética se desenvolvem sempre na base de um nível econômico pouco elevado. A indústria nacionalizada passa pelos estágios pelos quais as nações capitalistas adiantadas já passaram há muito tempo. A operária que fica na fila possui o seu próprio critério de socialismo, e este critério "consumidor", segundo a expressão de desprezo do burocrata, é decisivo nesta questão. No conflito entre os pontos de vista da operária e os do burocrata, nós, Oposição de Esquerda, estamos do lado da operária contra o burocrata, que exagera os sucessos, mascara as contradições acumuladas e agarra a operária pela garganta para que ela não possa criticar.

No último ano, foi feito um brusco giro do salário igual para o salário diferencial (trabalho por tarefa). É absolutamente incontestável que, em presença de um baixo nível das forças produtivas, e, por conseguinte, de cultura geral, a igualdade dos salários é irrealizável. Mas isto significa também que o problema do socialismo não se resolve somente por meio das formas sociais da propriedade, mas pressupõe uma certa potência técnica da sociedade. Entretanto, o crescimento da potência técnica faz transbordar automaticamente as forças produtivas para além das fronteiras nacionais.

Restabelecendo o salário diferencial, que fora prematuramente abolido, a burocracia qualificou o salário igual de princípio "kulakista". É uma insensatez evidente, que demonstra a que grau de hipocrisia e falsidade chegaram os stalinistas. Com efeito, teria sido preciso dizer: "Tínhamos ido muito longe com os métodos igualitários de salário. Estamos ainda longe do socialismo. Como somos ainda muito pobres, precisamos voltar atrás, para métodos de salários semicapitalistas ou kulakistas." Nós o repetimos: Não há aqui contradição com os fins socialistas. Há somente uma contradição irreconciliável com as falsificações burocráticas da realidade.

O recuo ao salário por tarefas foi o resultado da resistência de uma economia atrasada. Haverá ainda muitos passos atrás como esse, sobretudo no domínio da economia agrária, onde foi efetuado um salto administrativo grande demais.

A industrialização e a coletivização se efetuam com os métodos de comando burocrático unilateral e sem controle das massas trabalhadoras. Os sindicatos estão completamente privados da possibilidade de agir sobre as relações entre o consumo e a acumulação. A diferenciação do campesinato é, no momento, liquidada, não tanto economicamente, como administrativamente. As medidas sociais da burocracia para a liquidação das classes adiantam-se extraordinariamente em relação ao processo fundamental, ao desenvolvimento das forças produtivas. Isto acarreta a alta do preço de custo na indústria, a baixa da qualidade da produção, a alta dos preços, a falta de bens de consumo e oferece como perspectiva a ameaça do ressurgimento do desemprego.

A tensão extrema da atmosfera política do país é o resultado das contradições entre o crescimento da economia soviética e a política econômica da burocracia, que, ou se retarda monstruosamente quanto às necessidades da economia (1923-1928), ou, aterrorizada por seu próprio atraso, se lança para frente, a fim de recuperar o tempo perdido com medidas puramente administrativas (1928-1932). Também aí o ziguezague de direita é seguido do ziguezague de esquerda. Nos dois ziguezagues, a burocracia entra em contradição com as realidades da economia e, por conseguinte, com o estado de espírito dos trabalhadores. Ela não pode permitir-lhes que a critiquem – nem quando retarda, nem quando se lança demais para frente.

A burocracia só pode exercer sua pressão sobre os operários e os camponeses privando os trabalhadores da participação na solução dos problemas de seu próprio trabalho e de seu próprio futuro. É aí que reside o maior perigo! Em política, o medo contínuo da resistência das massas pode produzir um "curto-circuito" da ditadura burocrática e pessoal.

Isto significa que é preciso reduzir os ritmos da industrialização e da coletivização? Por certo período – sem nenhuma dúvida. Mas pode ser que este período seja de duração muito curta. A participação dos próprios trabalhadores na direção do país, de sua política e de sua economia, o controle efetivo sobre a burocracia, o crescimento do sentimento da responsabilidade dos dirigentes para com os dirigidos – tudo isto produzirá um efeito incontestavelmente favorável à própria produção, diminuirá os atritos interiores, reduzirá ao mínimo os ziguezagues econômicos tão onerosos, assegurará uma distribuição mais sã das forças e dos meios e, em última análise, aumentará o coeficiente geral do desenvolvimento.

A democracia soviética é, antes de tudo, uma necessidade vital da própria economia. Ao contrário, o burocratismo encerra em si surpresas econômicas trágicas. Observando no seu conjunto a história do período dos epígonos no desenvolvimento da URSS, não é difícil chegar à conclusão de que a premissa política fundamental da burocratização do regime foi o cansaço das massas, depois dos abalos da revolução e da guerra civil. Reinavam no país a fome e as epidemias, as questões da política foram relegadas ao último plano. Todos os pensamentos se dirigiam para o pedaço de pão. Na época do comunismo de guerra, todo mundo tinha a mesma ração de fome. A passagem à NEP trouxe as primeiras vantagens econômicas. A ração tornou-se mais abundante, mas nem todos se beneficiavam dela. A instauração da economia mercantil trouxe o cálculo do preço de custo, a racionalização elementar, a demissão dos operários que sobravam nas fábricas. Os sucessos econômicos marcharam muito tempo no mesmo passo que o crescimento do desemprego.

É preciso não esquecer um só instante: o fortalecimento do aparelho se apoiou no desemprego. Depois dos anos de fome, o exército de reserva amedrontava cada proletariado em frente à sua máquina. O afastamento dos operários independentes e de espírito crítico das fábricas, as listas negras dos oposicionistas tornaram-se um dos instrumentos mais importantes e mais eficazes nas mãos da burocracia stalinista. Sem esta condição, ela jamais teria conseguido asfixiar o partido de Lenin.

Os sucessos econômicos posteriores trouxeram gradualmente a liquidação do exército industrial de reserva (a superpopulação agrária, mascarada pela coletivização, conserva ainda todo o seu significado). Hoje o operário industrial já não tem mais medo de ser posto na rua. Segundo a sua experiência cotidiana, sabe que a falta de visão e as arbitrariedades da burocracia lhe tornaram difícil a solução dos problemas. A imprensa soviética denuncia as diferentes empresas que não oferecem espaço suficiente para a iniciativa operária, para o espírito inventivo etc., como se pudesse trancar a iniciativa do proletariado nas fábricas, como se as fábricas pudessem ser oásis de democracia da produção num ambiente de asfixia completa do proletariado no partido, nos soviets e nos sindicatos!

A consciência geral do proletariado não é absolutamente a mesma de 1922-1923. O proletariado cresceu numericamente e culturalmente. Tendo realizado o trabalho gigantesco do renascimento e da reconstrução da economia, os operários sentem o renascimento e a reconstrução da confiança em si mesmos. Esta confiança interior crescente começa a se transformar em descontentamento contra o regime burocrático.

A asfixia do partido, o triunfo do regime e das arbitrariedades pessoais podem à primeira vista dar a impressão de enfraquecimento do sistema soviético. Mas não é assim. O sistema soviético está extremamente consolidado. Mas ao mesmo tempo a contradição entre este sistema e seus invólucros burocráticos aguçou-se extremamente. O aparelho stalinista vê com surpresa que os sucessos econômicos não reforçam as suas posições, e sim as corroem. Na luta por suas posições, ele é forçado a apertar ainda mais o cinto, proibindo qualquer outra forma de "autocrítica" que não sejam os elogios bizantinos aos chefes.

Não é a primeira vez na história que o desenvolvimento entra em contradição com as condições econômicas em cujo quadro se realiza. Mas é preciso compreender com clareza quais são exatamente as condições que provocam o descontentamento. A crescente onda oposicionista não é absolutamente dirigida contra as tarefas socialistas, as formas soviéticas ou o Partido Comunista. O descontentamento é dirigido contra o aparelho e a sua personificação: Stalin. Daí a nova etapa da luta encarniçada contra o chamado "contrabando trotskista".

O adversário ameaça tornar-se demasiado escorregadio; está por toda parte e em parte alguma. Surge nas oficinas, nas escolas, penetra nos jornais históricos, em todos os manuais. Isso quer dizer: os fatos e os documentos acusam a burocracia, descobrem as suas hesitações e os seus erros. Não se pode mais recordar o passado tranquila e objetivamente. É preciso refazer o passado, é preciso tapar todas as fendas pelas quais pode penetrar a dúvida na infalibilidade do aparelho e de seu chefe. Estamos em presença de todos os traços de uma camada dirigente que perdeu a cabeça. Yaroslavsky, o próprio Yaroslavsky, tornou-se suspeito! Não são episódios ocasionais, detalhes, choques pessoais. O fundo do problema reside no fato de que os sucessos econômicos, que no começo fortaleceram a burocracia, se revelaram hoje, pela dialética de seu desenvolvimento, opostos à burocracia. Eis porque, por ocasião da última conferência do partido, isto é, do congresso do aparelho stalinista, o "trotskismo", liquidado e sepultado três e quatro vezes, foi declarado "a vanguarda da contrarrevolução burguesa". Esta decisão tola e politicamente inofensiva lança luz sobre alguns planos bastante "práticos" de Stalin no campo das vinganças pessoais. Não por acaso Lenin advertiu contra a escolha de Stalin para o cargo de secretário-geral: "Este cozinheiro só fará pratos apimentados" ... O cozinheiro ainda não esgotou até o fim a sua arte culinária.

Apesar de todos os apertos de cinto teóricos e administrativos, a ditadura pessoal de Stalin manifestamente se aproxima do fim. O aparelho está cheio de fendas. A fenda chamada Yaroslavsky não é mais do que uma das centenas de fendas que hoje ainda não têm nome. O fato de a nova crise política preparar-se na base de sucessos evidentes e incontestáveis da economia soviética, do crescimento numérico do proletariado e do desenvolvimento dos primeiros sucessos da coletivização agrária serve de garantia suficiente para que a liquidação da autocracia burocrática coincida, não com o desmoronamento do sistema soviético (como se poderia ter temido há três ou quatro anos), mas, ao contrário, com a sua libertação, o seu crescimento e o seu pleno desenvolvimento.

Mas é precisamente neste último período de sua vida que a burocracia stalinista é capaz de causar muito mal. A questão do prestígio tornou-se agora para ela o problema central da política. Se se excluem do partido os historiadores apolíticos pela única razão de que não souberam celebrar as façanhas de Stalin em 1917, o regime plebiscitário poderá admitir o reconhecimento de seus erros cometidos em 1921-1932? Pode-se renunciar à teoria do social-fascismo? Pode-se repudiar Stalin, que formulou o problema alemão da seguinte maneira: Que os fascistas cheguem primeiro; em seguida virá a nossa vez?

As condições objetivas na Alemanha são em si tão imperiosas que se a direção do Partido Comunista alemão dispusesse da liberdade de ação necessária, teria certamente se orientado desde já para o nosso lado. Mas não é livre. Ao passo que a Oposição de Esquerda apresenta as ideias e as palavras de ordem do bolchevismo, experimentadas pela vitória de 1917, a camarilha stalinista, visando distrair a atenção, ordena por telégrafo o início de uma campanha internacional contra o "trotskismo". A campanha é conduzida, não sobre a base dos problemas da revolução alemã, isto é, da vida ou da morte do proletariado mundial, mas sobre a base do artigo miserável e mentiroso de Stalin sobre as questões da história do bolchevismo. É difícil imaginar uma desproporção maior entre as tarefas da época de um lado, e os miseráveis recursos ideológicos da direção oficial de outro. Tal é a situação humilhante, indigna e ao mesmo tempo profundamente trágica da IC.

O problema do regime stalinista e o problema da revolução alemã estão ligados por um nó indissolúvel. Os próximos acontecimentos desatarão ou cortarão esse nó, tanto no interesse da revolução russa, quanto da revolução alemã.

Os brandlerianos (KPO)[36] e a burocracia stalinista

Não há e não pode haver contradição entre os interesses do Estado soviético e os do proletariado internacional. Mas é profundamente errado aplicar esta regra à burocracia stalinista. O regime desta entra cada vez mais em contradição tanto com os interesses da União Soviética, quanto com os interesses da revolução mundial.

Por causa da burocracia soviética, Hugo Urbahns não vê as bases sociais do Estado proletário. Assim como Otto Bauer, Urbahns constrói a noção de um Estado fora das classes, mas diferentemente de Otto Bauer, vê este espécime, não na Áustria, e sim na atual República dos Soviets.

De outra parte, Thalheimer afirma que "a posição trotskista sobre a União Soviética, posição que põe em dúvida (?) o caráter proletário (?) do Estado soviético e o caráter socialista da construção econômica" (10 de janeiro), tem um caráter "centrista". Assim, Thalheimer não faz mais do que demonstrar como ele foi longe na identificação do Estado operário com a burocracia soviética. Quer que se olhe a União Soviética, não com os olhos do proletariado internacional, mas unicamente através dos óculos

---

36 KPO (Kommunistische Partei – Opposition): Partido Comunista – Oposição, às vezes conhecido como KPDO. (N. do E.).

da fração stalinista. Em outras palavras, raciocina, não como teórico da revolução proletária, mas como um lacaio da burocracia stalinista. Um lacaio descontente, humilhado, mas sempre um lacaio, e que espera de novo cair nas graças. Eis porque, mesmo estando na "oposição", não ousa falar na burocracia em voz alta: como Jeová, a burocracia não o perdoaria: "Não invoques o meu nome em vão".

Tais são os dois polos dos agrupamentos comunistas: um não vê a floresta atrás das árvores, enquanto que para o outro a floresta impede que se distingam as árvores. Não há, entretanto, absolutamente nada de inesperado no fato de Thalheimer e Urbahns terem achado entre si um parentesco e terem feito um bloco contra a apreciação marxista do Estado soviético.

O "apoio" vago e descompromissado da "experiência russa" tornou-se nestes últimos anos uma mercadoria muito espalhada e muito barata. Em todas as partes do mundo há jornalistas, pintoras e turistas radicais, semirradicais, humanitários, pacifistas e até "socialistas" que manifestam em relação à URSS e em relação a Stalin a mesma aprovação sem reservas dos brandlerianos. Bernard Shaw, que outrora criticou ferozmente Lenin e o autor destas linhas, aprova inteiramente a política de Stalin. Máximo Gorki, que esteve em oposição ao Partido Comunista durante o período de Lenin, é agora inteiramente a favor de Stalin. Barbusse, que marcha de mãos dadas com os sociais-democratas franceses, sustenta Stalin. O semanário americano *The New Masses*, edição de pequenos burgueses radicais de segunda categoria, defende Stalin contra Rakovsky. Na Alemanha, Ossetsky, que citou com simpatia o meu artigo sobre o fascismo, julgou necessário notar que sou injusto na minha crítica a Stalin. O velho Ledebour disse: "No que diz respeito ao desacordo principal entre Stalin e Trotsky, de saber se se pode empreender a socialização em um só país e levá-la até o fim com sucesso, estou inteiramente do lado de Stalin." O número destes exemplos pode ser multiplicado ao infinito. Todos esses "amigos" da URSS abordam os problemas do Estado soviético do exterior, como observadores, como simpatizantes, às vezes como boêmios. É claro que é mais digno ser amigo do plano quinquenal soviético do que da Bolsa de Nova York. Mas a simpatia passiva pequeno-burguesa de esquerda está longe de ser bolchevismo. Bastará o primeiro insucesso importante de Moscou para dispersar a maioria dessa gente como poeira ao vento.

Em que a posição dos brandlerianos sobre o Estado soviético difere da posição de todos esses "amigos"? Talvez, simplesmente, em uma menor sinceridade. Tal apoio para a República dos Soviets não é quente nem frio. E quando Thalheimer nos ensina, a nós, Oposição de Esquerda, bolcheviques-leninistas russos, como é preciso comportar-se em relação à União Soviética, só nos pode provocar um sentimento de nojo.

Rakovsky dirigiu pessoalmente a defesa das fronteiras da República Soviética. Ajudou a economia soviética a dar os primeiros passos, participou na elaboração da política para o campesinato, foi o iniciador dos comitês de camponeses pobres na Ucrânia, dirigiu a aplicação da NEP nas condições particulares da Ucrânia, conhece todos os meandros dessa política, segue-a ainda agora em Barnaul, diariamente, com uma atenção apaixonada, previne contra os erros, sugere os caminhos certos. Kote Zinzadze, o velho combatente morto na deportação; Muralov; Karl Grünstein; os Yeltsin, pai e filho; Kas- parova; Chumskaya; Dinguelsteld; Solntsev; Stopalov; Poznansky; Sermux; Blumkin, fuzilado por Stalin; Butov, que Stalin fez morrer na prisão; as dezenas; as centenas; os milhares de outros dispersos nas prisões e nos lugares de deportação – são todos combatentes da insurreição de Outubro, da guerra civil, que participaram da construção socialista, que nenhuma dificuldade aterrorizará e que, ao primeiro sinal de alerta, estarão prontos a ocupar os postos de combate. Será que são eles que devem aprender com Thalheimer a fidelidade com o Estado operário?

Tudo o que é progressivo na política de Stalin foi formulado pela Oposição de Esquerda e condenado pela burocracia. Por ter tomado a iniciativa da economia planificada, dos ritmos elevados, da luta contra os kulaks, de uma coletivização mais ampla, a Oposição de Esquerda pagou, e ainda está pagando, com anos de prisão e de deportação. O que trouxeram então à política econômica da URSS todos esses partidários incondicionais, todos esses simpatizantes e amigos, inclusive os brandlerianos? Nada! Atrás de seu vago e acrítico apoio a tudo o que se faz na URSS, não se esconde um só entusiasmo internacionalista, mas apenas uma pálida simpatia: é que são coisas que se passam fora da fronteira de sua própria pátria. Brandler e Thalheimer pensam e o dizem às vezes: "É claro que o regime de Stalin não conviria a nós, alemães; mas para os russos é bastante bom!".

O reformista vê na situação internacional a soma das situações nacionais. O marxista considera a política nacional como função da política internacional. Nesta questão fundamental o grupo do KPO (brandlerianos) ocupa uma posição nacional reformista, isto é, nega (senão em palavras, pelo menos de fato) os princípios internacionalistas e os critérios da política nacional.

O partidário e o colaborador mais próximo de Thalheimer foi Roy, cujo programa político para a Índia, assim como para a China, se origina inteiramente da ideia stalinista dos partidos "operário- camponeses" para o Oriente. Durante vários anos, Roy fez propaganda por um partido nacional-democrata na Índia. Em outras palavras, agia como um nacional-democrata pequeno-burguês, e não como revolucionário proletário. Isto não impediu de nenhum modo a sua participação ativa no Estado-maior dos brandlerianos.

Entretanto, o oportunismo nacional dos brandlerianos se manifesta da forma mais grosseira na questão da União Soviética. Segundo eles, a burocracia stalinista age de maneira absolutamente correta na URSS. Mas a direção desta mesma fração stalinista se revela, não se sabe por que, nefasta na Alemanha. Por quê? Ora, não se trata de erros isolados de Stalin, causados pelo seu desconhecimento da realidade dos outros países, mas de um determinado curso de erros, de toda uma tendência. Thälmann e Remmele conhecem a Alemanha, como Stalin a Rússia, como Cachin, Sémard ou Thorez a França. Todos juntos formam uma fração internacional e elaboram a sua política para os diversos países. Mas verifica-se que esta política, irrepreensível na Rússia, acaba com a revolução nos outros países.

A posição de Brandler torna-se infeliz, sobretudo quando é transportada para o interior da URSS, onde um brandleriano é obrigado a apoiar Stalin sem reserva. Radek, que, de fato, sempre esteve mais próximo de Brandler do que da Oposição de Esquerda, capitulou diante de Stalin. Brandler aprovou este ato. Mas o capitulador Radek foi logo obrigado por Stalin a chamar Brandler e Thalheimer de "social-fascistas". Aqueles que suspiram platonicamente pelo regime stalinista em Berlim não procuram nem mesmo sair dessas contradições humilhantes. Entretanto, o seu objetivo prático é evidente e dispensa comentários: "Se me pões à frente do partido na Alemanha", diz Brandler a Stalin, "eu me comprometo a reconhecer a tua infalibilidade nas questões russas, com a condição de que me permitas aplicar a minha política nas questões alemãs". Pode-se ter estima por tais "revolucionários"?

Mas mesmo a política internacional da burocracia é criticada pelos brandlerianos de maneira excessivamente unilateral e com má fé, do ponto de vista da teoria. Resulta que o único vício desta política é o "ultraesquerdismo". Ora, pode-se acusar o bloco de Stalin com Chiang-Kai-Shek, bloco que durou quatro anos, de ultraesquerdismo? A criação da Internacional Camponesa foi ultraesquerdismo? Pode-se qualificar de golpismo o bloco com o Conselho Geral de fura-greves? Ou a criação de partidos operário-camponeses na Ásia e do partido operário-camponês nos Estados Unidos?

Além disso, qual é a natureza social do ultraesquerdismo stalinista? O que é? Um estado de espírito provisório? Uma doença passageira? Procuraremos em vão a resposta a esta pergunta no teórico Thalheimer.

Entretanto, o enigma foi resolvido há muito tempo pela Oposição de Esquerda: trata-se de um ziguezague ultraesquerdista do centrismo. Mas é precisamente esta definição, confirmada pelo desenvolvimento dos nove últimos anos, que os brandlerianos não podem admitir, pois ela é mortal para eles. Participaram, com a fração stalinista, de todos os ziguezagues de direita, mas se insurgiram contra os ziguezagues de esquerda. Com isto, demonstraram que compõem a ala direita do centrismo. O fato de que tenham se destacado como um ramo morto do tronco está perfeitamente na ordem das coisas: nos giros bruscos, o centrismo perde inevitavelmente os agrupamentos e as correntes de direita e de esquerda.

O que foi dito mais acima não significa que os brandlerianos tenham se enganado em tudo. Não. Contra Thälmann-Remmele, eles têm tido e continuam a ter, frequentemente, razão. Não há nada de extraordinário nisto. Os oportunistas podem encontrar-se numa posição correta na luta contra o aventureirismo. Ao contrário, a corrente ultraesquerdista pode captar de maneira correta o momento da passagem da luta pelas massas para a luta pelo poder. Na sua crítica contra Brandler, os ultraesquerdistas apresentaram, em fins de 1923, muitas ideias corretas, o que não os impediu de cometer os erros mais grosseiros em 1924-1925. O fato de que, na crítica aos pulos de macaco do "terceiro período", os brandlerianos tenham repetido uma série de considerações pouco novas, mas corretas, não testemunha, absolutamente, a correção de sua posição geral. A política de cada agrupamento deve ser analisada nas diversas etapas: nos combates defensivos e ofensivos, nos períodos de ascenso e de refluxo, nas condições de luta pelas massas e na situação de luta direta pelo poder.

Não existe direção marxista especializada nas questões de defensiva ou de ofensiva, de frente única ou de greve geral. A aplicação correta de todos esses métodos só é possível se se for capaz de apreciar sistematicamente a situação no seu conjunto, se se souberem analisar as forças motrizes, determinar as etapas e as reviravoltas e basear nesta análise o sistema de ação que corresponde à situação presente e que prepara a etapa seguinte.

Brandler e Thalheimer se julgam quase que especialistas diplomados da "luta pelas massas". Com o ar mais sério do mundo, esses homens afirmam que os argumentos da Oposição de Esquerda em favor da política de frente única representam... um plágio das posições brandlerianas. Não se pode negar a ninguém o direito a uma ambição! Suponham que no mesmo momento em que vocês explicam a Heinz Heumann um erro de multiplicação, um valente professor de aritmética vem declarar-lhes que vocês o plagiam, pois há anos que ele explica da mesma maneira o mistério do cálculo.

As reclamações dos brandlerianos me proporcionaram, em todo o caso, um minuto de alegria nesta triste situação. O conhecimento estratégico desses senhores data do III Congresso da Internacional Comunista. Eu aí defendi o abecê da luta pelas massas contra a ala "esquerda" de então. No meu livro *Nova etapa*, destinado a popularizar a política de frente única e editado na época pela Internacional Comunista em diversas línguas, é destacado, várias vezes, o caráter elementar das ideias que nele são defendidas. "Tudo isto", lemos, por exemplo, na página 70 da edição alemã "representa uma verdade elementar do ponto de vista da experiência revolucionária séria. Mas certos elementos de 'esquerda' do congresso viram nesta tática um desvio para a direita". Entre esses, ao lado de Zinoviev, de Bukharin, de Radek, de Maslov, de Thälmann, encontrava-se também Thalheimer.

A acusação de plágio não é a única. Ao roubar a propriedade imaterial de Thalheimer, a Oposição lhe dá, ao que parece, uma interpretação oportunista. Esta curiosidade merece a nossa atenção na medida em que nos permite, de passagem, esclarecer melhor a questão da política do fascismo.

Apresentei num dos meus trabalhos precedentes a ideia de que Hitler não tem possibilidade de chegar ao poder pela via do parlamentarismo: mesmo admitindo que ele possa chegar aos 51% dos votos, o crescimento das contradições econômicas e políticas deverá provocar a explosão aberta bem antes da vinda desse momento. A propósito, os brandlerianos me atribuem a ideia de que os nacional-socialistas seriam liquidados "sem que haja necessidade de ação de massa extraparlamentar dos operários". Em que isto vale mais do que as invenções da *Rote Fahne*?

Da impossibilidade para os nacional-socialistas de chegarem "pacificamente" ao poder, eu deduzia a inevitabilidade de outras vias para a sua ascensão ao poder: ou pela via de um golpe de Estado aberto, ou pela via de uma etapa de coligação seguida de um golpe de Estado inevitável. A liquidação sem dor do fascismo não seria possível, a não ser em um só e único caso: se Hitler aplicasse, em 1932, a mesma política que Brandler aplicou em 1923. Sem superestimar absolutamente os estrategistas nacional-socialistas, acho, entretanto, que eles veem mais longe e que são mais sólidos do que Brandler & Cia.

Ainda mais profunda é a segunda objeção de Thalheimer: a questão de saber se Hitler pode chegar ao poder pela via parlamentar ou por uma outra via não teria qualquer importância, pois não muda a "essência" do fascismo, o qual, de todas as formas, só pode consolidar a sua dominação sobre os destroços das organizações operárias. "Os operários podem deixar tranquilamente aos redatores do *Vorwärts* as investigações sobre a diferença entre a chegada constitucional ou anti- constitucional de Hitler ao poder" (*Arbeiter Politik*, 10 de janeiro). Se os operários avançados dessem ouvidos a Thalheimer, Hitler os degolaria seguramente. O que importa ao nosso sábio professor é "a essência" do fascismo. Mas como essa essência se realizaria – isso ele deixa para os redatores do *Vorwärts* resolver. Mas a "essência" exterminadora do fascismo só se pode realizar inteiramente depois de sua chegada ao poder. Ora, a tarefa consiste precisamente em não deixar que ele chegue ao poder. Para isso, é preciso que se compreenda a estratégia do inimigo e se saiba explicá-la aos operários. Hitler faz esforços extraordinários para, na aparência, canalizar o movimento por dentro da Constituição. Só um pedante que se presuma "materialista" pode pensar que tais manobras não influenciem a consciência política das massas. O constitucionalismo de Hitler serve não só para que ele reserve para si uma porta aberta para o bloco de centro, mas também para enganar a social-democracia ou, mais precisamente, para facilitar aos chefes sociais-democratas a tarefa de enganar as massas. Se Hitler jura que não chegará ao poder senão pela via constitucional, resulta disso que hoje o perigo do fascismo não é assim tão grande. Em todo caso, haverá ainda tempo de se verificar, várias vezes, a correlação de forças em todo o tipo de eleições. Sob a capa da perspectiva constitucionalista, que adormece os adversários, Hitler quer conservar a possibilidade de dar o golpe no momento propício. Esta artimanha militar, por mais simples que seja, encerra em si, entretanto, uma força enorme, pois se apoia não só na psicologia dos partidos intermediários que querem resolver a questão pacífica e legalmente, mas, o que é muito mais perigoso, na credulidade das massas populares.

É preciso acrescentar ainda que a manobra de Hitler é uma faca de dois gumes: engana não só os adversários, como também os seus partidários. Ora, para a luta, sobretudo para a luta ofensiva, é preciso espírito combativo. Só é possível mantê-lo educando o próprio exército na compreensão da inevitabilidade da luta aberta. Esta consideração faz também supor que Hitler não poderá, para não desmoralizar as suas próprias fileiras, prolongar por muito mais tempo o seu doce romance com a Constituição de Weimar. Terá que puxar em tempo a sua faca.

Não basta compreender somente a "essência" do fascismo. É preciso saber apreciá-la como fenômeno político vivo, na qualidade de adversário consciente e cruel. O nosso professor é demasiadamente "sociólogo" para ser um revolucionário. É claro que as reflexões profundas de Thalheimer entram também como um elemento positivo nos cálculos de Hitler, pois colocar no mesmo saco a difusão das ilusões constitucionais, feita pelo *Vorwärts*, e a denúncia da artimanha militar do inimigo, artimanha baseada nestas ilusões, equivale a prestar um serviço ao inimigo!

***

Uma organização pode ser importante pelas massas que ela abrange ou pelo conteúdo das ideias que ela é capaz de levar ao movimento operário. Os brandlerianos não têm nem uma, nem a outra. Entretanto, com que desprezo esplêndido Brandler e Thalheimer falam do pântano centrista do SAP! Na realidade, comparadas estas duas organizações – o SAP e o KPO –, todas as vantagens estão do lado do primeiro. O SAP não é um pântano, mas uma corrente viva. Sua tendência é orientada da direita para a esquerda, na direção do comunismo. A corrente não se purificou, contém muito lixo e muita lama, mas não é um pântano. O nome de pântano se adapta muito melhor à organização de Brandler--Thalheimer, que se caracteriza pela estagnação ideológica.

No interior do grupo do KPO existia há muito tempo uma oposição descontente, sobretudo porque os dirigentes procuravam adaptar sua política mais aos sentimentos do Estado-maior de Moscou do que às circunstâncias objetivas.

O fato de a oposição de Walcher-Frölich e outros ter tolerado durante anos a política de Brandler-Thalheimer, a qual, sobretudo em relação à URSS, tinha não só um caráter errático, mas conscientemente hipócrita e politicamente desonesto, não pode ser contado, é claro, como ponto positivo do grupo que rompeu. Mas o fato é que o grupo Walcher-Frölich reconheceu enfim a inutilidade total de uma organização cujos chefes se orientam segundo a vontade dos superiores. A minoria acha que é necessário ter uma política independente e ativa, dirigida, não contra o infeliz Remmele, mas contra o curso e o regime da burocracia stalinista na URSS e na Internacional Comunista. Interpretando corretamente – na base de materiais ainda muito insuficientes – a posição de Walcher-Frölich, podemos dizer que ela representa nesta questão um passo à frente. Mas depois de ter rompido com um grupo manifestamente morto, diante da minoria se apresenta agora a tarefa de encontrar uma orientação nova, nacional e, sobretudo, internacional.

Até onde é possível julgar, a minoria que rompeu vê como tarefa principal, no período mais próximo, o estreitamento com a ala esquerda do SAP para, depois de ter conquistado o novo partido para o comunismo, esmagar em seguida, com o seu auxílio, o conservadorismo burocrático do Partido Comunista alemão. É impossível opinar sobre este plano dessa forma geral e vaga, uma vez que as bases de princípio, nas quais se coloca a própria minoria, e os métodos que pretende aplicar na luta por seus princípios, continuam obscuros. É preciso uma plataforma! Queremos dizer, não um documento que reproduza os lugares-comuns do catecismo comunista, mas respostas claras e concretas aos problemas da luta da revolução proletária, que romperam as fileiras comunistas durante os nove últimos anos e que conservam ainda hoje toda a sua candente importância. Sem isto, só se conseguirá a dissolução no SAP e o atraso no seu desenvolvimento para o comunismo, ao invés da aceleração.

A Oposição de Esquerda seguirá atentamente e sem qualquer preconceito a evolução da minoria. A ruptura de uma organização não viável deu mais de uma vez na história impulso ao desenvolvimento progressivo de sua parte viável. Seremos muito felizes se esta regra se confirmar também desta vez com relação à sorte da minoria. Mas só o futuro poderá responder.

A estratégia grevista

No terreno sindical a direção comunista confundiu definitivamente o partido. O curso geral do "terceiro período" se orientava para os sindicatos paralelos. Supunha-se que o movimento de massa sobrepujasse as velhas organizações e que as organizações da RGO (Oposição Sindical Vermelha) se tornassem os comitês de iniciativa da luta econômica. Para realizar este plano só faltava uma pequena coisa: o movimento das massas. Durante as cheias da primavera, a água arrasta muitos muros. Derrubemos os muros – decidiu Lozovsky – quem sabe as águas primaveris fluam!

Os sindicatos reformistas resistiram. Nas fábricas, o Partido Comunista se auto expulsou. Começou-se então a fazer retificações parciais na política sindical. O Partido Comunista nega-se a chamar os operários não organizados para os sindicatos reformistas, mas pronuncia-se igualmente contra o abandono dos sindicatos. Embora criando organizações paralelas, ressuscita a palavra de ordem de luta pela influência no interior dos sindicatos reformistas. Em seu conjunto, toda esta mecânica representa uma autossabotagem ideal.

A *Rote Fahne* queixa-se de que muitos comunistas consideram inútil a participação nos sindicatos reformistas. "Para que reanimar esta geringonça?", dizem eles. Com efeito, para quê? Se se luta seriamente pela conquista dos velhos sindicatos, é preciso chamar os não organizados para eles: são precisamente as camadas novas que são suscetíveis de formar o apoio da ala esquerda. Mas então não se deve criar sindicatos paralelos, isto é, criar agências de concorrência no recrutamento dos operários.

A política que vem sendo aplicada no interior dos sindicatos reformistas, preconizada de cima, está perfeitamente à altura da confusão que reina nas outras questões. No dia 28 de janeiro a *Rote Fahne* repreendia os comunistas membros do sindicato dos metalúrgicos de Dusseldorf por terem lançado a palavra de ordem de "luta impiedosa contra a participação dos chefes sindicais" no apoio prestado ao governo de Brüning. Estas reivindicações "oportunistas" são inadmissíveis porque pressupõem (?) que os reformistas são capazes de renunciar ao apoio a Brüning e às suas leis de exceção. Isto parece de fato uma brincadeira de mau gosto! A *Rote Fahne* considera que basta injuriar os chefes, mas que é inadmissível sub- metê-los à experiência política das massas.

Entretanto, é justamente nos sindicatos reformistas que se apresenta agora um terreno particularmente favorável à ação. Se o SPD ainda tem uma possibilidade de enganar os operários com a sua politicalha, para os sindicatos, porém, a crise do capitalismo equivale a um muro intransponível. Os duzentos ou trezentos mil operários organizados hoje nos sindicatos independentes podem tornar-se um fermento valiosíssimo no seio das reuniões reformistas.

No final de janeiro realizou-se em Berlim a conferência comunista dos comitês de fábrica de todo o país. A *Rote Fahne* relata: "Os comitês de fábrica forjam a frente vermelha proletária." (2 de fevereiro) Mas em vão procuramos informações sobre a composição da conferência, sobre o número de empresas e de operários representados. Contrariamente ao bolchevismo, que marcava minuciosa e abertamente todas as mudanças na correlação de força no seio da classe operária, os stalinistas da Alemanha, seguindo os da Rússia, brincam de esconde-esconde. Não querem confessar que os comitês de fábricas comunistas formam menos de 4%, contra 84% de comitês de fábrica sociais-democratas. É nesta proporção que se traduz o balanço da política do "terceiro período". Mas chamar o isolamento dos comunistas nas empresas de "frente única vermelha" por acaso fará a coisa avançar?

A crise persistente do capitalismo traça no seio do proletariado a linha de demarcação mais dolorosa e mais perigosa: a que existe entre os operários empregados e os desempregados. O fato de os reformistas dominarem nas empresas, e os comunistas entre os desempregados, paralisa as duas partes do proletariado. Os operários empregados podem esperar mais tempo. Os desempregados, porém, são mais impacientes. Hoje, a sua impaciência tem um caráter revolucionário. Mas se o Partido Comunista não souber encontrar as formas e as palavras de ordem de luta que possam unir os operários empregados com os desempregados e abrir a perspectiva da saída revolucionária, a impaciência dos desempregados se dirigirá inevitavelmente contra o Partido Comunista.

Em 1917, apesar da política correta do Partido Bolchevique e do desenvolvimento rápido da revolução, as camadas do proletariado menos favorecidas e mais impacientes, mesmo em Petrogrado, começaram, já em setembro-outubro, a afastar-se dos bolcheviques para aproximar-se dos sindicalistas e dos anarquistas. Se a insurreição de outubro não tivesse estalado em tempo, a desmoralização do proletariado teria tomado um caráter agudo e teria acarretado o apodrecimento da revolução. Na Alemanha não há necessidade dos anarquistas: eles podem ser substituídos pelos nacional-socialistas, que aliam a demagogia anarquista aos objetivos conscientemente reacionários.

Os operários não estão de modo algum garantidos de uma vez por todas contra a influência dos fascistas. O proletariado e a pequena burguesia representam vasos comunicantes, sobretudo nas condições atuais, em que o exército industrial de reserva não pode deixar de fornecer pequenos comerciantes, ambulantes etc., e a pequena burguesia falida de fornecer proletários e lumpen-proletários.

Os empregados, o pessoal técnico e administrativo, certas camadas de funcionários, constituíam no passado um dos apoios importantes da social-democracia. Hoje, estes elementos passam aos nacional-socialistas. Podem arrastar atrás de si, se já não o fizeram, a camada da aristocracia operária. Neste terreno, o nacional-socialismo invade o proletariado por cima.

Muito mais perigosa é a sua invasão possível por baixo, através dos desempregados. Nenhuma classe pode viver muito tempo sem perspectivas e sem esperanças. Os desempregados não são uma classe, mas formam uma camada social demasiado compacta e sólida, que tenta em vão sair de sua situação insuportável. De um modo geral, é verdade que só a revolução proletária pode salvar a Alemanha da decomposição e da ruína, e isto é, antes de tudo, verdadeiro em relação aos milhões de desempregados.

Com a fraqueza do Partido Comunista nas fábricas e nos sindicatos, o seu crescimento numérico nada resolve. Em uma nação devorada pela crise e pelas contradições, o partido da extrema esquerda pode encontrar dezenas de milhares de novos partidários, especialmente quando o seu aparelho é orientado para o recrutamento individual dos membros, pela via da "competição".

Todo o problema está na relação entre o partido e a classe. Um só operário comunista eleito para o comitê de fábrica ou para a direção de um sindicato tem uma importância muito maior do que mil novos membros conseguidos aqui e acolá, ingressos hoje no partido, para abandoná-lo amanhã.

Mas o afluxo individual de novos membros ao partido não durará também indefinidamente. Se o Partido Comunista continuar a retardar a luta até o momento em que tiver eliminado definitivamente os reformistas, perceberá que, a partir de um certo momento, a social-democracia deixará de perder sua influência em proveito dos comunistas e que os fascistas começarão a dividir os desempregados, que são a base principal do Partido Comunista. O fato de não utilizar suas forças para as tarefas que decorrem de toda a situação nunca passa impunemente para um partido político.

Para abrir caminho à luta de massas, o Partido Comunista tenta a realização de greves parciais. Os sucessos neste domínio não são grandes. Como sempre, os stalinistas fazem autocrítica: "Ainda não sabemos organizar...", "Ainda não sabemos mobilizar...". E quando se diz "nós", isto sempre significa "vocês". Ressuscita-se a famosa teoria da jornada de março de 1921: "eletrizar" o proletariado com ações ofensivas da minoria. Mas os operários não precisam ser "eletrizados". Querem uma perspectiva clara e auxílio na criação das bases de um movimento de massas.

Na sua estratégia grevista, o Partido Comunista se orienta visivelmente por citações fragmentárias de Lenin, interpretadas por Manuilsky ou Lozovsky. Com efeito, houve um tempo em que os mencheviques lutaram contra a "grevicultura" e os bolcheviques, ao contrário, se colocaram à frente de cada nova greve, arrastando massas cada vez maiores ao movimento. Isto correspondida ao período do despertar de novas camadas da classe. Assim foi a tática dos bolcheviques em 1905, durante o crescimento industrial do pré-guerra e durante os primeiros meses da Revolução de Fevereiro.

Mas no período imediatamente anterior a outubro, a partir das jornadas de julho de 1917, a tática dos bolcheviques teve um caráter diferente: não instigavam as greves, freavam-nas, porque toda greve importante tendia a transformar-se em combate decisivo, quando as premissas políticas ainda não estavam maduras para isso.

Todavia, os bolcheviques continuavam, mesmo nesses meses, a colocar-se à frente de todas as greves que explodiam, apesar dos seus avisos, sobretudo nos ramos atrasados da indústria (têxtil, couros e peles etc).

Se em certas condições os bolcheviques dirigiam audazmente as greves no interesse da revolução, em outras evitavam que os operários entrassem em greve pelos mesmos interesses da revolução. Neste domínio, como nos outros, não existe receita de antemão preparada. Mas a estratégia das greves dos bolcheviques sempre fazia parte, em cada período dado, da estratégia geral, e os operários avançados viam claramente o laço que unia a parte ao todo.

A esse respeito, em que pé andam as coisas atualmente na Alemanha? Os operários que trabalham não se opõem às reduções dos salários porque temem os desempregados. Não há nada de espantoso nisto: com a presença de alguns milhões de desempregados, a luta grevista sindicalmente organizada de sempre é claramente sem perspectiva. É duplamente sem perspectiva com o antagonismo político entre os operários que trabalham e os desempregados. Isto não exclui a possibilidade de greves parciais, sobretudo nos ramos de indústria mais atrasados e menos centralizados. Mas são precisamente os operários dos ramos mais importantes da indústria que, numa tal situação, são inclinados a escutar os chefes reformistas. As tentativas do Partido Comunista de resolver a luta grevista sem mudar a situação geral no seio do proletariado só levam a pequenas operações guerrilheiras e que, mesmo em caso de sucesso, não encontram continuidade.

Segundo relatam operários comunistas (basta ler *Der Rote Aufbau*), é comum dizer-se nas empresas que as greves parciais não têm qualquer sentido e que só a greve geral poderia arrancar os operários de sua miséria. A "greve geral" quer dizer aqui perspectiva de luta. Os operários são tanto menos entusiastas das greves isoladas, quanto têm que se enfrentar com o poder de Estado: o capital monopolista fala aos operários na linguagem das leis de exceção de Brüning.

No começo do movimento operário, a fim de arrastar os operários à greve, os agitadores muitas vezes deixavam de desenvolver as perspectivas revolucionárias e socialistas para não afastar os operários. Hoje a situação tem um caráter diametralmente oposto. As camadas dirigentes dos operários alemães só podem decidir-se a entrar na luta econômica defensiva no caso em que vejam claramente as perspectivas gerais das lutas posteriores. Estas perspectivas, as camadas dirigentes dos operários alemães não as encontram na direção comunista.

A respeito da tática das jornadas de março de 1921 na Alemanha ("eletrizar" a minoria do proletariado, em lugar de conquistar a sua maioria), o autor destas linhas dizia no III Congresso:

> *"Quando a maioria esmagadora da classe operária não compreende o movimento, não simpatiza com ele ou duvida de seus sucessos, e quan- do a minoria ao mesmo tempo se lança na frente e tenta, por processos mecânicos, jogar os operários na greve, então esta minoria impaciente, personificada no partido, pode chocar-se com a classe operária e quebrar o pescoço!"*

Deve-se então renunciar à luta grevista? Não, renunciar não, mas criar para esta luta as premissas políticas e organizativas indispensáveis. Uma destas premissas é o restabelecimento da unidade das organizações sindicais. É claro que a burocracia sindical não quer isto. Até agora, a ruptura assegurava do melhor modo a sua condição, mas a ameaça direta do fascismo muda a situação nos sindicatos em prejuízo da burocracia. A aspiração à unidade cresce. Se a camarilha de Leipart tentar, nas condições atuais, recusar o restabelecimento da unidade, isto duplicará ou triplicará de um só golpe a influência comunista no seio dos sindicatos. Se a unidade se faz, tanto melhor: diante dos comunistas se apresenta um amplo terreno de atividade. Não é de meias medidas que se precisa, mas de um giro audacioso!

Sem uma ampla campanha contra a carestia, pela redução da jornada de trabalho, contra a diminuição dos salários; sem se ter arrastado a esta luta os desempregados de mãos dadas com os operários que trabalham; sem a aplicação, coroada de sucesso, da política de frente única, as pequenas greves improvisadas não farão o movimento sair para a grande via.

***

Os sociais-democratas de esquerda falam da necessidade, "caso os fascistas cheguem ao poder", de se recorrer à greve geral. O próprio Leipart faz, sem dúvida, ameaças como essa no seu gabinete de trabalho. A esse respeito, a *Rote Fahne* fala de luxemburguismo. É uma calúnia contra a grande revolucionária. Se Rosa Luxemburgo superestimou efetivamente a importância própria da greve geral para a questão do poder, compreendeu muito bem que não se pode provocar arbitrariamente a greve geral, que esta deve ser preparada por toda a marcha anterior do movimento operário, pela política do partido e dos sindicatos. Mas, na boca dos sociais-

-democratas de esquerda, a greve das massas serve mais como um mito consolador que se ergue sobre a triste realidade.

Os sociais-democratas franceses prometeram durante vários anos recorrer à greve geral em caso de guerra. Em 1912, o Congresso de Basileia prometeu recorrer até à insurreição revolucionária. Mas a ameaça de greve geral, do mesmo modo que a ameaça de insurreição, tinha no caso o caráter de um trovão teatral. Não se trata aí, absolutamente, da oposição entre a greve e a insurreição, mas da atitude abstrata, formal, verbal com a greve e a insurreição. O reformista se arma da abstração da revolução – tal foi em geral o tipo do social-democrata bebeliano antes da guerra. O reformista do pós-guerra, que grita com a ameaça da greve geral, não passa de uma caricatura viva.

A direção comunista se comporta para com a greve geral, naturalmente, com muito mais honestidade, mas falta-lhe clareza nesta questão. Ora, a clareza é uma necessidade. A greve geral é um meio de luta muito importante, mas não é um meio universal. Há casos em que a greve geral pode enfraquecer os operários mais do que o seu inimigo direto. A greve deve ser um elemento importante do cálculo estratégico, e não uma panaceia na qual toda a estratégia é diluída.

A greve geral é um instrumento de luta do mais fraco contra o mais forte, ou, para precisar melhor, daquele que no começo da luta pensa ser mais fraco contra aquele que pensa ser mais forte. Se não posso servir-me de um instrumento importante, procurarei impedir meu adversário de servir-se dele; não posso detonar o canhão, mas procurarei retirar-lhe ao menos o pavio. Tal é a "ideia" da greve geral.

A greve geral foi sempre um instrumento de luta contra o poder de Estado estabelecido, que dispõe das estradas de ferro, do telégrafo, das forças militares e policiais etc. Paralisando o aparelho de Estado, a greve geral "amedrontaria" as autoridades, ou então criaria premissas para a solução revolucionária da questão do poder.

A greve geral revela-se um meio de luta particularmente eficaz em que as massas trabalhadoras só são unidas pela cólera revolucionária, mas estão privadas de organizações e de um Estado-maior de combate e não podem nem calcular de antemão a correlação de forças, nem elaborar um plano operacional. Assim, pode-se esperar que a revolução antifascista na Itália, começada por tais ou quais confrontos isolados, passe inevitavelmente pelo estágio da greve geral. Só por este caminho é que o proletariado disperso da Itália atual se sentirá unido de novo em classe e medirá a força de resistência do inimigo que terá de derrubar.

Só se teria que lutar contra o fascismo na Alemanha por meio da greve geral no caso em que o fascismo estivesse já no poder e tivesse tomado solidamente o aparelho de Estado. Mas trata-se da tentativa de impedir que os fascistas tomem o poder. A palavra de ordem da greve geral torna-se assim, de antemão, uma expressão vazia.

Durante a ofensiva de Kornilov sobre Petrogrado, nem os bolcheviques, nem os soviets de conjunto pensaram em declarar a greve geral. Nas estradas de ferro, tratava-se, para os operários e os empregados, de transportar os exércitos revolucionários e de bloquear as composições de Kornilov. As fábricas só paravam na medida em que os operários tinham que partir para o front. As empresas que serviam o front revolucionário trabalhavam com energia redobrada.

Durante a insurreição de outubro não se tratou tampouco de greve geral. As fábricas e os regimentos foram, em sua maioria, já na véspera da insurreição, submetidos à direção bolchevique dos soviets. Chamar as fábricas à greve teria significado nestas condições enfraquecer-se a si mesmo, e não ao adversário. Nas estradas de ferro os operários se esforçavam por ajudar a insurreição. Os funcionários, sob o disfarce da neutralidade, auxiliavam a contrarrevolução. A greve geral das estradas de ferro teria sido sem sentido: a questão foi resolvida pela preponderância dos operários sobre os funcionários.

Se na Alemanha a luta surge dos confrontos parciais causados pela provocação fascista, é muito duvidoso que o apelo à greve geral corresponda à situação. A greve geral significaria, antes de tudo: separar uma cidade da outra, um quarteirão do outro, e até uma fábrica da outra. É mais difícil encontrar e reunir os operários que não trabalham. Nestas condições, os fascistas, a quem não faltam Estados-maiores, podem ter, graças à direção centralizada, certa vantagem. É verdade que as suas massas são de tal modo dispersas, que mesmo nestas condições a conspiração dos fascistas pode ser derrotada. Mas isto é o outro lado do problema.

A questão das vias de comunicação, por exemplo, deve ser encarada, não do ponto de vista do "prestígio" da greve geral, que exige que todos parem de trabalhar, mas do ponto de vista da necessidade de combate: a quem e contra quem as vias de comunicação servirão durante o conflito?

Por conseguinte, é preciso preparar-se, não para a greve geral, mas para repelir os fascistas. Isto significa: criar por toda parte as bases de apoio, as brigadas de choques, as reservas, os Estados-maiores locais, os centros de direção, uma boa conexão entre eles, os planos elementares de mobilização.

O que as organizações locais fizeram no interior provinciano de Bruchsal ou de Klingental, onde os comunistas, junto com o SAP e os sindicatos, e boicotados pela cúpula reformista, criaram uma organização de defesa, é, apesar das suas dimensões modestas, um exemplo para todo o país. Ó chefes venerados, ó sábios estrategistas, dá vontade de gritar-lhes daqui: aprendam com os operários de Bruchsal e de Klingental, imitem-nos, ampliem o seu exemplo, precisem suas formas, aprendam com os operários de Bruchsal e de Klingental!

A classe operária alemã dispõe de poderosas organizações políticas, econômicas e esportivas. É justamente nisto que consiste a diferença entre o "regime de Brüning" e o "regime de Hitler". Brüning não tem por isso qualquer mérito: a fraqueza burocrática não é mérito. Mas não se pode fechar os olhos ao que existe. O fato fundamental, o fato capital, consiste em que a classe operária da Alemanha ainda está armada de todas as suas organizações. Se é fraca, é porque a sua força organizada está mal aplicada. Mas basta estender a todo o país a experiência de Bruchsal e de Klingental e a Alemanha terá um outro aspecto. Nestas condições, a classe operária poderá empregar contra os fascistas meios de luta muito mais eficazes e mais diretos do que a greve geral. Mas se, por força de uma série de circunstâncias, resultasse que o recurso da greve geral fosse indispensável (tal necessidade poderia ser provocada por relações determinadas entre os fascistas e os órgãos do Estado), o sistema dos comitês de defesa na base da frente única poderia provocar uma greve geral com o sucesso garantido de antemão.

A luta não ficaria nesta etapa. O que é no fundo a organização de defesa de Bruchsal e Klingental? É preciso saber ver o que há de grande nos pequenos fatos: é um soviet local de deputados operários. Ele não se apresenta com este nome e tal não se considera como tal, porque se trata de um pequeno interior de província. Aqui também a quantidade determina a qualidade. Transportem esta experiência para Berlim e terão o soviet berlinense dos deputados operários!

O Controle operário e a colaboração com a URSS

Quando falamos de palavras de ordem do período revolucionário, não se deve compreender isto muito estreitamente. Não se pode criar o soviet, a não ser num período revolucionário. Mas quando ele começa? Não se pode encontrá-lo num calendário. Só se pode percebê-lo pela ação. Os soviets devem ser criados no momento em que puderem sê-lo.

A palavra de ordem de controle operário da produção se relaciona em seu todo com o mesmo período da criação dos soviets. Mas isto também não deve ser compreendido mecanicamente. As condições particulares podem conduzir as massas ao controle da produção muito antes de elas estarem prontas a começar a edificar os soviets.

Brandler e a sua sombra esquerda – Urbahns – lançavam a palavra de ordem do controle da produção independentemente da situação política. Nada resultou disso, a não ser o descrédito da própria palavra de ordem. Mas seria errado renunciar a esta palavra de ordem agora, nas condições de crise política aguda, só porque ainda não há ofensiva das massas. Para a própria ofensiva são necessárias palavras de ordem que determinem a perspectiva do movimento. A fase de propaganda deve preceder inevitavelmente a penetração da palavra de ordem no seio das massas.

A campanha a favor do controle operário pode, segundo as circunstâncias, começar não sob o ângulo da produção, mas do consumo. A redução do preço das mercadorias, prometida pelo governo Brüning, não se realizou. Esta questão não pode deixar de interessar vivamente às camadas mais atrasadas do proletariado que, hoje, ainda estão muito longe de pensar na tomada do poder. O controle operário sobre as despesas da produção e sobre os benefícios comerciais é a única forma real de luta pela redução dos preços. Nas condições do descontentamento geral, as comissões operárias, com a participação das operárias mães de família, para verificar as razões da alta da margarina, podem tornar-se um começo real do controle operário da produção. É claro que isto é apenas um dos meios possíveis, apresentado como exemplo. Ainda não se trata da direção da produção: a operária não quer saber disso, esse pensamento está longe dela. Mas do controle do consumo será mais fácil para ela passar para o controle da produção, e daí à direção direta, segundo o desenvolvimento geral da revolução.

O controle da produção na Alemanha contemporânea, nas condições da crise atual, significa não somente o controle das empresas que funcionam, como também das empresas que funcionam pela metade ou que estão completamente paradas. Isto pressupõe a associação, no controle, dos operários que trabalhavam nestas empresas antes de serem demitidos. A tarefa deve ser a seguinte: fazer funcionar as empresas mortas sob a direção dos comitês de fábrica e na base de um plano econômico. Isto faz surgir imediatamente a questão da gestão estatal da produção, isto é, da expropriação dos capitalistas pelo Estado operário. O controle operário não é, pois, um estado duradouro, "normal", como o são os contratos coletivos ou os seguros sociais. O controle é uma medida transitória, nas condições de tensão extrema da luta de classe, e só é concebível como uma ponte para a nacionalização revolucionária da produção.

Os brandlerianos acusam a Oposição de Esquerda de lhes ter roubado a palavra de ordem do controle da produção depois de ter caçoado desta palavra de ordem durante anos. Esta acusação soa de um modo bastante inesperado! A palavra de ordem de controle da produção foi pela primeira vez lançada em larga escala pelo Partido Bolchevique em 1917. Em Petrogrado, a direção de toda a campanha neste domínio, como em todos os outros, estava nas mãos do soviet. Tendo observado de perto este trabalho e tendo participado dele, declaro: Nós não temos necessidade de solicitar a ajuda de Thalheimer-Brandler ou de utilizar suas indicações teóricas. A acusação de "plágio" é formulada com certa imprudência.

Mas o mal não está nisto. A segunda parte da acusação é muito mais grave: Antes os "trotskistas" se opunham à campanha pela palavra de ordem de controle da produção, e agora são a favor dela. Os brandlerianos veem nisso a nossa inconsequência! Na realidade, só revelam sua incompreensão completa da dialética revolucionária, de que é impregnada a palavra de ordem do controle operário, que os brandlerianos reduzem ao valor de uma receita técnica para a "mobilização das massas". Com isto, só condenam a si mesmos, quando se vangloriam de ter repetido, durante vários anos, uma palavra de ordem que só é aplicável num período revolucionário. Sem dúvida, o pica-pau, que durante toda a vida bate com o bico na casca do castanheiro, também pensa, lá no fundo, que o lenhador que abateu a árvore a golpes de machado não fez senão plagiá-lo criminosamente.

Assim, para nós, a palavra de ordem de controle está ligada ao período de dualidade do poder na produção, que corresponde à passagem do regime burguês ao regime proletário. Não, responde Thalheimer: a dualidade de poder deveria significar "a igualdade de direitos com os patrões"; mas os operários lutam pela direção total nas empresas. Eles, os brandlerianos, não permitem que se "castre" – está dito assim mesmo! – a palavra de ordem revolucionária. Para eles, "o controle da produção significa a direção da produção pelos operários" (17 de janeiro). Mas por que, então, chamar a direção de controle? Na linguagem universal, chama-se controle o trabalho de fiscalização e de verificação, por uma instituição, do trabalho de outra instituição. O controle pode ser muito ativo, autoritário e geral. Mas continua sendo controle. A própria ideia desta palavra de ordem nasceu do regime transitório nas empresas onde o capitalista e seu administrador já não podem dar um passo sem o consentimento dos operários, mas onde também, por outro lado, os operários ainda não criaram premissas políticas para a nacionalização, ainda não adquiriram a técnica da direção, ainda não criaram os órgãos necessários para isso. Não esqueçamos que não se trata somente da direção das oficinas, mas também do escoamento da produção, do abastecimento da fábrica com matérias primas, com materiais de construção, créditos etc.

A relação de forças na fábrica é determinada pelo poder da pressão geral exercida pelo proletariado sobre a sociedade burguesa.

Em geral, o controle só é concebível com uma preponderância sempre ativa das forças políticas do proletariado sobre as do capital. Mas é errado pensar que na revolução todas as questões se resolvam pela violência: é possível tomar as fábricas com a ajuda dos guardas vermelhos; para dirigir estas fábricas, são necessárias premissas jurídicas e administrativas novas, são necessários, em seguida, conhecimentos, experiência e os organismos apropriados. É preciso um certo período de aprendizagem. O proletariado tem interesse em que, durante este período, a direção continue nas mãos de uma administração experimentada, mas obriga-a a abrir todos os livros e estabelece uma fiscalização vigilante sobre todas as suas ligações e toda a sua atividade.

O controle operário começa em uma empresa isolada. O órgão de controle é o comitê de fábrica. Estes órgãos de controle das fábricas estabelecem ligação entre si, segundo os laços econômicos existentes entre as empresas. Neste estágio ainda não há plano econômico geral. A prática do controle operário não faz senão preparar os elementos desse plano.

Quanto à gestão operária da produção, ela vem, ao contrário, de cima, mesmo no início, e de modo muito mais nítido, porque está diretamente ligada ao poder e ao plano econômico geral. Não são mais os comitês de fábrica que assumem o papel de órgãos de direção, mas os soviets centralizados. O papel dos comitês de fábrica continua a ser, é claro, muito importante, porém no campo da direção da produção já não tem mais um papel dirigente, e sim secundário.

Na Rússia, onde a chefia técnica estava convencida, assim como a burguesia, de que os bolcheviques não se sustentariam mais do que algumas semanas no poder, e empregou, em consequência, todas as formas de sabotagem, recusando qualquer acordo, a etapa do controle operário não se desenvolveu. Nesse meio tempo, a guerra civil arruinou a economia, transformando os operários em soldados. Eis porque a experiência da Rússia é muito pouco instrutiva no que diz respeito ao controle operário como regime particular da produção. Mas esta experiência é tanto mais preciosa de outro ponto de vista: demonstra que, mesmo num país atrasado, apesar da sabotagem geral, não só da parte dos patrões, como da parte do pessoal administrativo e técnico, o jovem e inexperiente proletariado, envolvido num círculo de inimigos, soube, bem ou mal, organizar a direção da produção. O que não poderia realizar então a classe operária alemã!

O proletariado, como já dissemos, tem interesse em que a passagem da produção capitalista-privada para a produção capitalista-estatal e socialista se faça com o mínimo de abalos econômicos possível, com o mínimo de desperdício do bem público. Eis porque, embora aproximando-se do poder, e até dele se apoderando pela luta mais audaciosa e mais decisiva, o proletariado mostrará que está inteiramente pronto para criar um regime transitório nas fábricas, nas usinas e nos bancos.

Serão as relações de produção na Alemanha, durante a revolução, diferentes do que o foram na Rússia? Não é fácil responder a esta pergunta, sobretudo de longe. A marcha real da luta de classes pode não deixar lugar para o controle operário como etapa particular. Com a tensão e o desenvolvimento extremo da luta, com o crescimento da pressão dos operários por um lado, e a sabotagem dos patrões e da administração por outro, é possível que não haja mais lugar para os acordos, mesmo provisórios. Neste caso, a classe operária terá que tomar, junto com o poder, a gestão completa das empresas nas próprias mãos. O estado atual da indústria, paralisada pela metade, e a presença de um exército enorme de desempregados, torna essa "abreviação" bastante provável.

Mas de outro lado, a presença de organizações poderosas na classe operária, a educação dos operários alemães no sentido de ações sistemáticas, e não de improvisações, a lentidão da movimentação revolucionária das massas são outras tantas condições que concorrem para a primeira via. Eis porque seria inadmissível renunciar de antemão à palavra de ordem de controle da produção.

Todavia, é evidente que para a Alemanha, ainda mais do que para a Rússia, a palavra de ordem de controle operário tem um sentido diferente da de direção operária. Como várias outras palavras de ordem transitórias, ela conserva uma importância enorme, independentemente da questão de se saber em que medida será realizada e se o será em geral.

Pela vontade de criar formas transitórias de controle operário, a vanguarda proletária ganha para o seu lado as camadas menos progressivas do proletariado, neutraliza certos agrupamentos da pequena burguesia, especialmente os empregados de serviços técnicos, da administração, do comércio, dos bancos. Se os capitalistas, e toda a camada superior da administração, desenvolverem a resistência, recorrerem aos métodos de sabotagem econômica, a responsabilidade das medidas de rigor que daí decorrem cairá, aos olhos do povo, sobre as classes inimigas, e não sobre os operários. Tal é o sentido político complementar da palavra de ordem de controle operário, além do seu sentido econômico e administrativo indicado mais acima.

Em todo o caso, é o cúmulo do cinismo político que alguém lance a palavra de ordem de controle operário em uma situação não revolucionária, lhe imprimindo assim um caráter reformista, e nos acuse de hesitação centrista porque nos negamos a igualar o controle e a direção da produção.

Os operários que se erguerem até a compreensão dos problemas da direção da produção não vão querer e não vão deixar se embriagar com frases. Estão habituados nas fábricas a manejar um material muito menos flexível do que as frases e compreenderão o nosso pensamento muito melhor do que os burocratas: o verdadeiro espírito revolucionário consiste não em empregar a violência por toda a parte e sempre, e ainda menos em gargarejar com frases sobre a violência. Onde a violência for necessária, será preciso empregá-la audazmente, decididamente, até o fim. Mas é preciso conhecer os limites da violência, é preciso saber quando a violência deve ser combinada com a manobra, o golpe com o acordo. Por ocasião dos aniversários de Lenin, a burocracia stalinista repete as frases aprendidas sobre o "realismo revolucionário" para, com tanto mais liberdade, espezinhá-lo nos outros 364 dias do ano.

***

Os teóricos prostituídos do reformismo tentam descobrir a aurora do socialismo nos decretos de exceção contra os operários.

Do "socialismo de guerra" dos Hohenzollern ao socialismo policial de Brüning!

Os ideólogos burgueses de esquerda sonham com uma economia capitalista planificada. Mas o capitalismo conseguiu demonstrar que, segundo um plano preestabelecido, ele só é capaz de esgotar as forças produtivas no interesse da guerra. Além disso, como regular a dependência da Alemanha do mercado mundial com as suas cifras enormes de importação e exportação?

De nossa parte, propomos começar pelo setor das relações germano-soviéticas, isto é, pela elaboração de um amplo plano de cooperação das economias soviética e alemã, com vistas ao segundo plano quinquenal e a fim de completá-lo. Dezenas e centenas de fábricas importantes poderiam ser postas em marcha total. O desemprego na Alemanha poderia ser liquidado inteiramente – sem que para isso fossem necessários mais de dois ou três anos – na base de um plano econômico que abarque todos os ramos destes dois países somente.

Os dirigentes da indústria capitalista da Alemanha não podem, é claro, elaborar esse plano porque ele significa a sua autoeliminação social. Mas o governo soviético, com a colaboração das organizações operárias alemãs, e, antes de tudo, dos sindicatos e dos representantes progressivos da técnica alemã, pode e deve elaborar um plano perfeitamente real, capaz de abrir verdadeiramente grandiosas perspectivas. Que desprezíveis parecerão todos esses "problemas" de reparações e de centavos adicionais de alfândega ao lado das possibilidades que oferece a combinação dos recursos e das matérias primas, dos recursos técnicos e de organização das economias soviética e alemã!

Os comunistas alemães fazem uma grande propaganda a favor da construção soviética: é um trabalho indispensável. Caem, fazendo isto, em exageros e doces embelezamentos: isto é completamente desnecessário. Mas o pior é que não sabem ligar os sucessos e as dificuldades da economia soviética com os interesses imediatos do proletariado alemão, com o desemprego, com a redução dos salários e com a situação econômica geral sem saída da Alemanha. Não sabem e não querem pôr a questão da colaboração germano-soviética numa base rigorosamente realista e ao mesmo tempo profundamente revolucionária.

Logo no começo da crise – lá se vão dois anos – levantamos esta questão na imprensa. Os stalinistas declararam imediatamente que nós acreditávamos na coexistência pacífica do socialismo com o capitalismo, que queríamos salvar o capitalismo etc. Não previram e não compreenderam nada. E que fator poderoso da revolução socialista pode tornar-se o plano econômico concreto de colaboração, se ele for objeto de discussão nos sindicatos, nas reuniões de fábrica, entre os operários, não só das empresas em atividade, como das empresas fechadas, se for ligado à palavra de ordem de controle operário da produção e em seguida à palavra de ordem da tomada do poder! A realização de uma colaboração internacional efetiva, segundo um plano, só é possível com o monopólio do comércio exterior na Alemanha, com a nacionalização dos meios de produção, em outras palavras, com a ditadura do proletariado. Por este caminho, poderiam entrar na luta pelo poder novos milhões de operários sem partido, sociais-democratas e católicos.

Os Tarnov amedrontam os operários dizendo que a desorganização da indústria, em consequência da revolução, criaria um caos pavoroso, a fome etc. Não esqueçamos que esta mesma gente apoiava a guerra imperialista, que outra coisa não podia trazer ao proletariado senão sofrimentos, desastres e humilhações. Jogar sobre os ombros do proletariado os sofrimentos da guerra, sob a bandeira dos Hohenzollern? Sim. Sacrifícios para a revolução sob a bandeira do socialismo? Isto nunca!

A conversa de que os "nossos operários alemães" não aceitarão nunca "tais sacrifícios" é ao mesmo tempo uma bajulação e uma calúnia contra os operários alemães. Desgraçadamente os operários são pacientes demais. A revolução socialista não exigirá do proletariado alemão nem mesmo a centésima parte dos sacrifícios que a guerra dos Hohenzollern-Leipart-Wels exigiu.

De que caos falam os Tarnov? A metade do proletariado foi posta na rua. Mesmo que a crise fosse atenuada em um ou dois anos, voltaria dentro de cinco sob uma forma ainda mais pavorosa, sem falar que as convulsões da agonia do capitalismo não podem deixar de provocar uma nova guerra. Com que caos os Hilferding querem nos assustar? Se a revolução socialista surgisse de uma indústria capitalista próspera – o que, de modo geral, é impossível – então, nos primeiros anos, a mudança dos regimes econômicos, a ruptura das antigas proporções e a instabilidade das proporções novas poderiam verdadeiramente trazer uma queda provisória da economia. Mas o socialismo na Alemanha atual partiria de uma economia cujas forças produtivas só trabalham pela metade.

A regulação da economia teria assim, desde o começo, 50% de reservas. Isto basta amplamente para compensar as perdas inciais, para amortecer os choques bruscos do novo sistema e para garanti-lo mesmo contra a queda provisória das forças produtivas. Na linguagem convencional das cifras, isto significa: se de uma economia capitalista que funciona a 100%, a revolução socialista tivesse no começo que descer talvez a um nível de 75% ou mesmo de 50%, então partindo de uma economia que funciona a 50%, a revolução do proletariado não pode senão elevar-se ao nível de 75% e de 100%, para ter em seguida um crescimento incomparável em relação a tudo o que já se conheceu no passado.

A situação é desesperadora?

Mobilizar de uma só vez a maioria da classe operária para a ofensiva é uma tarefa difícil. Depois das derrotas dos anos de 1919, 1921 e 1923, depois das aventuras do "terceiro período", os operários alemães, que já estão bastante atados por suas poderosas organizações conservadoras, assistiram ao desenvolvimento, no seio destas, de centros de retenção. Por outro lado, a solidariedade organizativa dos operários alemães, que até agora quase não tem permitido ao fascismo penetrar nas suas fileiras, oferece as mais amplas possibilidades aos combates defensivos.

É preciso não esquecer que a política de frente única é, em geral, muito mais eficaz na defensiva do que na ofensiva. As camadas conservadoras ou atrasadas do proletariado são mais facilmente arrastadas à luta pela defesa daquilo que já possuem, do que pela conquista de novas aquisições.

Neste sentido, os decretos de exceção de Brüning e as ameaças de Hitler são um sinal de alerta "ideal" para a política de frente única. Trata-se da defensiva no sentido mais elementar e mais evidente da palavra. A frente única pode arrastar, nessas condições, as massas mais amplas da classe operária. E mais: os objetivos da luta não podem deixar de provocar a simpatia de camadas inferiores da pequena burguesia, inclusive os vendedores dos bairros e distritos operários.

Apesar de todas as suas dificuldades e de todos os seus perigos, a situação na Alemanha encerra em si vantagens enormes para o partido revolucionário; ela dita imperiosamente um plano estratégico claro: da defensiva à ofensiva. Sem renunciar um único instante a seu objetivo principal, a tomada do poder, o Partido Comunista adota, para as ações imediatas, uma posição defensiva. "Classe contra classe" – é preciso restituir a esta fórmula seu significado verdadeiro!

A resistência dos operários contra a ofensiva do capital e do Estado provocará inevitavelmente uma ofensiva mais enérgica do fascismo. Por modestos que sejam os primeiros passos defensivos, a reação, por parte do adversário, cerrará imediatamente as fileiras da frente única, ampliará as tarefas, forçará o emprego de métodos mais decisivos, repelirá da frente única as camadas reacionárias da burocracia, aumentará a influência do comunismo, provocando a queda das barreiras que dividem os operários e preparando assim a passagem da defensiva à ofensiva. Se nos combates defensivos o Partido Comunista conquista a hegemonia – com uma política correta isto lhe é garantido – então, na passagem à ofensiva, não terá absolutamente que pedir a opinião das cúpulas reformistas e centristas. São as massas que decidem: a partir do momento em que as massas se separam da direção reformista, os acordos com esta última perdem todo o sentido. Perpetuar a frente única significaria não compreender a dialética da luta revolucionária e transformar a frente única, de trampolim, em barreira.

As situações políticas mais difíceis são, num certo sentido, as mais fáceis de resolver: só permitem uma solução. Estabelecer claramente a tarefa, chamando-a pelo seu nome, já significa, em princípio, achar a solução: da frente única defensiva, para a conquista do poder sob a bandeira do comunismo.

Isto será conseguido? A situação é difícil. O ultimatismo ultra-esquerdista sustenta o reformismo. O reformismo sustenta a ditadura burocrática da burguesia. A ditadura burocrática de Brüning prolonga a agonia econômica do país e nutre o fascismo.

A situação é muito difícil, muito perigosa, mas de modo algum desesperadora. Por mais forte que seja o aparelho stalinista, mesmo armado da autoridade usurpada e dos recursos materiais da Revolução de Outubro, ele não é todo-poderoso. A dialética da luta de classes é mais forte. Basta ajudá-la a tempo. Hoje, muita gente de "esquerda" demonstra pessimismo sobre a sorte da Alemanha. Em 1923, dizem eles, quando o fascismo ainda era muito fraco e o Partido Comunista exercia uma séria influência nos sindicatos e nos comitês de fábrica, o proletariado não conquistou a vitória – como se pode então esperar agora uma vitória, quando o partido está mais fraco e o fascismo incomparavelmente mais forte?

Por mais impressionante que seja à primeira vista, este argumento é falso. Em 1923 as coisas não foram levadas até a luta: o partido evitou o combate diante do fantasma do fascismo. Sem luta não pode haver vitória. É precisamente a força do fascismo e sua pressão que excluem desta vez a possibilidade de se renunciar à luta. Não se evitará a luta. E se a classe operária entra na luta, pode vencer. Deve vencer.

Ainda ontem, os grandes dirigentes diziam: "Que os fascistas cheguem ao poder, não temos medo. Logo se aniquilarão etc.". Este pensamento dominou as cúpulas do partido durante vários meses. Se se tivesse enraizado definitivamente, isto teria significado que o Partido Comunista adormeceria o proletariado com clorofórmio antes que Hitler lhe cortasse a cabeça. Nisso residia todo o perigo. Hoje ninguém o repete mais. Conquistamos com isso uma primeira posição. A ideia de que se deve esmagar o fascismo antes de sua chegada ao poder foi lançada nas massas operárias. Isto é uma aquisição muito preciosa. É preciso apoiar-se nela para toda a agitação posterior.

O ânimo das massas operárias é pesado. Estão atormentadas pelo desemprego, pela miséria. Mas o que as inquieta mais é a confusão da direção, sua incoerência. Os operários compreendem que não se deve deixar Hitler chegar ao poder. Mas como? Ninguém sabe. A direção atrapalha em lugar de ajudar. Mas os operários querem lutar.

Eis aqui um fato notável que, a julgar de longe, não foi suficientemente apreciado: os mineiros de Hirsch-Dunker declararam que o regime capitalista precisa ser substituído pelo regime socialista! Mas isto significa que amanhã concordarão em criar soviets, como órgãos de toda a classe. É bem possível que já concordem hoje: é preciso saber perguntar-lhes! Somente este sintoma é mil vezes mais importante e mais convincente do que todas as avaliações impressionistas dos literatos e dos oradores que se queixam desdenhosamente das massas.

Observa-se, aparentemente, nas fileiras do Partido Comunista uma certa passividade, apesar dos gritos do aparelho. Mas por quê? Os militantes da base vêm cada vez mais raramente às reuniões de células, onde são alimentados com palha seca. As ideias que lhes trazem de cima não têm aplicação nem na fábrica, nem na rua. O operário sente a contradição inconciliável que existe entre o que ele precisa quando se encontra diante das massas e aquilo que lhe dão nas reuniões oficiais do partido. A atmosfera artificial, criada pelo aparelho barulhento, fanfarrão e não suportando qualquer objeção, torna-se insuportável para os membros da base do partido. Daí o vácuo e a frieza que reinam nas reuniões do partido. Não é a ausência do desejo de lutar, mas uma perturbação política e, ao mesmo tempo, um surdo protesto contra a direção todo-poderosa, mas sem cabeça.

A perturbação que existe nas fileiras do proletariado encoraja os fascistas. A sua ofensiva continua. O perigo aumenta. Mas é precisamente a aproximação do perigo fascista que aguçará consideravelmente o ouvido e as vistas dos operários avançados e criará uma atmosfera favorável às propostas claras e simples que conduzam à ação.

Referindo-se ao exemplo de Braunschweig, Münzenberg escreveu, em novembro último: Não pode haver mais dúvidas hoje de que essa frente única surge de uma vez só, espontaneamente, sob a pressão do terror e dos ataques fascistas agravados. Münzenberg não nos explica porque o Comitê Central, do qual faz parte, não fez do acontecimento de Braunschweig o ponto de partida de uma política audaciosa de frente única. Pouco importa: sem deixar de ser uma prova de sua própria incoerência, o prognóstico Münzenberg é correto.

A aproximação do perigo fascista não pode deixar de provocar a radicalização dos operários sociais-democratas e mesmo de camadas consideráveis do aparelho reformista. A ala revolucionária do SAP dará certamente um passo à frente. Muito mais inevitável é, nessas condições, o giro do aparelho comunista, embora à custa de rachas internos e rupturas. É preciso se orientar unicamente por esta tendência do desenvolvimento.

O giro dos stalinistas é inevitável. Alguns sintomas, que dão a medida da pressão vinda de baixo, já se manifestam hoje: certos argumentos são substituídos por outros, a fraseologia se torna mais confusa, as palavras de ordem, mais ambíguas. Ao mesmo tempo, são excluídos do partido todos aqueles que foram bastante imprudentes ao compreender as tarefas antes do Comitê Central. Tudo isto são sintomas seguros de que o giro está próximo. Mas apenas sintomas.

Já vimos mais de uma vez no passado que a burocracia stalinista, depois de desperdiçar centenas de toneladas de papel em polêmicas contra o "trotskismo" contrarrevolucionário, realizava, em seguida, um giro brusco e procurava pôr em prática o programa da Oposição de Esquerda – às vezes, é verdade, com um atraso irremediável.

Na China, o giro foi realizado muito tarde e sob uma forma tal, que não fez mais do que liquidar a revolução (insurreição de Cantão!). Na Inglaterra, o giro foi realizado pelo adversário, isto é, pelo Conselho Geral, que rompeu com os stalinistas quando não teve mais necessidade deles. Mas na URSS o giro de 1928 chegou ainda a tempo de salvar a ditadura da catástrofe que se avizinhava. Não é difícil encontrar as causas das diferenças entre esses três grandes exemplos. Na China, o jovem e inexperiente Partido Comunista acreditava cegamente na direção moscovita; a voz da Oposição russa não teve nem tempo de chegar à China. Coisa mais ou menos idêntica ocorreu na Inglaterra. Na URSS, a

Oposição de Esquerda estava no seu lugar e conduziu uma campanha ininterrupta contra a política do kulak. Na China e na Inglaterra, Stalin & Cia. arriscavam-se a distância; na URSS, estava em jogo a sua própria cabeça.

A vantagem política da classe operária alemã consiste em que todas as questões são postas publicamente e a tempo; a autoridade e a direção da IC está muito enfraquecida; a oposição marxista atua diretamente na própria Alemanha; no seio da vanguarda proletária encontram-se milhares de elementos experimentados, com senso crítico e capazes de elevar a voz. Essas vozes comunistas começam a se fazer ouvir.

Numericamente, a Oposição de Esquerda na Alemanha é fraca. Mas nessa reviravolta histórica brusca, sua influência política pode tornar-se decisiva. Da mesma forma que o operador de via férrea, manejando a tempo a alavanca, desloca um trem pesado de carga para outra linha, assim também uma pequena oposição pode, manejando com firmeza e segurança a alavanca ideológica, obrigar o trem do Partido Comunista alemão e aquele, mais pesado ainda, do proletariado alemão, a tomar uma outra direção.

A justeza de nossa posição se manifestará cada dia mais claramente pelos fatos. Quando o teto começa a se incendiar por sobre as cabeças, os burocratas mais obstinados se esquecem do prestígio. Até os conselheiros secretos, nessas condições, saltam pela janela em roupas de baixo. A pedagogia dos fatos ajudará a nossa crítica.

Conseguirá o Partido Comunista alemão fazer o giro a tempo? Hoje, a questão do tempo só pode ser encarada condicionalmente. Sem o frenesi do "terceiro período", o proletariado alemão estaria hoje no poder. Se depois das últimas eleições ao Reichstag, o Partido Comunista tivesse adotado o programa de ação proposto pela Oposição de Esquerda, a vitória seria certa. Falar hoje de uma vitória certa é impossível. Hoje, um giro realizado a tempo seria aquele que permitisse aos operários alemães entrarem na luta antes que o fascismo se apoderasse do aparelho do Estado.

Para conseguir esse giro, é preciso uma tensão extrema de forças. É preciso que os elementos avançados do comunismo, no interior e fora do partido, não tenham medo de agir. É preciso lutar abertamente contra o ultimatismo estúpido da burocracia, tanto no interior do partido, como diante das massas operárias.

"Mas é uma quebra de disciplina!", dirá o comunista hesitante. Seguramente, é uma quebra da disciplina stalinista. Nenhum revolucionário sério violará a disciplina, mesmo formal, se não houver razões poderosas para isto. Mas aquele que tolera a política cujas más consequências lhe são evidentes, abrigando-se por trás da disciplina, não é um revolucionário, é um farrapo, um covarde desprovido de vontade.

Seria criminoso da parte dos comunistas oposicionistas dirigirem-se, como Urbahns & Cia., para o caminho da criação de um novo partido comunista antes que esforços mais ou menos sérios tenham sido feitos para a mudança do curso do antigo partido. Criar uma pequena organização independente não é difícil. Criar um novo partido comunista é uma tarefa gigantesca. Há quadros para realizar uma tarefa dessas? Se existem, porque nada fizeram a fim de agir sobre as dezenas de milhares de operários que se encontram no partido oficial? Se esses quadros se julgam capazes de explicar aos operários a necessidade de um novo partido, devem, antes de tudo, verificar a sua própria força no trabalho de regeneração do partido existente.

Colocar hoje a questão de um terceiro partido significa opor-se, às vésperas de uma importante decisão histórica, aos milhões de operários comunistas que se acham descontentes com a direção, mas que, por instinto de autoconservação revolucionária, se aglomeram em torno do partido. É preciso que se encontre uma linguagem comum com esses milhões de operários comunistas.

É preciso, desprezando as injúrias, as calúnias, as perseguições dos burocratas, que se encontre um acesso à consciência desses operários; é preciso que se lhes mostre que desejamos a mesma coisa que eles; que não temos outros interesses que os do comunismo; que o caminho que indicamos é o único correto.

É preciso denunciar implacavelmente os capituladores ultrarradicais; é preciso exigir dos dirigentes uma resposta clara à pergunta o que fazer? e propor a sua resposta para todo o país, para cada região, para cada cidade, para cada bairro, para cada fábrica.

É preciso criar, no interior do partido, células bolcheviques-leninistas. Elas devem inscrever na sua bandeira: mudança de curso e reforma do regime do partido. Sempre onde tiverem apoio sério, deverão começar a aplicação da política da frente única de fato, embora em escala local reduzida. A burocracia do partido expulsará? Seguramente. Mas nas condições atuais, o seu esplendor não durará muito tempo.

É preciso uma discussão aberta nas fileiras do comunismo e em todo o proletariado, sem sabotagem das reuniões, sem falsas citações, sem calúnias envenenadas; uma troca de opiniões honesta, tendo como base a democracia proletária. Foi assim que, durante todo o ano de 1917, discutimos com todos os partidos e no próprio seio de nosso partido na Rússia. É preciso preparar, através de uma discussão ampla, um congresso extraordinário do partido, com um único ponto na ordem do dia: E agora?

Os oposicionistas de esquerda não são intermediários entre o Partido Comunista e a social-democracia. São soldados do comunismo, os seus agitadores, os seus propagandistas, os seus organizadores. De frente para o partido! É preciso explicar-lhe, é preciso convencê-lo.

Se o Partido Comunista for obrigado a aplicar a política de frente única, o ataque do fascismo será repelido com certeza. Por sua vez, uma vitória séria sobre o fascismo abrirá o caminho à ditadura do proletariado.

Mesmo depois de ter dirigido a revolução, o Partido Comunista levará em seu seio muitas contradições. A missão da Oposição de Esquerda não estará absolutamente acabada. Num certo sentido, esta missão só terá começado. A vitória da revolução proletária na Alemanha significará, antes de tudo, a liquidação da dependência burocrática do Partido Comunista em relação ao aparelho stalinista.

No dia seguinte à vitória do proletariado alemão, e já antes, no processo de sua luta pelo poder, os grilhões que acorrentam a Internacional Comunista se romperão.

A miséria ideológica do centrismo burocrático, a estreiteza nacional de seu horizonte, o caráter antiproletário de seu regime tudo isto será revelado, de uma só vez, à luz da revolução alemã, luz que será incomparavelmente mais brilhante do que a da Revolução de Outubro. As ideias de Marx e Lenin triunfarão inevitavelmente no proletariado alemão.

Conclusões

Um comerciante conduzia os seus bois ao matadouro. Veio o açougueiro com a sua faca.

— Cerremos fileiras e levantemos esse carrasco no chifre! — propôs um dos bois.

— Mas em que o açougueiro é pior do que o comerciante que nos trouxe até aqui com golpes de vara? — responderam os bois educa- dos politicamente no pensionato de Manuilsky. — Mas em seguida poderemos acertar as contas com o comerciante! — Não — responderam os bois principistas. — Estás defendendo os inimigos à esquerda; tu mesmo és um social-açougueiro! — e recusaram-se a cerrar fileiras.

(Das fábulas de Esopo)

> *"Colocar em primeiro plano a anulação do tratado de Versalhes, incondicionalmente, obrigatoriamente, imediatamente, antes do problema da libertação dos outros países do jugo imperialista, é nacionalismo pequeno-burguês (digno dos Kautsky, dos Hilferding, dos Otto Bauer & Cia.), e não o internacionalismo revolucionário."* (Lenin, O esquerdismo)

É preciso:

A renúncia completa ao nacional-comunismo, liquidação aberta e definitiva das palavras de ordem de "revolução popular" e "libertação nacional". Nada de "abaixo o tratado de Versalhes", e sim: "Vivam os Estados Unidos Soviéticos da Europa!"

O socialismo só é realizável na base do nível mais elevado da técnica contemporânea e na base da divisão internacional do trabalho.

A construção socialista da URSS não é um processo nacional independente, e sim parte integrante da revolução internacional.

A conquista do poder pelo proletariado alemão e europeu é uma tarefa incomensuravelmente mais real e mais imediata do que a construção de uma sociedade socialista fechada e independente nos limites da URSS.

Defesa heroica da URSS, do primeiro Estado operário, contra os inimigos do exterior e interior da ditadura do proletariado!

Mas a defesa da URSS não deve ser feita com os olhos vendados. Controle proletário internacional sobre a burocracia soviética. Denúncia implacável de suas tendências nacional-reformistas e termidorianas, que encontram sua expressão na teoria do socialismo num só país.

***

De que precisa o Partido Comunista?

Voltar à escola estratégica dos quatro primeiros congressos da Internacional Comunista.

Renúncia ao ultimatismo com as organizações operárias de massas: a direção comunista não pode ser imposta, só pode ser conquistada.

Renúncia à teoria do social-fascismo, que auxilia a social-democracia e o fascismo.

Utilização perseverante do antagonismo entre a social-democracia e o fascismo: a) para uma maior eficácia na luta contra o fascismo; b) para opor os operários sociais-democratas à direção reformista.

Para nós, não são os princípios da democracia formal que constituem o critério de avaliação das mudanças de regime da dominação burguesa, mas os interesses vitais da democracia proletária.

Nem apoio direito, nem apoio indireto ao regime de Brüning!

Defesa audaciosa e heroica das organizações proletárias contra o fascismo.

"Classe contra classe!" Isto significa: todas as organizações do proletariado devem assumir o seu lugar na frente única contra a burguesia.

O programa prático da frente única é determinado por acordos estabelecidos entre as organizações aos olhos das massas. Cada organização continua sob a sua própria bandeira e direção. Cada organização respeita a disciplina da frente única na ação.

"Classe contra classe". É preciso realizar uma agitação incansável para que as organizações sociais-democratas e os sindicatos reformistas rompam com os seus aliados burgueses traiçoeiros da frente de ferro e se coloquem na fileira comum das organizações comunistas e de todas as outras organizações do proletariado.

"Classe contra classe!" Propaganda e preparação organizativa dos soviets operários como forma suprema de frente única proletária.

***

Independência completa, organizativa e política, do Partido Comunista, sempre e em qualquer condição. Nenhuma combinação de programas ou bandeiras. Nenhuma negociação de princípios. Inteira liberdade de crítica dos aliados provisórios.

A candidatura de Thälmann a presidente é, obviamente, a candidatura da Oposição de Esquerda. Na luta pela mobilização dos operários, sob a bandeira da candidatura comunista oficial, os bolcheviques-leninistas devem estar nas primeiras filas.

***

Os comunistas alemães devem inspirar-se, não no regime atual do Partido Comunista russo, regime que reflete a dominação do aparelho sobre a base da revolução vitoriosa, mas no regime do partido que alcançou a vitória da revolução.

A liquidação do despotismo do aparelho no Partido Comunista alemão é uma questão de vida ou de morte.

A volta à democracia interna do partido é indispensável.

Os operários comunistas devem instaurar no partido, antes de tudo, uma discussão honesta e séria sobre todas as questões de estratégia e de tática. A voz da Oposição de Esquerda (bolcheviques- leninistas) deve ser ouvida pelo partido.

Depois de uma discussão que abarque todas as questões, as decisões devem ser tomadas por um congresso extraordinário livremente eleito.

***

Política correta do Partido Comunista para com o SAP: crítica intransigente (mas honesta, isto é, que corresponda aos fatos reais) das hesitações da direção, atitude atenta, amigável, sensível, com a ala esquerda, prontificando-se sempre a concluir acordos práticos com o SAP e a estabelecer uma ligação política com a ala revolucionária.

***

Virada brusca do volante na política sindical: luta contra a direção reformista na base da unidade sindical.

Política de frente única conduzida sistematicamente no interior das empresas. Acordos com os comitês de fábrica reformistas na base de um programa de reivindicações definidas.

Luta pela baixa dos preços. Luta contra a redução dos salários. Dirigir estas lutas sobre os trilhos da campanha pelo controle operário da produção.

Campanha pela colaboração com a URSS na base de um plano econômico comum.

Elaboração de um projeto de plano pelos organismos da URSS, com a participação das organizações interessadas do proletariado alemão.

Campanha pela passagem da Alemanha ao socialismo baseado nesse plano.

Mentem os que dizem que a situação é desesperadora. Os pessimistas e os céticos devem ser enxotados das fileiras proletárias como a peste. As forças internas do proletariado alemão são inesgotáveis. Elas abrirão caminho.

Capítulo 3
Ruas sitiadas por milícias, sucesso eleitoral nazista e a morte da social-democracia

1932 – Conjuntura
Chris Harman

Em 1932 a situação econômica piorou. Havia oito milhões de desempregados. Um terço da população urbana dependia de donativos. O salário real caía por mais de um terço desde 1928. Todos os setores da sociedade alemã estavam descontentes com o governo; o voto nazista parecia estar crescendo a um passo irresistível. Além disto, os industriais pareciam mais que dispostos a financiar os fascistas. O número de membros da SA aumentou para 400 mil.

Mesmo assim, Hitler estava longe de ter o apoio da maioria dos alemães. Brüning convenceu o envelhecido e reacionário marechal Hindenburg para se candidatar a reeleição presidencial. Apesar da oposição de Hindenburg a tudo que o SPD e os sindicatos livres defendiam, ele foi apoiado como "mal menor" frente a Hitler. Os nazistas conquistaram seu maior voto – 36.8% do total – mas estavam muito atrás dos 53% de Hindenburg (Thälmann ganhou 10.2%).

Os sociais-democratas continuaram a torcer e esperar. Eles continuavam argumentando que a única forma que se poderia empregar a força era defensivamente. Eles transformaram todas as organizações influenciadas pela social-democracia, os sindicatos livres, os clubes esportivos, os Reichsbanner, em uma "Frente de Aço" para defender a República – mas não para combater a miséria produzida pelo capitalismo em crise sob o republicano Brüning. E o ponto central no seu sistema defensivo seguia sendo a força policial prussiana.

O governo Brüning caiu ao final de maio, basicamente porque o único apoio ativo que possuía – o Reichswehr voltou-se contra ele. Durante as eleições presidenciais de abril foram descobertas informações de que os nazistas preparavam um golpe. Preocupado com isto, Brüning, que havia permitido as topas de choque se comportarem na prática muito como antes, agora proibiu a SA e a SS. Mas o membro politicamente mais influente do gabinete militar, Schleicher, se opôs. Ele queria usar o controle das ruas pelas SA e a SS para seus próprios objetivos. Por isto deixou claro que o exército agora estava contra o governo. Ao mesmo tempo, quando Brüning fez uma de suas poucas propostas positivas para lidar com a crise econômica – que as terras dos Junkers falidos da Prússia Oriental fossem compradas pelo Estado e repartida entre camponeses pobres –, os interesses agrários próximos a Hindenburg voltaram-se também contra ele. Brüning foi substituído por um indicado de Schleicher, von Papen, que possuía quase nenhum apoio no parlamento e dependia dos votos nazistas. A proibição no SA e SS foi levantada, e novas eleições foram convocadas.

O retorno da SA às ruas levou a brigas campais por todos os lados. Apenas na Prússia houve 461 motins políticos entre o 1º de junho e o dia 20 de julho. 82 pessoas foram mortas e 400 gravemente feridas. No ponto alto desta violência von Papen destituiu o governo social-democrata da Prússia. Tal ação era inteiramente inconstitucional. Além do mais, foi executada por um governo sem a cobertura de uma maioria parlamentar. Era exatamente este o tipo de eventualidade que a "Frente de Ferro" dos sociais-democratas existia para lutar. Se não o fizessem, toda a estratégia defensiva teria colapsado. O ministro social-democrata do interior, Severing, e o chefe da polícia, Grzesinski, se recusaram a renunciar. "Na cidade [de Berlim], que estava submersa em uma violenta campanha eleitoral, estas declarações... caíram como um trovão. Segurando o fôlego, as pessoas agora dirigiam seus olhos ao Ministério do Interior em que Severing residia, e o Wilhelmstrasse, onde morava Papen. Por todos os lados se ouviam discussões sobre se a polícia prussiana ou o Reichswehr era superior na luta..." "Nas grandes fábricas, os trabalhadores aguardavam a noite inteira por uma ordem de greve geral"[37].

As forças consolidadas em torno da "Frente de Ferro" estavam se preparando havia anos exatamente para este momento. Mas os líderes sociais-democratas não reagiram. Usou-se força para prender Severing e seu chefe de polícia: quatro soldados os levaram de prédios cheios de policiais armados que teriam obedecido a qualquer ordem. Não houve qualquer resistência. Após apenas duas horas da prisão, Severing e Grzesinski renunciaram. A "fortaleza social-democrata" caiu sem dar um único tiro.

Os comunistas estavam preparados para a luta. Eram eles que estavam resistindo à SA nas batalhas de rua. Trinta de seus membros estavam entre os mortos. Eles soltaram um panfleto convocando a greve geral. Mas eles não conseguiam organizá-la. Tinham muito poucos filiados nas fábricas; a maioria dos seus membros estavam desempregados, "nas eleições sindicais de março de 1933 eles receberam apenas 5% dos votos, comparado a 73% da social-democracia e 12% para os nazistas".[38] Isto talvez não teria tanta importância em um momento tão crucial se não fossem as inconsistências do KPD. Ele agora convocava os trabalhadores para defender um governo que ficara o tempo todo chamando de "social-fascista" e, pior ainda, que havia atuado em conjunto aos nazistas para derrubar. Ninguém levou o chamado deles à ação seriamente.

---

37 Peter and Irma Petroff The Secret of Hitler's Victory, London, 1934.
38 Braunthal, p338.

Nas eleições da semana seguinte os nazistas receberam a proporção mais alta de votos em uma eleição livre, cerca de 14 milhões, o dobro da última votação, ao final de 1930. O SPD perdeu 600.000 votos e o KPD ganhou o mesmo número. O voto conjunto dos partidos da classe trabalhadora ainda estava apenas algumas centenas de milhares atrás daqueles dos nazistas. Mas o golpe prussiano havia deixado claro que nenhuma resistência conjunta era provável.

Os líderes comunistas seguiam incapazes de ver o perigo diante de seus olhos. O executivo da Komintern, reunido em setembro, ainda defendia que o "principal ataque" deveria se voltar contra os sociais-democratas[39]. Na conferência de outubro do KPD, o chamado pela Frente Única foi descrito como a "manobra demagógica da Frente Única na qual os aliados de esquerda dos sociais-fascistas e os grupos trotskistas contrarrevolucionários são particularmente ativos."[40] Trotsky foi chamado por Thälmann de "um fascista falido e contrarrevolucionário".

O único caminho foi escrito semanas após a eleição de julho de 1932. Ali Trotsky analisa as forças em geral que atuavam na situação alemã. Ao mesmo tempo ele esta preocupado em mostrar que Hitler ainda poderia ser detido pela ação conjunta da classe trabalhadora; e, por outro lado, que as ilusões dos sociais-democratas, que o "mal menor" iria impedir um maior, e dos comunistas, para quem as vitórias eleitorais as custas do SPD iriam de alguma forma segurar Hitler ou garantir que eles o sucedessem, eram falsas. Novamente não reimprimimos aqui o trabalho inteiro por uma questão de espaço. Os capítulos que omitimos (3, 4, 5, 6), porém, apenas repetem muitos dos argumentos dados em *E agora?*

---

39 Braunthal, p. 337.
40 Braunthal, p. 337.

O único caminho
Leon Trotky / Tradução: Mario Pedrosa

A queda do capitalismo promete ser ainda mais tempestuosa, dramática e sangrenta do que foi o seu advento. E o capitalismo alemão não poderá ser exceção neste caso. Se a sua agonia está se prolongando demais, a culpa – diga-se a verdade – cabe aos partidos do proletariado.

O capitalismo alemão chegou atrasado e viu-se destituído das prerrogativas de primogênito. O desenvolvimento da Rússia ficava mais ou menos situado entre a Inglaterra e a Índia; a Alemanha teria de ser colocada, nesse esquema, entre a Inglaterra e a Rússia, embora sem as formidáveis colônias transoceânicas da Grã-Bretanha e sem as colônias internas da Rússia czarista. A Alemanha, encerrada no coração da Europa, encontrou-se – numa época em que o mundo todo já estava repartido – diante da necessidade de conquistar os mercados estrangeiros e novamente retalhar colônias já partilhadas.

Não estava destinado ao capitalismo alemão nadar a favor da correnteza, entregar-se ao jogo livre das suas forças. Esse luxo, só a Grã-Bretanha pôde permitir-se, e ainda assim por um limitado período histórico, cujo fim se dá diante de nossos olhos. O capitalismo alemão também não pôde gozar do "sentimento de moderação" do capitalismo francês, que se consolidou em sua limitação e se armou, além do mais, de uma rica possessão colonial como reserva.

A burguesia alemã, inteiramente oportunista no campo da política interna, teve de elevar-se fortemente no campo da economia e da política mundial, tomar a dianteira e ampliar desmedidamente a produção, a fim de alcançar as velhas nações e brandir o sabre e lançar-se à guerra. A racionalização extrema da indústria alemã do pós-guerra originou-se também da necessidade de vencer as condições desfavoráveis do atraso histórico, da situação geográfica e da derrota da guerra.

Sendo os males econômicos de nossa época, em última análise, o resultado do fato de que as forças produtivas da humanidade são incompatíveis, tanto com a propriedade privada dos meios de produção, quanto com as fronteiras nacionais, o capitalismo alemão sofre as maiores convulsões exatamente porque ele é o capitalismo mais moderno, mais progressista e mais dinâmico do continente europeu.

Os médicos do capitalismo alemão se repartem em três escolas: o liberalismo, a autarquia e a economia planificada.

O liberalismo pretende restabelecer as leis naturais do mercado. Entretanto, a lamentável solução política do liberalismo reflete apenas o fato de que o capitalismo alemão nunca se baseou no "manchesterianismo"[41], mas passou do protecionismo para os trustes e monopólios. Não se pode fazer voltar a economia alemã a um passado "sadio" que nunca existiu.

O "nacional-socialismo" promete fazer a revisão, à sua maneira, da obra de Versalhes, isto é, prosseguir praticamente a ofensiva do imperialismo dos Hohenzollern. Ao mesmo tempo, pretende levar a Alemanha para a autarquia, isto é, conduzi-la ao caminho do provincianismo e da autolimitação. Assim, o rugido do leão dissimula a psicologia do cão espancado. Querer adaptar o capitalismo alemão às suas fronteiras nacionais é mais ou me-

---

41 "Manchesterianismo" é uma referência ao movimento britânico por reformas dos anos 1840, que defendia o livre comércio e se opunha as Leis do Milho que colocavam uma tarifa na importação de grãos. Ele se baseava em Manchester.

nos o mesmo que curar um homem lhe cortando a mão direita, o pé esquerdo e uma parte do crânio.

Curar o capitalismo por meio da economia planificada significa abolir a concorrência. Neste caso, deve-se começar pela abolição da propriedade privada dos meios de produção. As teorias burocráticas professorais não ousam abordar o problema. A economia alemã não é uma economia alemã pura, mas uma parte integrante da economia mundial. Um plano alemão só é concebível na perspectiva de um plano econômico internacional. Uma planificação nacional encerrada em si mesma significaria a renúncia à economia mundial, isto é, a tentativa de uma volta ao sistema autárquico.

Na realidade, as três escolas rivais se parecem, no sentido de que estão compreendidas no círculo mágico do utopismo reacionário. Não se trata de salvar o capitalismo alemão, mas a Alemanha do seu capitalismo.

Nos anos de crise, os burgueses alemães, pelo menos os teóricos, usam de uma linguagem de penitentes: "Sim, aplicamos uma política arriscada demais, recorremos ao crédito externo com muita leviandade, nos entregamos a um reaparelhamento exagerado das empresas etc.! No futuro, precisamos ser mais prudentes!" De fato, os dirigentes da burguesia alemã nunca penderam tanto – como o programa de Papen e a conduta do capital financeiro o provam – para a política das aventuras econômicas.

Aos primeiros sintomas de recuperação industrial, o capitalismo alemão se mostrará tal como o passado histórico o criou, e não como os moralistas liberais desejariam fazê-lo. Os fabricantes, famintos de lucro, abrirão de novo a válvula de pressão sem olhar o manômetro. A caça ao crédito exterior adquirirá de novo um caráter febril. Quanto menores as possibilidades de expansão, tanto maior é a necessidade de monopolizá-las. O mundo, espantado, reverá a imagem de um período já passado, apenas sob convulsões ainda mais intensas. Ao mesmo tempo, se dará o restabelecimento do militarismo alemão. Como se não tivessem existido os anos de 1914-1918! A burguesia alemã põe de novo à frente da nação os barões da margem oriental do Elba, que ainda estão mais propensos a arriscar a cabeça da nação sob o signo do bonapartismo do que sob o da monarquia legítima.

Nos seus minutos de lucidez, os chefes da social-democracia alemã devem perguntar a si mesmos: "Por força de que milagre, depois de tudo o que fez, nosso partido ainda arrasta milhões de trabalhadores atrás de si?" De grande importância, sem dúvida, é o conservadorismo interior de toda organização de massas. Várias gerações do proletariado passaram pela social-democracia como por uma escola política: isto criou uma grande tradição. Entretanto, a causa principal da resistência vital do reformismo não está aí. Apesar de todos os crimes da social-democracia, não é fácil para os operários deixar definitivamente esse partido: eles precisam poder substituí-lo por outro. Entretanto, há nove anos que o Partido Comunista alemão, na pessoa de seus chefes, emprega energicamente todas as suas forças para repelir as massas ou ao menos para impedi-las de reunir-se em torno do Partido Comunista.

A política de capitulação de Stalin-Brandler em 1923; o ziguezague ultraesquerdista de Maslov-Ruth-Fischer-Thälmann em 1924-1925; a bajulação oportunista diante da social-democracia em 1928; a aventura do "terceiro período" de 1928-1930; a teoria e a prática do "social-fascismo" e da "libertação nacional" de 1930-1932 – eis os fatores da operação. A sua soma dá: Hindenburg, Papen, Schleicher & Cia.

No caminho do capitalismo, não há uma só saída para o povo alemão. E está aí o principal recurso do Partido Comunista.

O exemplo da União Soviética prova, pela experiência, que só uma saída pelo caminho socialista é possível. E está aí o segundo recurso do Partido Comunista alemão.

Graças somente às condições de desenvolvimento do Estado proletário isolado, é que foi possível subir à direção da União Soviética uma burocracia nacional-oportunista, que não crê na revolução mundial, que luta por tornar-se independente desta e que, ao mesmo tempo, mantém um predomínio ilimitado sobre a Internacional Comunista. Eis em que consiste, atualmente, a maior infelicidade para o proletariado alemão e internacional.

A situação parece criada expressamente para tornar possível ao Partido Comunista conquistar, em pouco tempo, a maioria dos trabalhadores. Bastava o Partido Comunista compreender que, ainda hoje, representa apenas a minoria do proletariado e dar os primeiros passos no caminho da frente única. Em vez disso, o Partido Comunista adotou uma tática que pode ser expressa nos seguintes termos: não dar aos operários alemães possibilidade nem de travar uma luta econômica, nem de opor resistência ao fascismo, nem de usar a arma da greve geral, nem de criar soviets, sem que todo o proletariado reconheça primeiro a direção do Partido Comunista. A tarefa política é transformada em ultimato.

Em que dará essa política ruinosa? A resposta é dada pela política da fração stalinista na União Soviética, onde o aparelho transformou a direção política em comando administrativo. A burocracia stalinista só se dirige aos operários na linguagem do ultimato, não permitindo a eles nem discutir, nem criticar, nem votar. A política de Thälmann é uma tentativa de tradução do stalinismo em mau alemão. A diferença consiste, porém, no fato de a burocracia da URSS dispor, para a sua política de comando, do poder do Estado que recebeu da Revolução de Outubro; ao passo que Thälmann, para a aprovação dos seus ultimatos, só pode contar com a autoridade formal da União Soviética.

É, sem dúvida, um grande recurso moral, mas, nas condições presentes, só serve para tapar a boca dos operários comunistas, e não para conquistar os trabalhadores sociais-democratas. E é diante desta última tarefa que se concentra, agora, o problema da revolução alemã.

Incorporando-se aos trabalhos anteriores do autor dedicados à política do proletariado alemão, a presente brochura procura examinar as questões da política revolucionária alemã numa nova etapa.

Bonapartismo e fascismo

Procuremos recordar em poucas linhas o que aconteceu e em que ponto nós estamos.

Graças à social-democracia, o governo Brüning dispunha do apoio do parlamento para governar por meio dos decretos-leis. Os chefes sociais-democratas diziam: "Desta maneira, fecharemos o caminho do poder ao fascismo." A burocracia stalinista dizia: "Não, o fascismo já triunfou, o regime de Brüning já é o fascismo."

Os dois estavam errados. Os sociais-democratas faziam passar o recuo passivo diante do fascismo por um combate contra o fascismo. Os stalinistas apresentavam as coisas como se a vitória do fascismo fosse um fato consumado. A força combativa do proletariado era minada dos dois lados, e a vitória do inimigo facilitada ou aproximada.

Em seu tempo, classificamos o governo Brüning como bonapartista ("caricatura do bonapartismo"), isto é, como um regime de ditadura militar-policial. Logo que a luta entre dois campos sociais – os possuidores e os proletários, os exploradores e os explorados – atinge a mais alta tensão, estabelecem-se as condições para a dominação da burocracia, da polícia e dos militares. O governo torna-se "independente" da sociedade. Recordemos mais uma vez o seguinte: se espetarmos, simetricamente, dois garfos numa rolha, esta pode ficar de pé, mesmo sobre uma cabeça de alfinete. Este é, precisamente, o esquema do bonapartismo. Naturalmente, tal governo não deixa de ser, por isso, o serviçal dos possuidores. Mas o serviçal está sentado sobre as costas do patrão, machuca-lhe a nuca e não faz cerimônias para esfregar-lhe, se for necessário, a bota na cara.

Podia-se supor que Brüning se mantivesse até a solução definitiva. Mas, na marcha dos acontecimentos, intercalou-se mais um elo: o governo Papen. Se quisermos ser precisos, teremos de fazer uma retificação na nossa definição anterior: o governo Brüning era um governo pré-bonapartista, Brüning era apenas um precursor. Sob uma forma evoluída, o bonapartismo entrou em cena na pessoa do governo Papen-Schleicher.

Onde está a diferença? Brüning afirmava não conhecer maior felicidade que a de "servir" Hindenburg e o parágrafo 48. Hitler "sustentava" com o punho o flanco direito de Brüning. Mas, com o cotovelo esquerdo, Brüning se escorava ao ombro de Wels. Brüning tinha, além disso, uma maioria no Reichstag que o dispensava da necessidade de contar com o Reichstag.

Quanto mais crescia a independência de Brüning com relação ao parlamento, mais a cúpula da burocracia sentia-se independente de Brüning e dos agrupamentos políticos que se escondiam atrás dele. Só faltava romper definitivamente os laços com o Reichstag. O governo von Papen nasceu de uma imaculada concepção burocrática. Com o cotovelo direito, apoia-se no ombro de Hitler. Com o punho policial, mantém-se contra o proletariado. Nisso reside o segredo de sua "estabilidade", isto é, de não ter caído no momento de sua criação.

O governo Brüning tinha um caráter clerical-burocrático-policial. A Reichswehr ainda estava de reserva. A "Frente de Ferro" servia como sustentáculo imediato da ordem. Foi precisamente na eliminação da dependência com relação à "Frente de Ferro" que consistiu a essência do golpe de Estado Hindenburg-Papen. Os generais avançavam, assim, para o primeiro lugar.

Os líderes sociais-democratas posaram de completos bobos. É, de fato, o que lhes convém em período de crise social. Esses intrigueiros pequeno-burgueses parecem inteligentes nas circunstâncias em que a inteligência não é necessária. Agora, puxam as cobertas por cima da cabeça, suam e esperam um milagre. No fim, talvez se possa salvar não só a cabeça, mas os móveis macios e as pequenas economias inocentes. Mas não haverá milagres...

Infelizmente, o Partido Comunista também foi completamente surpreendido pelos acontecimentos. A burocracia stalinista não soube prever nada. Hoje, Thälmann, Remmele e outros falam a cada momento do "golpe de Estado de 20 de julho". Mas como? No início, afirmavam que o fascismo já era um fato e que só os "trotskistas contrarrevolucionários" podiam falar nele como algo para o futuro. Agora, descobrem que, para passar de Brüning a Papen – não a Hitler, mas somente a Papen – foi necessário todo um "golpe de Estado".

Mas o conteúdo de classe de Severing, Brüning e Hitler, ensinavam-nos esses sábios, é "o mesmo". Então, de onde vem o golpe de Estado e com que finalidade?

A confusão, porém, não se limita a isso. Embora a diferença entre bonapartismo e fascismo esteja agora bem claramente posta à luz do dia, Thälmann, Remmele e outros falam do golpe de Estado fascista de 20 de julho. Ao mesmo tempo, põem os operários em guarda contra o perigo que se aproxima de um golpe hitlerista, isto é, igualmente fascista. Finalmente, a social-democracia é qualificada, agora como antes, de social-fascista.

Os acontecimentos que se desenrolam reduzem-se a isso: variedades diferentes do fascismo tomam o poder uma da outra por meio de golpes de Estado "fascistas". Não é evidente que toda a teoria stalinista foi criada expressamente para entupir o cérebro humano?

Quanto menos preparados os operários, tanto mais o aparecimento do governo Papen em cena dava a impressão de força: ignorância completa dos partidos, novos decretos-leis, dissolução do Reichstag, represálias, estado de sítio na capital, abolição da "democracia" prussiana. E com que facilidade! Mata-se o leão com balas; esmaga-se a pulga entre as unhas; despacham-se os ministros sociais-democratas com um peteleco no nariz.

Todavia, o governo Papen é "em si e por si", apesar do aspecto de uma força concentrada, ainda mais fraco que o seu antecessor. O regime bonapartista só pode adquirir um caráter relativamente estável e durável no caso de fechar uma época revolucionária. E quando a correlação de forças já foi experimentada nas lutas, quando as classes revolucionárias já se gastaram, mas as classes possuidoras ainda não se libertaram do medo – não será isso sinal de novos abalos no dia seguinte? Sem essa condição fundamental, isto é, sem o esgotamento preliminar da energia das massas na luta, o regime bonapartista é incapaz de desenvolver-se.

Com o governo Papen, os barões, os magnatas capitalistas, os banqueiros, tentaram garantir a sua causa por meio da polícia e do Exército regular. A ideia de entregar todo o poder a Hitler, que se apoia nos bandos ávidos e desenfreados da pequena burguesia, não pode alegrá-los. Não duvidam, naturalmente, que Hitler seja, no final das contas, um instrumento dócil de sua dominação. Mas isso está ligado a abalos, ao risco de uma longa guerra civil e a enormes despesas. Sem dúvida alguma, como o mostra o exemplo da Itália, o fascismo vai dar, finalmente, em uma ditadura militar burocrática de tipo bonapartista. Mas mesmo no caso de uma vitória completa, ele necessita, para isso, de vários anos: na Alemanha, de um período mais longo que na Itália. Está claro que as classes possuidoras prefeririam um caminho mais econômico, isto é, o de Schleicher e não o de Hitler, sem contar que o próprio Schleicher dá preferência a si mesmo.

É óbvio que o fato de a fonte de existência do governo Papen residir na neutralização de campos irreconciliáveis não significa, de modo algum, que as forças do proletariado revolucionário e as da pequena burguesia reacionária se equilibrem na balança da história. Aqui, toda a questão se transporta para o campo da política. Pelo mecanismo da "Frente de Ferro", a social-democracia paralisa o proletariado. Pela política do ultimatismo insensato, a burocracia stalinista corta aos operários a saída revolucionária. Com uma direção correta do proletariado, o fascismo seria destruído sem dificuldade e não restariam brechas para o bonapartismo. Infelizmente, a situação não é essa. A força paralisada do proletariado toma a forma enganadora de uma "força" da camarilha bonapartista. Nisso consiste a fórmula política de hoje.

O governo Papen representa apenas o ponto de intersecção de grandes forças históricas. O seu próprio peso é nulo. Eis porque não podia deixar de assustar-se com seus próprios gestos e sentir a vertigem do vácuo existente em torno de si. É por isso, e só por isso, que se explica que até agora, nos atos do governo, a uma parte de audácia se acrescentem duas partes de covardia. Para com a Prússia, isto é, a social-democracia, o governo fazia um jogo seguro: sabia que aqueles senhores não lhe oporiam resistência alguma. Mas depois de dissolver o Reichstag, decretou novas eleições e não ousou adiá-las. Depois da proclamação do estado de sítio, apressou-se em explicá-las como um meio de facilitar a capitulação sem combate dos chefes sociais-democratas.

Mas e a Reichswehr? Não pretendemos esquecê-la. Engels define o Estado como destacamento de homens armados, prisões etc. No que diz respeito ao poder do governo presente, pode-se mesmo dizer que só a Reichswehr existe realmente. Mas a Reichswehr não representa, de modo algum, um instrumento dócil e seguro nas mãos do grupo encabeçado por Papen. Na realidade, o governo é antes uma espécie de comissão política junto à Reichswehr.

Entretanto, apesar de toda a sua preponderância no governo, a Reichswehr não pode pretender um papel político próprio. Cem mil soldados, por mais unidos e mais temperados que possam ser (o que ainda tem de ser posto à prova), não podem comandar uma nação de 65 milhões de seres, dilacerada pelas mais profundas contradições. A Reichswehr representa apenas um elemento, e, além do mais, um elemento que não é decisivo no jogo das forças.

O novo Reichstag, a seu modo, reflete muito bem a situação política que deu lugar à experiência bonapartista no país. Um parlamento sem maioria, com alas irreconciliáveis, representa um argumento evidente e irrefutável a favor da ditadura. Mais uma vez, os limites da democracia se desenham com toda a evidência. Quando se trata dos próprios fundamentos da sociedade, não é a aritmética parlamentar que decide, mas a luta.

Não tentaremos profetizar de longe os caminhos por que passarão, nos próximos dias, as tentativas de reconstrução do governo. Nossas hipóteses chegam, de qualquer forma, com atraso, e, além disso, as formas de transição e as combinações não resolvem a questão. Um bloco da direita com o centro significaria a "legalização" da chegada ao poder dos nacional-socialistas, isto é, a cobertura mais apropriada para o golpe de Estado fascista. Quanto à correlação de forças que se estabelecerá, nos primeiros tempos, entre Hitler, Schleicher e os dirigentes do centro, é algo mais importante para eles mesmos do que para o povo alemão. Politicamente, todas as combinações imagináveis com Hitler significariam a dissolução da burocracia, da justiça, da política e do exército no fascismo.

Caso admitamos que o centro não entrará numa coligação em que teria de romper com seus próprios operários para poder cumprir o papel de freio na locomotiva hitlerista, só restará, nesse caso, o caminho extraparlamentar aberto. Uma combinação sem o centro asseguraria ainda mais facilmente e mais depressa a preponderância dos nacional-socialistas. Se estes não se unificarem logo com Papen e se, ao mesmo tempo, não passarem à ofensiva imediata, o caráter bonapartista do governo deverá aparecer com maior agudez ainda: von Schleicher teria os seus "cem dias" ... sem os anos napoleônicos que os precederam.

Cem dias, não; estamos medindo com muita liberalidade. A Reichswehr não decide. Schleicher não basta. A ditadura extraparlamentar dos junkers e dos magnatas do capital financeiro só pode ser garantida pelos métodos de uma guerra civil demorada e impiedosa. Poderá Hitler desempenhar essa tarefa? Isso depende não só da vontade feroz do fascismo, mas também da vontade revolucionária do proletariado.

Burguesia, pequena burguesia e proletariado

Toda análise séria da situação política deve partir da correlação entre as três classes: a burguesia, a pequena burguesia (dentro desta, o campesinato) e o proletariado.

A grande burguesia, economicamente poderosa, representa uma insignificante minoria da nação. Para consolidar a sua dominação, se vê obrigada a manter determinadas relações com a pequena burguesia e, através desta, com o proletariado.

Para a compreensão da dialética dessas relações, é necessário distinguir três etapas históricas: o desabrochar do desenvolvimento capitalista, quando a burguesia precisava, para resolver suas tarefas, de métodos revolucionários; o período de florescimento e amadurecimento do regime capitalista, quando a burguesia emprestava à sua dominação formas democráticas, ordenadas, pacíficas, conservadoras; e, finalmente, a época da decadência do capitalismo, quando a burguesia se vê obrigada a usar de métodos de guerra civil contra o proletariado para salvaguardar o seu direito à exploração.

Os programas políticos que caracterizam essas três etapas – o jacobinismo, a democracia reformista (incluída aí a social-democracia) e o fascismo – são, em essência, programas de correntes pequeno-burguesas. Basta esta circunstância para mostrar o significado decisivo, prodigioso, verdadeiro, que a autodeterminação política das massas pequeno-burguesas do povo tem para o destino de toda a sociedade burguesa!

Entretanto, as relações entre a burguesia e a sua base social fundamental, a pequena burguesia, não residem, de modo algum, na confiança recíproca baseada numa cooperação pacífica. Como massa, a pequena burguesia é uma classe explorada e prejudicada. Coloca-se diante da grande burguesia com inveja e muitas vezes com ódio. A burguesia, por sua vez, enquanto se serve do apoio da pequena burguesia, desconfia desta, pois teme sempre, com toda a razão, que ela esteja disposta a transgredir os limites que lhe são impostos de cima.

Enquanto aplainavam e limpavam o caminho para o desenvolvimento burguês, os jacobinos entravam em choque com a burguesia a todo momento. Serviram-na lutando irreconciliavelmente contra ela. Depois de ter preenchido o seu limitado papel histórico, os jacobinos caíram, pois, a dominação do capital já estava assegurada.

Por meio de uma série de etapas, a burguesia consolidava o seu poder sob a forma da democracia parlamentar. De novo, nem pacífica, nem voluntariamente. A burguesia manifestou o seu medo de morte do sufrágio universal. Por fim, graças à combinação das medidas de violência com as concessões, da miséria com as reformas, conseguiu submeter, nos quadros da democracia formal, não só a antiga pequena burguesia, mas também, em medida considerável, o proletariado. Para isso, se serviu da nova pequena burguesia – a burocracia operária. Em agosto de 1914, a burguesia imperialista, por meio da democracia parlamentar, pôde arrastar à guerra dezenas de milhões de operários e camponeses.

É exatamente com a guerra que se torna clara a decadência do capitalismo e, sobretudo, de suas formas de dominação democráticas. Já não se trata, agora, de novas reformas e concessões, mas de cortar e suprimir as antigas. Assim, o domínio político da burguesia cai em contradição, não só com as instituições da democracia proletária (sindicatos e partidos políticos), mas também com a democracia parlamentar, em cujos quadros se formaram as organizações operárias. Daí a campanha contra o "marxismo" de um lado, e contra o parlamentarismo democrático de outro.

Da mesma forma que as cúpulas da burguesia liberal, em seu tempo, foram incapazes, por sua própria força, de se livrar da monarquia, do feudalismo e da igreja, assim também os magnatas do capital financeiro, sozinhos, são incapazes de liquidar o proletariado com a sua própria força. Precisam do auxílio da pequena burguesia, que, para isso, precisa ser agitada, posta de pé, mobilizada e armada. No entanto, esse método tem os seus inconvenientes. Ao passo que se serve do fascismo, a burguesia o teme. Pilsudsky foi obrigado, em maio de 1926, a salvar a sociedade burguesa por um golpe de Estado dado contra os partidos tradicionais da burguesia polaca.

A coisa foi tão longe, que o líder oficial do Partido Comunista da Polônia, Warsky – que passou, de Rosa Luxemburgo, não para

Lenin, mas para Stalin – considerou o golpe de Pilsudsky como um caminho que conduz à "ditadura revolucionária democrática", e convocou os operários a apoiar Pilsudsky. Na sessão da comissão polaca do Comitê Executivo da Komintern, em 2 de julho de 1926, o autor destas linhas dizia a propósito dos acontecimentos da Polônia:

"Vista em conjunto, a insurreição de Pilsudsky é a maneira 'plebeia', pequeno-burguesa, de resolver as tarefas inadiáveis da sociedade burguesa decadente e em decomposição. Já existe, ali, uma aproximação direta com o fascismo italiano. Ambas as correntes têm, indubitavelmente, os mesmos traços: as suas tropas de assalto são recrutadas, sobretudo, na pequena burguesia. Pilsudsky, como Mussolini, trabalha com métodos extraparlamentares, de violência aberta, de guerra civil; ambos se esforçaram, não para derrubar, mas para salvar a sociedade burguesa. Ao mesmo tempo que puseram a pequena burguesia de pé, trataram, após a conquista do poder, de se unir abertamente à grande burguesia. Impõe-se agora, involuntariamente, uma generalização histórica, que nos faz lembrar a apreciação de Marx sobre o jacobinismo, como a maneira plebeia de ajuste de contas com os inimigos feudais da burguesia. Foi o que sucedeu na época de ascensão da burguesia. Pode- se dizer, agora, na época de declínio da sociedade burguesa, que a burguesia necessita novamente de uma maneira 'plebeia' de solucionar as suas tarefas, já não mais progressivas, mas inteiramente reacionárias. Neste sentido, o fascismo se torna uma caricatura reacionária do jacobinismo... A burguesia em declínio é incapaz de se manter no poder pelos meios e métodos do Estado parlamentar que criou. Recorre ao fascismo como arma de autodefesa, pelo menos nos momentos mais críticos. A burguesia, entretanto, não gosta da

maneira 'plebeia' de resolver os seus problemas. Manteve-se sempre em posição hostil ao jacobinismo, que lavou com sangue o caminho para o desenvolvimento da sociedade burguesa. Os fascistas estão imensamente mais próximos da burguesia em decadência do que os jacobinos da burguesia ascendente. Entretanto, a burguesia, prudentemente, não vê também com bons olhos a maneira fascista de resolver os seus problemas, pois os abalos, embora provocados no interesse da sociedade burguesa, são ao mesmo tempo perigosos. Daí a contradição entre o fascismo e os partidos burgueses tradicionais. A grande burguesia gosta tanto do fascismo quanto um homem com o maxilar dolorido pode gostar de arrancar um dente. Os círculos mais fortes da sociedade burguesa acompanham a contragosto a obra do dentista Pilsudsky, mas, por fim, sujeitam-se ao inevitável, embora com ameaças, negociações e transações. Assim, o ídolo de ontem da pequena burguesia se transforma em polícia do capital."

A essa tentativa de assinalar o lugar histórico do fascismo como substituto político da social-democracia, foi oposta a teoria do "social-fascismo". A princípio, podia passar por uma tolice inofensiva, embora arrogante e barulhenta. Os acontecimentos posteriores mostraram a perniciosa influência que a teoria stalinista exerceu sobre todo o desenvolvimento da Internacional Comunista.

***

Resultará então, da função histórica do jacobinismo, da democracia e do fascismo, que a pequena burguesia esteja condenada a continuar como instrumento nas mãos do capital até o fim de seus dias? Se assim fosse, a ditadura do proletariado seria impossível numa série de países onde a pequena burguesia forma a maioria da nação, e extremamente dificultada em outros países onde a pequena burguesia representa uma minoria considerável. Felizmente, as coisas não se apresentam assim. Já ficou demonstrado, pela experiência da Comuna de Paris, nos limites de uma cidade, e, depois dela, pela experiência da Revolução de Outubro, numa escala incomparavelmente maior de tempo e de espaço, que a aliança entre a grande e a pequena burguesia não é indissolúvel. Como a pequena burguesia é incapaz de uma política independente (e eis porque a "ditadura democrática", pequeno-burguesa, em particular, é irrealizável), só lhe resta escolher entre a burguesia e o proletariado.

Na época de ascensão e florescimento do capitalismo, a pequena burguesia, apesar de fortes acessos de descontentamento, quase sempre caminhou obediente na esteira do capitalismo. E não lhe restava outra coisa a fazer. Mas nas condições de decomposição capitalista e da situação econômica sem saída, a pequena burguesia tenta, procura, experimenta livrar-se dos grilhões dos velhos senhores e dirigentes da sociedade. Ela é perfeitamente capaz de ligar o seu destino ao do proletariado. Para isso, basta uma coisa: a pequena burguesia ter confiança na capacidade do proletariado de dar à sociedade um novo rumo. O proletariado só pode inspirar-lhe essa confiança por sua própria força, pela segurança de suas ações, pela destreza de sua ofensiva contra o inimigo, pelo sucesso de sua política revolucionária.

Mas que desgraça se o partido revolucionário não se mostra à altura da situação! A luta cotidiana agrava a instabilidade da sociedade burguesa. As perturbações políticas e as greves pioram a situação econômica do país. A pequena burguesia estaria disposta a conformar-se passageiramente com as crescentes privações se chegasse, pela experiência, à convicção de que o proletariado é capaz de guiá-la por uma nova estrada. Mas se o partido revolucionário se mostra sempre, apesar da intensificação ininterrupta da luta de classes, incapaz de reunir em torno de si a classe operária, se vacila, se se desorienta, se se contradiz; então, a pequena burguesia perde a paciência e começa a ver nos trabalhadores revolucionários os culpados de sua própria miséria. Todos os partidos burgueses, inclusive a social-democracia, empurram os pensamentos da pequena burguesia nesta direção. E é quando a crise começa a adquirir uma intensidade insuportável, que entra em cena um partido especial, cujo objetivo é trazer a pequena burguesia a um ponto candente e a dirigir o seu ódio e o seu desespero contra o proletariado. Esta função histórica desempenha hoje na Alemanha o nacional-socialismo, uma ampla corrente, cuja ideologia se compõe de todas as exalações fétidas da sociedade burguesa em decomposição.

A principal responsabilidade política pelo crescimento do fascismo cabe naturalmente à social-democracia. Desde a guerra imperialista que o trabalho desse partido consiste em expulsar da consciência do proletariado a ideia de uma política autônoma, inspirando-lhe a crença na eternidade do capitalismo e obrigando-o a ajoelhar-se diante da burguesia decadente. A pequena burguesia só pode seguir o operário se vê neste o novo senhor. A social-democracia ensina ao trabalhador ser lacaio. A um lacaio, a pequena burguesia não seguirá. A política do reformismo tira do proletariado a possibilidade de guiar as massas plebeias da pequena burguesia, e com isso as transforma em bucha de canhão do fascismo.

Para nós, porém, politicamente, a questão não fica de forma alguma resolvida com a responsabilidade da social-democracia. Já desde o começo da guerra que denunciamos esse partido como uma agência da burguesia imperialista no seio do proletariado. Desta nova orientação dos marxistas revolucionários nasceu a III Internacional, cuja tarefa consistia em unificar o proletariado sob a bandeira da revolução e as- segurar-lhe, assim, a possibilidade de exercer uma influência dirigente sobre as massas oprimidas da pequena burguesia da cidade e do campo.

O período de pós-guerra foi, na Alemanha, mais do que em qualquer outra parte, um tempo de desespero econômico e de guerra civil. Condições, tanto internas como internacionais, empurravam imperiosamente o país para o caminho do socialismo. Cada passo da social-democracia punha a nu a sua degradação e a sua impotência, a essência reacionária de sua política, a corrupção de seus chefes. Que condições, então, ainda são necessárias para o crescimento do Partido Comunista? Entretanto, o comunismo alemão, depois dos primeiros anos de triunfos significativos, entrou numa era de vacilações, de ziguezagues, de oportunismos e aventureirismos alternados. A burocracia centrista enfraqueceu sistematicamente a vanguarda proletária, impedindo-a de arrastar a classe atrás de si. Arrebatou, com isso, ao proletariado de conjunto, a possibilidade de arrastar as massas oprimidas da pequena burguesia. A responsabilidade direta e imediata perante a vanguarda proletária pelo crescimento do fascismo é da burocracia stalinista.

Aliança ou luta entre a social-democracia e o fascismo?

Compreender as relações entre as classes à luz de um esquema já feito é relativamente simples. Incomparavelmente mais difícil é a apreciação das relações concretas entre as classes numa situação concreta.

Atualmente, a grande burguesia hesita, o que é nela um estado muito raro. Uma parte chegou decididamente à convicção da inevitabilidade do caminho fascista e pretendia apressar a operação. Outra parte espera dominar a situação com auxílio da ditadura bonapartista militar-policial. Neste campo, ninguém deseja uma volta à "democracia" de Weimar.

A pequena burguesia está dividida. O nacional-socialismo, que conseguiu reunir sob a sua bandeira a ampla maioria das classes intermediárias, quer todo o poder nas mãos. A ala democrática da pequena burguesia, que ainda tem atrás de si milhões de trabalhadores, deseja a volta à democracia de Ebert. Em último caso, está pronta a apoiar, pelo menos passivamente, a ditadura bonapartista. A social-democracia calcula da seguinte maneira: Sob a pressão dos nazistas, o governo Papen-Schleicher será obrigado, pelo fortalecimento de sua ala esquerda, a restabelecer um equilíbrio; neste meio tempo, talvez ocorra uma atenuação da crise; talvez a pequena burguesia recupere o "juízo"; talvez o capital diminua a sua furiosa pressão sobre a classe operária; e assim, com a graça de Deus, tudo ficará de novo em ordem.

A camarilha bonapartista não deseja, efetivamente, a vitória completa do fascismo. Não se negará a utilizar, em certos limites, o apoio da social-democracia. Com este fim, é obrigada, porém, a "tolerar" as organizações operárias, o que no caso só seria realizável se ao menos se permitisse, até um certo grau, a existência legal do Partido Comunista. Além disso, o apoio da social-democracia à ditadura militar impeliria irremediavelmente os trabalhadores para as fileiras do comunismo. Procurando um amparo contra o diabo marrom, o governo iria cair, em breve, sob os golpes do belzebu vermelho.

A imprensa comunista oficial afirma que a tolerância de Brüning com os sociais-democratas preparou o caminho a von Papen e que a semitolerância de Papen apressará a chegada de Hitler ao poder. Isto é absolutamente certo. Nestes limites, não há, entre os stalinistas e nós, diferença de opinião. Mas isto significa justamente que, nos tempos de crise social, a política do reformismo já não é mais apenas contra as massas, mas também contra si mesmo. Neste processo, o momento crítico já chegou.

Hitler tolera Schleicher. A social-democracia não se opõe a Papen. Se esta situação se prolongar realmente por muito tempo, a social-democracia será transformada em ala esquerda do bonapartismo, cabendo ao fascismo o papel de ala direita. Em teoria não é impossível, naturalmente, que a crise atual do capitalismo alemão, sem precedente na história, não encontre solução definitiva, isto é, não termine nem com a vitória do proletariado, nem com a da contrarrevolução fascista. Se o Partido Comunista prossegue na sua estúpida política de ultimatismo e salva assim a social-democracia da queda inevitável; se Hitler não se decide, muito em breve, a dar o golpe de força, provocando com isso a decomposição inevitável das próprias fileiras; se a conjuntura econômica melhora antes de Schleicher cair; é possível, então, que a combinação bonapartista do parágrafo 48 da Constituição de Weimar, do Exército, da semioposição social-democrata e da semioposição fascista se sustente (até um novo abalo social, que, em todo caso, seria de se esperar para breve).

Entretanto, tal disposição feliz de condições, que é o objeto das divagações social-democráticas, ainda está longe por enquanto e não é nada garantida. Os stalinistas também acreditam muito pouco na capacidade de resistência e duração do regime de Papen-Schleicher. Tudo indica que o triângulo Wels-Schleicher-Hitler se desfaça antes mesmo de ser formado de fato.

Mas talvez viesse a ser substituído pela combinação Hitler-Wels? Segundo Stalin, eles são "gêmeos, e não antípodas". Admitamos que a social-democracia, sem intimidar-se perante os seus próprios operários, quisesse vender a Hitler a sua tolerância. Mas o fascismo não faz essa transação: não precisa da tolerância, mas da demolição da social-democracia. O governo de Hitler só pode realizar a sua tarefa se quebrar a resistência dos trabalhadores, desfazendo-se de todos os órgãos capazes de tal resistência. Eis em que consiste o papel histórico do fascismo.

Os stalinistas se limitam a um julgamento puramente psicológico, ou, mais exatamente, moral, dos covardes e egoístas pequeno-burgueses que dirigem a social-democracia. É lícito supor que esses traidores completos se separem da burguesia e se contraponham a ela? Um método tão idealista pouco tem em comum com o marxismo, que não parte daquilo que os homens pensam de si mesmos e do que desejam, mas, antes de tudo, das condições em que estão colocados e do modo como essas condições se transformam.

A social-democracia sustenta o regime burguês, não por causa dos lucros dos magnatas do carvão, do aço e outros, mas por amor ao seu próprio lucro, o qual ela recebe, como partido, através do seu numeroso e potente aparelho. Certamente, o fascismo não constitui nenhuma ameaça para o regime burguês, cuja defesa está sob a responsabilidade da social-democracia. Mas o fascismo prejudica a função que a social-democracia exerce no regime burguês, bem como as rendas que ela recebe por seu desempenho. Se os stalinistas esquecem este lado da questão, a social-democracia não o perde de vista, pois considera o fascismo como um perigo de morte, pairando não sobre a burguesia, mas justamente sobre ela, social-democracia.

Mais ou menos há três anos, quando acentuamos que o ponto de partida da próxima crise política, segundo todas as probabilidades, se formaria em torno da incompatibilidade entre a social-democracia e o fascismo; quando, baseados nesse fato, acusávamos a teoria do "social-fascismo" de ocultar o conflito que se aproximava, ao invés de revelá-lo; quando chamávamos a atenção para a possibilidade de a social-democracia, com uma parte considerável de seu aparelho, ser arrastada, pela marcha dos acontecimentos, a uma luta contra o fascismo, proporcionando ao Partido Comunista um ponto de partida favorável à ofensiva posterior, muitos camaradas nos acusavam (e havia entre eles não só funcionários comprados, mas até mesmo verdadeiros revolucionários) de "idealizar" a social-democracia. Só nos restava encolher os ombros. É difícil discutir com gente cujo pensamento para precisamente no ponto em que a questão apenas começa para os marxistas.

Na discussão usei, muitas vezes, o seguinte exemplo: A burguesia judia da Rússia czarista representava uma parte profundamente amedrontada e desmoralizada do conjunto da burguesia russa. No entanto, na medida em que os *pogroms* das Centúrias Negras, que se efetuavam principalmente contra os judeus pobres, alcançavam também a burguesia, esta via-se obrigada a organizar a sua autodefesa. Certamente, também neste terreno ela não demonstrava qualquer bravura notável. Entretanto, diante do perigo que pairava sobre a sua cabeça, os judeus liberais burgueses recolhiam respeitáveis somas para o armamento de trabalhadores e estudantes revolucionários. Dessa maneira, efetuaram-se acordos práticos, momentâneos, entre os operários mais revolucionários, prontos a lutar de armas na mão, e o mais aterrorizado grupo burguês, acossado pelos acontecimentos.

No ano passado, escrevi que os comunistas, em sua luta contra o fascismo, eram obrigados a entrar em acordos práticos não só com o diabo e sua avó, mas até com Grzesinsky. Esta frase circulou pela imprensa stalinista do mundo inteiro: Podia haver melhor prova do "social-fascismo" da Oposição de Esquerda? Muitos camaradas, antecipadamente, me preveniram: "Eles vão se apegar a esta frase." Respondi-lhes: "Foi escrita para isso, para que se agarrem a ela. Se agarrarão em ferro quente e queimarão os dedos. Esses indivíduos que voam ao sabor do vento precisam receber uma lição."

O curso da luta chegou a isto: von Papen fez Grzesinsky conhecer a prisão. Confirmou este episódio a teoria do "social-fascismo" e as profecias da burocracia stalinista? Não, ele as contradiz inteiramente. A nossa apreciação da situação, porém, calculou essa possibilidade e lhe reservou um lugar determinado.

Mas desta vez a social-democracia também evitou a luta, nos responderá um stalinista. Sim, evitou-a. Quem ficou esperando que a social-democracia, pela atuação de seus líderes, aceitasse sozinha a luta, principalmente em condições nas quais o próprio Partido Comunista se mostrava incapaz de lutar, teve de sofrer, naturalmente, uma decepção. Nós não esperamos tal milagre. Não tivemos, por isso, qualquer "decepção".

Que Grzesinsky não se tenha transformado num tigre revolucionário, acreditamos sem dificuldade. Em todo caso, sempre existe uma diferença entre a situação em que Grzesinsky, sentado em sua fortaleza, mandava divisões da polícia contra os operários revolucionários para defender a "democracia", e aquela em que o salvador bonapartista do capitalismo metia o próprio sr. Grzesinsky na cadeia. Será que não devemos fazer o nosso cálculo político baseado nesta diferença e utilizá-la?

Voltemos ao exemplo citado acima: não é difícil ver que existe uma diferença entre um industrial judeu, que dá gorjeta aos policiais para bater nos grevistas de sua fábrica, e o mesmo industrial, que dá dinheiro aos grevistas de ontem para a aquisição de armas contra os pogromistas. O burguês continua o mesmo. Mas da diferença da situação resulta uma diferença de conduta. Os bolcheviques conduziam a greve contra o industrial. Mais tarde, recebiam dinheiro do mesmo industrial para a luta contra o pogrom. Isto, naturalmente, não impediu o trabalhador, quando chegou a hora, de dirigir sua arma contra a burguesia.

Tudo que foi dito significa, então, que a social-democracia, como um todo, lutará contra o fascismo? A esse respeito, respondemos: Uma parte dos funcionários sociais-democratas passará, indubitavelmente, para o lado dos fascistas; uma porção mais considerável, na hora do perigo, se esconderá debaixo da cama.

Também a massa dos trabalhadores não entrará na batalha em sua totalidade. Adivinhar, antecipadamente, qual parte dos trabalhadores sociais-democratas entrará na luta, e quando entrará, e que parte do aparelho será arrastada por aqueles, é completamente impossível. Isso depende de muitas circunstâncias e, entre elas, da atitude do Partido Comunista. A frente única política tem como tarefa separar os que querem lutar dos que não querem; empurrar para frente os que vacilam; enfim, comprometer aos olhos dos operários os chefes capituladores e fortalecer, assim, a capacidade de luta do proletariado.

Quanto tempo já se perdeu inutilmente, estupidamente, vergonhosamente! Quanto se teria conseguido, mesmo só nos dois últimos anos! Pois era, desde o princípio, perfeitamente claro que o capital financeiro e o seu exército fascista iriam empurrar a social-democracia, com murros e pancadas, no caminho da oposição e da autodefesa. Era preciso espalhar essa perspectiva diante de toda a classe operária, tomar para si a iniciativa da frente única e, em cada nova etapa, conservar firme em mãos essa iniciativa. Em vez de se gritar e berrar, devia se ter jogado um jogo calmo e aberto. Bastaria que se tivesse formulado, nítida e claramente, a inevitabilidade de cada próximo passo do inimigo e apresentado um programa prático de frente única, sem exagero e sem concessões, mas também sem fraqueza e condescendência. Como o Partido Comunista estaria bem, agora, se estivesse de posse do abecê da política leninista e o tivesse aplicado com a necessária tenacidade!

A luta de classes à luz do ciclo econômico

Quando exigimos, insistentemente, que se diferencie o bonapartismo do fascismo, não o fazemos, em absoluto, por pedantismo teórico. Os termos servem para definir conceitos; os conceitos, por sua vez, para distinguir as forças reais na política. A destruição do fascismo não deixaria, de resto, qualquer espaço ao bonapartismo, e, como é de se esperar, significaria o início imediato da revolução socialista. Entretanto, o proletariado não está preparado para a revolução. A correlação entre a social-democracia e o governo bonapartista de um lado, e entre o bonapartismo e o fascismo de outro, assinalam, sem decidir a questão fundamental, o caminho e a velocidade em que a luta entre o proletariado e a contrarrevolução fascista será preparada. As contradições entre Schleicher, Hitler e Wels dificultam, na situação presente, a vitória do fascismo e abrem ao Partido Comunista o mais decisivo de todos os créditos: o crédito de tempo.

"O fascismo chegará ao poder pela via fria", ouvimos reiteradamente do lado dos teóricos stalinistas. Esta fórmula deveria significar que os fascistas chegariam ao poder legalmente, pacificamente, por meio de coligações, sem precisar de uma insurreição aberta. Os acontecimentos já contrariaram esse prognóstico. O governo de Papen subiu ao poder por um golpe de Estado, e o completou com um golpe de Estado na Prússia. Suponhamos que a coligação entre os nazistas e o centro derrubará o governo bonapartista de Papen com métodos "constitucionais": isto, em si, nada decidirá. Entre a subida de Hitler ao poder e a implantação do regime fascista existe ainda uma grande distância. A coligação viria apenas para simplificar o golpe de Estado, e não o substituir. Ao lado da supressão definitiva da Constituição de Weimar, continuaria de pé a tarefa mais importante: a supressão dos órgãos da democracia proletária. O que significa, sob esse aspecto, a "via fria"? A ausência de resistência por parte dos trabalhadores. O golpe de Estado bonapartista de Papen não encontrou, de fato, qualquer resistência. Não ficará também o golpe fascista de Hitler sem resposta? É justamente em torno dessa questão que, consciente ou inconscientemente, gira a insinuação da "via fria".

Se o Partido Comunista representasse uma força esmagadora, e se o proletariado caminhasse diretamente para o poder, todas as contradições no campo dos possuidores se apagariam momentaneamente: fascistas, bonapartistas e democratas se colocariam numa frente única contra a revolução proletária. Mas não é este o caso. A fraqueza do Partido Comunista e o fracionamento do proletariado permitem que as classes possuidoras e os seus partidos tornem públicas as suas divergências. Somente apoiando-se em tais divergências, o Partido Comunista poderá fortalecer-se.

Há uma probabilidade, na Alemanha altamente industrializada, de o fascismo não se decidir, afinal de contas, a fazer valer suas pretensões a todo o poder? Sem dúvida alguma, o proletariado alemão é incomparavelmente mais numeroso e potencialmente mais forte do que o italiano. Embora o fascismo na Alemanha represente um campo mais numeroso e mais bem organizado do que o correspondente, ao seu tempo, na Itália, a tarefa da liquidação do "marxismo" deve, entretanto, apresentar-se aos fascistas como difícil e arriscada. Além disso, não é impossível que o ponto politicamente culminante de Hitler já esteja para trás. O período já muito prolongado de espera e as novas barreiras surgidas no caminho sob a forma de bonapartismo enfraquecem indubitavelmente o fascismo, agravam as suas contradições internas, e podem atenuar consideravelmente a sua pressão. Mas a esse respeito, estamos ainda no campo das tendências, que, até o momento, não se podem, de modo algum, calcular antecipadamente. Só a luta viva pode responder a essa questão. Apoiar-se, desde já, na suposição de que o nacional-socialismo estacionará, inevitavelmente, no meio do caminho, seria extremamente leviano.

A teoria da "via fria", em última análise, não é nada melhor do que a teoria do "social-fascismo", ou, mais exatamente, representa apenas o seu reverso. As contradições entre as partes componentes do campo inimigo, em ambos os casos, são completamente desprezadas; as etapas sucessivas e subsequentes do processo são esquecidas. O Partido Comunista é posto inteiramente de lado. Não é em vão que o teórico da "via fria", Hirsch, é ao mesmo tempo o do "social-fascismo".

A crise política do país desenvolve-se sobre a base da crise econômica. Mas a economia não permanece imutável. Éramos, ontem, obrigados a dizer que a crise conjuntural apenas intensifica a crise permanente, orgânica, do sistema capitalista; hoje, somos obrigados a lembrar também que a decadência geral do capitalismo não exclui as variações de conjuntura. A crise atual não durará eternamente. As esperanças do mundo capitalista em uma mudança de conjuntura são extremamente exageradas, mas não infundadas. É preciso ligar a questão da luta das forças políticas à perspectiva econômica. Isto se torna tanto mais inadiável, quanto o próprio programa de Papen parte de uma próxima conjuntura ascendente.

A reconstrução econômica entra em cena, visível a todo mundo, logo que se manifesta sob a forma de venda crescente de mercadorias, de aumento da produção e do número de operários ocupados. A coisa, porém, nunca começa por aí. Antes dessa reconstrução, aparecem processos preparatórios no domínio da circulação monetária e do crédito. Os capitais empregados nas empresas e nos ramos econômicos não-lucrativos precisam tornar-se livres e assumir a forma de dinheiro circulante, à procura de colocação. O mercado, libertado de seus depósitos de gordura, inchaços e tumores, precisa mostrar uma verdadeira demanda. Os fabricantes precisam adquirir "confiança" no mercado e uns nos outros. Por seu turno, essa "confiança", de que tanto se fala na imprensa mundial, precisa receber estímulos, não só dos fatores econômicos, como também dos fatores políticos (reparações, dívidas de guerra, desarmamento-armamento etc.).

Um crescimento das vendas de mercadorias, da produção, do número dos operários ocupados não é visto ainda em parte alguma. Pelo contrário, a queda continua. No que concerne aos processos preparatórios de mudança de conjuntura, é evidente que já cumpriram a maior parte das tarefas que lhes cabem. Realmente, muitos indícios permitem supor que o momento da mudança de conjuntura se aproxima, se não está iminente. Esta é uma apreciação feita em escala mundial.

Entretanto, cabe fazer uma distinção entre os países credores (Estados Unidos, Inglaterra e França) e os países devedores, ou melhor, os países em bancarrota. O primeiro lugar do segundo grupo pertence à Alemanha. A Alemanha não possui qualquer capital móvel. A sua economia só pode receber um impulso pela afluência de capitais de fora. Mas um país incapaz de saldar suas velhas dívidas não obtém um só empréstimo. Em todo caso, antes de lhe abrir o cofre, os credores precisam convencer-se de que a Alemanha se encontra de novo em condições de exportar uma soma maior do que carece importar: a diferença servirá para cobrir as dívidas. A procura de mercadorias alemãs parte principalmente dos países agrários, sobretudo do sul da Europa. Porém, os países agrários dependem, por sua vez, da procura de matérias-primas e de produtos alimentícios por parte dos países industriais. A Alemanha, em consequência, será forçada a esperar: a corrente de vitalidade percorrerá primeiro o grupo de seus concorrentes capitalistas e parceiros agrários, antes de espalhar pela Alemanha a sua própria energia.

Entretanto, a burguesia alemã não pode esperar. E a camarilha bonapartista, ainda menos. Enquanto ela promete não tocar na estabilidade da moeda, o governo de Papen introduz sorrateiramente a inflação. E, ao mesmo tempo, com discursos sobre a renascença do liberalismo econômico, resolve controlar administrativamente o ciclo econômico e, em nome da liberdade da iniciativa privada, submete diretamente os contribuintes aos donos capitalistas das empresas privadas.

O eixo em torno do qual o programa do governo gira é a esperança de uma próxima mudança de conjuntura. Se isto não se realizar a tempo, os dois bilhões se evaporarão como duas gotas d'água sobre uma chapa incandescente. O plano de Papen tem um caráter de jogo de azar e especulação, numa medida incomensuravelmente maior do que o movimento de alta que começa a se desenrolar neste momento na bolsa de Nova York. As consequências de um desastre do jogo bonapartista serão, em todo caso, muito mais catastróficas.

O resultado mais próximo e sensível de um rompimento entre os planos do governo e o movimento efetivo do mercado será a queda do marco. Os males sociais, acrescidos pela inflação, se tornarão insuportáveis. A bancarrota do programa econômico de Papen exigirá a sua substituição por um outro mais eficiente. Por qual? Evidentemente, pelo programa do fascismo. Uma vez que não se consiga impulsionar a conjuntura pela terapêutica bonapartista, é preciso experimentar a cirurgia fascista. Nesse meio tempo, a social-democracia assumirá ares de "esquerda" e se fracionará. O Partido Comunista, no caso de não entravar-se a si próprio, crescerá. Isto significará, em suma, uma situação revolucionária. A questão de perspectiva de vitória, nestas condições, concentra-se em três quartas partes na estratégia comunista.

O partido revolucionário deve, entretanto, estar também preparado para uma outra perspectiva, como a de uma mudança rápida de conjuntura. Suponhamos que o governo Schleicher-Papen consiga manter-se até o começo de um reaquecimento industrial e comercial. Estaria o governo salvo por isso? Não, o começo de uma conjuntura ascendente significaria o fim certo do bonapartismo e talvez ainda de alguma coisa mais.

As forças do proletariado alemão não estão esgotadas. Estão, porém, minadas: por sacrifícios, derrotas e decepções que começaram em 1914; pela felonia sistemática da social-democracia; pela autodesmoralização do Partido Comunista. Seis, sete milhões de desempregados amontoam-se, como uma carga pesada, aos pés do proletariado. Os decretos-leis de Brüning e Papen não encontraram resistência. O golpe de Estado de 20 de julho ficou sem resposta.

Pode prever-se, com toda a segurança, que a transformação de conjuntura dê à atividade atualmente deficiente do proletariado um impulso poderoso. A partir do momento em que a fábrica parar de demitir operários e admitir novos, se afirmará a autossegurança do trabalhador: são de novo necessários. A mola comprimida começa de novo a se restabelecer. Os operários entram cada vez mais facilmente na luta para a reconquista das posições perdidas e para a conquista de novas. E os operários alemães perderam muito. Nem por decretos-leis, nem pela aplicação da força armada, poderão liquidar-se as greves de massa que se desenvolverão na onda ascendente. O regime bonapartista, que só pode manter-se pela "paz interna", será a primeira vítima da mudança de conjuntura.

Já se observa, agora, em diferentes países, um crescimento das lutas grevistas: Bélgica, Inglaterra, Polônia, Estados Unidos (em parte). Na Alemanha, não. Fazer uma avaliação, à luz da conjuntura econômica, das greves de massas que atualmente estão se desenrolando não é nada fácil. As estatísticas fixam as variações de conjuntura com atraso inevitável. O reaquecimento precisa tornar-se um fato, antes de poder ser registrado. Em geral, os trabalhadores sentem as mudanças de conjuntura antes das estatísticas. Novas encomendas (ou mesmo a espera de novas), reformas das empresas para ampliação da produção, ou, pelo menos, interrupção na dispensa de trabalhadores – tudo isso aumenta inevitavelmente as forças de resistência e as pretensões do operário. A greve de defesa dos operários têxteis em Lancashire é provocada, inegavelmente, por certa animação na indústria têxtil.

Quanto à greve belga, desenvolve-se, visivelmente, na base da crise do carvão, ainda em aprofundamento. Ao caráter de transformação da atual seção da conjuntura mundial correspondem as diferentes modalidades dos choques econômicos, que estão na base das últimas greves. Mas em geral, o crescimento do movimento de massas significa, antes, uma mudança de conjuntura que já se está fazendo sentir. Em todo caso, a reanimação real da conjuntura, já nos seus primeiros passos, provocará um amplo movimento das lutas de massas.

As classes dominantes de todos os países esperam milagres de um renascimento industrial: disso já dão testemunho as sábias especulações nas bolsas. Se o capitalismo entrasse na fase de uma prosperidade ou mesmo de uma ascensão lenta, mas prolongada, isto traria naturalmente sua estabilização e, simultaneamente, o fortalecimento do reformismo. Entretanto, não há absolutamente um só motivo para esperar ou temer que a nova e inevitável reanimação de conjuntura possa se sobrepor à tendência geral para a decadência da economia e, particularmente, da economia europeia. O capitalismo anterior à guerra desenvolveu-se no quadro de uma produção progressiva de mercadorias, mas o capitalismo atual representa apenas, com todas as suas variações de conjuntura, uma produção ampliada de misérias e catástrofes. O novo ciclo conjuntural formará inevitáveis reagrupamentos de forças, não só em cada país isolado, como no campo capitalista em geral, predominando esse deslocamento no sentido da Europa para a América. Mas já dentro de curto prazo, esse ciclo levará o mundo capitalista a novas contradições insolúveis e o condenará a novas e mais pavorosas convulsões.

Sem risco de erro, pode-se estabelecer a seguinte previsão: A reanimação econômica bastará para solidificar o sentimento de segurança dos trabalhadores e dar à sua luta um novo impulso, mas de modo algum bastará para abrir ao capitalismo, especialmente europeu, a possibilidade de um renascimento.

As conquistas práticas que a nova melhora de conjuntura do capitalismo decadente permitirá ao movimento operário terão necessariamente um caráter extremamente limitado. Poderá o capitalismo alemão, no auge da nova reconstrução econômica, restabelecer para os operários as condições existentes antes da crise de agora? Tudo justifica uma resposta antecipada a essa pergunta pela negativa. E tanto mais brutalmente deverá o movimento de massas despertado tomar o caminho político.

A primeira etapa da reanimação industrial já será extremamente perigosa para a social-democracia. Os trabalhadores se lançarão à luta com o objetivo de recuperar o que perderam. A cúpula da social-democracia será de novo empolgada pelas esperanças de um restabelecimento da ordem "normal". A sua principal preocupação será restabelecer a própria capacidade de coligação. Chefes e massas – Cada qual irá puxar para seu lado. Para aproveitar decisivamente a nova crise do reformismo, os comunistas precisam seguir uma orientação correta nas mudanças de conjuntura e preparar um programa de ação prática, partindo, sobretudo, das perdas sofridas pelos trabalhadores nos anos de crise. A transformação da luta econômica em luta política é o momento especialmente propício para a consolidação das forças e da influência do partido proletário revolucionário.

Um sucesso neste ou naquele caminho só será atingido sob uma condição: pela aplicação correta da política de frente única. Para o Partido Comunista alemão, isto significa, sobretudo, o seguinte: acabar com a dúbia posição ocupada atualmente no campo sindical; orientação clara para os sindicatos livres; dissolução dos quadros existentes da RGO; início de uma luta sistemática, por meio dos sindicatos, pela influência nos comitês de fábrica; desenvolvimento de uma ampla campanha pela palavra de ordem de controle operário da produção.

O caminho para o poder

Kautsky e Hilferding, entre outros, declararam mais de uma vez nos últimos anos que nunca compartilharam a teoria do colapso do capitalismo, que os revisionistas, no passado, atribuíram aos marxistas e que os kautskistas atribuem, hoje, constantemente, aos comunistas.

Os bernsteinianos traçaram duas perspectivas: uma irreal, evidentemente "marxista", ortodoxa, segundo a qual, com o correr do tempo, sob a influência dos antagonismos internacionais do capitalismo, deveria ocorrer o colapso mecânico do sistema; e outra "realista", segundo a qual deveria ocorrer uma evolução gradual do capitalismo para o socialismo. Tão opostos quanto possam parecer à primeira vista, estes dois esquemas estão unidos, entretanto, por um traço comum: a ausência do fator revolucionário. Ao passo que desmentiam a caricatura do colapso automático do capitalismo que lhes era atribuída, os marxistas demonstravam que, sob a influência da intensificação da luta de classe, o proletariado realizaria a revolução muito antes das condições objetivas do capitalismo poderem provocar-lhe o colapso automático.

Essa discussão se deu numa época tão distante quanto o fim do século passado. Entretanto, é preciso reconhecer que depois da guerra a realidade capitalista aproximou-se, sob certos aspectos, muito mais da caricatura bernsteiniana do que qualquer pessoa poderia ter esperado e, antes de tudo, do que o poderiam os próprios revisionistas: porque estes só desenharam o espectro do colapso com o fim de mostrar a sua irrealidade. Verifica-se hoje, entretanto, que, quanto mais perto está o capitalismo da queda automática, tanto mais retardada está a intervenção revolucionária do proletariado no destino da sociedade.

A parte componente mais importante da teoria do colapso foi a teoria da pauperização. Os marxistas afirmavam, com certa prudência, que a intensificação dos antagonismos sociais não seria necessariamente correspondente a uma baixa absoluta do nível de vida das massas. Na realidade, é este último processo que se está desenvolvendo. Como poderia o colapso do capitalismo expressar-se com maior agudeza do que no desemprego crônico e na destruição do seguro social, isto é, na recusa da ordem social a nutrir os seus próprios escravos?

Os freios oportunistas contra o proletariado demonstraram ser bastante fortes para garantir às forças elementares do capitalismo sobrevivente algumas décadas de vida a mais. Como consequência, não foi o idílio da transformação pacífica do capitalismo em socialismo que se verificou, mas um estado de coisas infinitamente mais próximo da dissolução social.

Durante muito tempo, os reformistas procuraram atribuir à guerra a responsabilidade pelo atual estado da sociedade. Mas em primeiro lugar, a guerra não criou as tendências destrutivas do capitalismo: apenas trouxe-as à superfície e acelerou o processo. Em segundo lugar, a guerra não teria conseguido levar a cabo sua obra de destruição sem o apoio político do reformismo. Em terceiro lugar, as contradições insolúveis do capitalismo estão preparando novas guerras de vários lados. O reformismo não conseguirá livrar-se da responsabilidade histórica. Paralisando e entravando a energia revolucionária do proletariado, a social-democracia internacional dá ao processo do colapso capitalista as formas mais cegas, mais implacáveis, mais catastróficas e mais sangrentas.

Naturalmente, só de forma condicional se pode falar de uma realização da caricatura revisionista do marxismo, aplicável a um período histórico definido. A saída do capitalismo decadente se dará, embora com um grande atraso, não pelo caminho do colapso automático, mas pelo caminho revolucionário.

A crise atual varreu pela última vez os resquícios das utopias reformistas. Atualmente, a prática oportunista não possui qualquer disfarce teórico. O número de catástrofes que ainda desabarão sobre a cabeça das massas populares é, no final das contas, absolutamente indiferente a Wels, Hilferding, Grzesinsky e Noske, contanto que os seus interesses pessoais fiquem intactos. Mas a questão é que a crise do regime burguês também atinge os chefes reformistas.

"Age, Estado, age!", gritou, ainda há pouco tempo, a social-democracia quando teve de recuar diante do fascismo. E o Estado agiu: Otto Braun e Severing foram postos na rua a pontapés. Agora, escreveu o *Vorwärts*, todos têm que reconhecer as vantagens da democracia sobre o regime da ditadura. – Sim, a democracia tem vantagens substanciais, refletia Grzesinsky, enquanto conhecia a prisão pelo lado de dentro.

Dessa experiência, tiraram a conclusão: "Já é tempo de caminharmos para a socialização!" Tarnov, ainda ontem um médico do capitalismo, resolveu, subitamente, tornar-se seu coveiro. Quando o capitalismo transforma os seus ministros reformistas, chefes de polícia e prefeitos, em desempregados, é porque está manifesta- mente exausto. Wels escreve um artigo programático: "Soou a hora do socialismo!" Só falta Schleicher roubar dos deputados os seus subsídios e dos ministros aposentados as suas pensões para Hilferding escrever um estudo sobre o papel histórico da greve geral.

O giro à "esquerda" dos chefes sociais-democratas impressiona pela estupidez e falsidade. Contudo, isso não significa, de modo algum, que a manobra esteja condenada a falhar de antemão. Esse partido, carregado de crimes, ainda está à frente de milhões. Não cairá por si só. É preciso que se saiba derrubá-lo.

O Partido Comunista declarará que a corrida de Wels-Tarnov para o socialismo é uma nova forma de enganar as massas, o que é correto. Contará a história das "socializações" sociais-democratas dos últimos catorze anos. Isso será útil. Mas é insuficiente: a história, mesmo a mais recente, não pode substituir a política ativa.

Tarnov procura reduzir a questão do caminho revolucionário ou reformista para o socialismo à simples questão do "ritmo" das transformações. É impossível um teórico cair mais baixo. O ritmo das transformações socialistas depende, na realidade, do estado das forças produtivas do país, de sua cultura, da proporção das despesas necessárias para a sua defesa etc. Mas as transformações socialistas, rápidas ou lentas, só são possíveis se nos postos de mando da sociedade está uma classe interessada no socialismo, e à frente dessa classe um partido que não engane os explorados e esteja sempre pronto a enfrentar a resistência dos exploradores. Precisamos explicar aos trabalhadores que o regime da ditadura do proletariado consiste precisamente nisso.

Mas ainda não basta. Tratando-se dos problemas candentes do proletariado, não se deveria esquecer – como faz a Komintern – o fato da existência da União Soviética. Com relação à Alemanha, a tarefa hoje não é começar, pela primeira vez, uma construção socialista, mas unir as forças produtivas da Alemanha, a sua cultura, o seu gênio técnico e organizativo, à construção socialista que já se vem processando na União Soviética.

O Partido Comunista alemão limita-se apenas a exaltar os sucessos da União Soviética, e nesse sentido comete grandes e perigosos exageros. Mas é completamente incapaz de ligar as tarefas da revolução proletária na Alemanha à construção socialista na URSS, às suas enormes experiências e valiosas realizações. A burocracia stalinista, por sua vez, é a que menos está em condições de prestar ao Partido Comunista alemão qualquer auxílio nessa questão de grande importância: as suas perspectivas se limitam a um só país.

Os projetos incoerentes e covardes de capitalismo de Estado da social-democracia precisam ser combatidos com um plano geral para a construção socialista conjunta da URSS e da Alemanha. Ninguém exige que se faça um plano detalhado imediatamente. Basta um ligeiro esboço preliminar. As colunas básicas são necessárias. Esse plano precisa tornar-se, tão depressa quanto possível, objeto de estudo de todas as organizações da classe operária alemã, principalmente de seus sindicatos.

As forças progressivas, entre os técnicos, os estatísticos e os economistas alemães, devem ser atraídas para esse empreendimento. A construção socialista já está em andamento: é preciso que se estabeleça para esse trabalho uma ponte que ultrapasse as fronteiras nacionais. Aqui está o primeiro plano: estudem-no, melhorem-no, precisem-no! É necessário que os trabalhadores elejam comissões especiais de plano, encarregando-as de entrar em contato com os sindicatos e órgãos econômicos dos soviets.

Na base dos sindicatos alemães, dos conselhos de empresa e outras organizações proletárias, deve ser criada uma comissão central para a elaboração do plano, que entrará em ligação com a Comissão de Planejamento Estatal da URSS. Arrastemos para essa tarefa os engenheiros, organizadores e economistas alemães! É o único passo preliminar correto para abordar a questão da economia planificada, hoje, no ano de 1932, depois de quinze anos de existência dos soviets, depois de catorze anos de convulsões da república capitalista da Alemanha. Nada mais fácil do que ridicularizar a burocracia social-democrata, a começar por

Wels, que entoou um cântico de louvor ao socialismo. Contudo, não se deve esquecer que os trabalhadores reformistas consideram com profunda seriedade a questão do socialismo. É preciso ter uma atitude séria com os trabalhadores reformistas. E é quando o problema da frente única entra novamente em cena com toda a sua força.

Se a social-democracia se propõe (em palavras, nós bem o sabemos!) a não salvar o capitalismo, mas construir o socialismo, está obrigada, por isso mesmo, a procurar um acordo, não com o centro, mas com os comunistas. O Partido Comunista rejeitará esse acordo? De modo algum. Ao contrário, ele mesmo deverá propô-lo, exigindo-o diante das massas como resgate por esta mudança socialista, só agora proclamada.

Atualmente, o ataque do Partido Comunista contra a social-democracia deve ser feito sobre três linhas. A tarefa de liquidar o fascismo continua com toda a sua agudeza. A batalha decisiva do proletariado contra o fascismo significará, simultaneamente, a colisão com o aparelho de Estado bonapartista. Isso torna a greve geral uma arma de combate indispensável, que precisa ser preparada. É preciso organizar um plano especial de greve geral, isto é, um plano de mobilização das forças, para levá-la a cabo. Em torno desse plano, é necessário desenvolver uma campanha de massas e, na base desta, propor à social-democracia um acordo para a execução da greve geral, sob condições políticas definidas. Repetida e concretizada em cada nova fase, essa proposta conduzirá, no processo de seu desenvolvimento, à criação dos soviets como órgãos supremos da frente única.

Os próprios chefes da social-democracia e dos sindicatos reconhecem, em palavras, que o plano econômico de Papen, agora lei, lança o proletariado alemão a uma pobreza sem precedentes. Na imprensa, manifestam-se com uma veemência que há muito tempo não se notava neles. Entre as suas palavras e os seus atos, há um abismo (nós bem o sabemos), mas precisamos saber como lançar contra eles as suas próprias palavras. Um sistema de medidas de luta em comum contra o regime dos decretos de emergência e do bonapartismo precisa ser elaborado.

Essa luta, imposta a todo o proletariado por toda a situação, não pode, por sua própria natureza, ser conduzida dentro dos moldes da democracia. Uma situação em que Hitler possui um exército de 400 mil homens; Papen-Schleicher, além da Reichswehr, o exército semiparticular dos Stahlhelm, com 200 mil homens; a democracia burguesa, o exército semitolerado da Reichsbanner; o Partido Comunista, o exército proscrito da Frente Vermelha – uma situação como esta faz surgir, por si só, o problema do Estado como problema do poder. Não se pode imaginar melhor escola revolucionária!

O Partido Comunista deve dizer à classe operária: Schleicher não será derrubado por um jogo parlamentar. Se a social-democracia quer trabalhar para derrubar o governo bonapartista por outros meios, o Partido Comunista está pronto a auxiliar a social-democracia com toda a sua força. Ao mesmo tempo, os comunistas se comprometem antecipadamente em não empregar métodos violentos contra um governo social-democrata, enquanto este se basear na maioria da classe operária e enquanto garantir ao Partido Comunista liberdade de organização e de agitação. Uma tal maneira de pôr a questão será compreensível a todos os trabalhadores sociais-democratas e sem partido.

A terceira linha, finalmente, é a luta pelo socialismo. Também aqui, o ferro precisa ser malhado enquanto está quente, e a social-democracia levada à parede com um plano concreto de colaboração com a URSS. O que é necessário nessa questão já ficou dito acima.

Naturalmente, esses campos de luta, que têm importâncias diversas na perspectiva estratégica geral, não estão separados um do outro, mas, ao contrário, misturam-se e se completam.

A crise política da sociedade exige a combinação das questões gerais: reside precisamente nisso a essência da situação revolucionária.

O único caminho

É de se esperar que o Comitê Central do Partido Comunista realize, por si mesmo, uma mudança para o verdadeiro caminho? Todo seu passado demonstra que não.

Mal começou a melhorar, e o aparelho viu-se diante da perspectiva do "trotskismo". Se o próprio Thälmann não compreendeu logo, foi--lhe explicado de Moscou que, por amor ao "todo", é preciso saber sacrificar a "parte", isto é, os interesses da revolução alemã pelo amor aos interesses do aparelho stalinista. As tímidas tentativas de corrigir a política foram novamente suspensas. A reação burocrática triunfou de novo em toda a linha. Isto tudo, naturalmente, não depende de Thälmann. Se a Komintern tivesse dado às suas seções a possibilidade de viver, pensar e desenvolver-se, elas teriam escolhido e formado os seus próprios quadros dirigentes há muito tempo. Mas a burocracia instituiu um sistema de nomeações dos líderes sustentados por meios artificiais. Thälmann é um produto desse sistema, mas ao mesmo tempo, a sua vítima.

Os quadros, paralisados em seu desenvolvimento, enfraquecem o partido. E as insuficiências se completam pelas repressões. As hesitações e a insegurança do partido passam, inevitavelmente, para toda a classe. Não se pode chamar as massas para ações audaciosas, quando o próprio partido é destituído de decisão e firmeza. Mesmo que Thälmann recebesse, amanhã, um telegrama de Manuilsky sobre a necessidade de um giro no caminho da frente única, o novo ziguezague dos dirigentes seria de pouca utilidade. A direção já está comprometida demais. Uma política correta exige um regime são. A democracia no partido, atualmente simples joguete nas mãos da burocracia, precisa voltar a ser uma realidade. O partido precisa ser de fato um partido, e então as massas acreditarão nele. Na prática, isto significa colocar na ordem do dia: um congresso extraordinário do partido e um congresso extraordinário da Komintern.

Uma discussão ampla e franca deve, naturalmente, preceder o congresso. Todas as barreiras do aparelho devem ser derrubadas. Cada organização do partido, cada célula, tem o direito de convocar para as suas reuniões todos os comunistas, membros do partido ou dele expulsos, e ouvi-los quando assim julgar necessário para formar a sua opinião. A imprensa deve ser posta a serviço da discussão, devendo, em cada jornal do partido, diariamente, ser reservado um espaço suficiente para os artigos críticos. Comissões especiais de imprensa, eleitas nas assembleias gerais do partido, devem fiscalizar se os jornais do partido estão ou não servindo à burocracia. Evidentemente, a discussão não exigirá pouco tempo nem poucas forças. O aparelho irá apelar para isto: em um período crítico como este, o partido não pode "dar-se ao luxo de discussões". Os salvadores burocratas julgam que o partido deve calar-se diante de circunstâncias difíceis. Os marxistas, ao contrário, pensam que quanto mais difícil é a situação, tanto mais importante é a função autônoma do partido.

A direção do Partido Bolchevique gozava, em 1917, de uma autoridade imensa. No entanto, durante todo o ano de 1917, houve uma série de profundas discussões no partido. Às vésperas da insurreição de outubro, todo o partido debatia apaixonadamente a questão de saber qual das suas partes do Comitê Central tinha razão: a maioria, que era pela insurreição, ou a minoria, que era contra. Nunca houve, em absoluto, expulsões, nem repressões, apesar da profundidade das divergências de opinião. Dessas discussões, participaram as massas sem partido. Em Petrogrado, uma reunião de mulheres trabalhadoras sem partido enviou uma delegação ao Comitê Central para apoiar a maioria. Certamente, a discussão exigiu tempo. Mas justamente por isso, da discussão aberta, sem ameaças, mentiras e falsidades, saiu a convicção geral, inabalável, da correção da política, o que é o bastante para tornar possível a vitória.

Que rumo tomarão as coisas na Alemanha? Conseguirá a pequena roda da Oposição de Esquerda virar a tempo a grande roda do partido? Eis como se apresenta, agora, a questão. Ressoam, muitas vezes, as vozes pessimistas. Nos diferentes agrupamentos comunistas, no próprio partido, como na sua periferia, não são poucos os elementos que dizem: em todas as questões importantes, a Oposição de Esquerda tem uma posição correta, mas é muito fraca. Os seus quadros são pequenos em número e inexperientes politicamente. Pode, então, uma tal organização, com um pequeno jornal semanal (*Die Permanente Revolution*), opor-se com êxito à poderosa máquina da Komintern?

As lições dos acontecimentos são mais fortes do que a burocracia stalinista. E queremos ser os intérpretes dessas lições perante as massas comunistas. Reside aí o nosso papel histórico como fração. Não exigimos, como Seydewitz & Cia, que o proletariado revolucionário creia em nosso juramento. Reservamo-nos um papel mais modesto: oferecemos à vanguarda comunista o nosso auxílio na preparação da linha correta. Para esse trabalho, organizamos e educamos quadros próprios. Não se pode saltar esse estágio preparatório. Cada nova etapa da luta impelirá os elementos mais refletidos e críticos do proletariado para o nosso lado.

O partido revolucionário começa com uma ideia, um programa, que é dirigido contra o mais poderoso aparelho da sociedade de classes. Não são os quadros que criam a ideia, mas é a ideia que cria os quadros. O temor ante o poder do aparelho é um dos traços mais característicos daquele oportunismo especial que a burocracia stalinista cultiva. A crítica marxista é mais forte do que todos os aparelhos.

A força organizadora da Oposição de Esquerda dependerá, em seu desenvolvimento posterior, de muitas circunstâncias: do ímpeto dos golpes históricos, do grau de resistência da burocracia stalinista, da atividade dos simples comunistas, da energia da própria Oposição. Os princípios e métodos por que lutamos são postos à prova pelos maiores acontecimentos da história mundial, por seus triunfos e por suas derrotas. E hão de fazer caminho.

Os sucessos da Oposição em todos os países, inclusive na Alemanha, são indiscutíveis e notórios. O seu desenvolvimento é, porém, mais lento do que muitos de nós pensávamos. O fato pode ser lamentado, mas não há que se admirar por isso. Todo comunista que começa a ouvir a Oposição de Esquerda é colocado pela burocracia diante da alternativa: ou participar da caçada ao "trotskismo", ou ser expulso das fileiras da Komintern. Para os burocratas do partido, trata-se de defender os cargos e o salário: sobre esta tecla, o aparelho stalinista sabe tocar com perfeição. Infinitamente mais importantes, porém, são os milhares de simples comunistas que se dilaceram entre a sua dedicação às ideias do comunismo e a ameaça de expulsão das fileiras da Komintern. É o que explica a existência, nas fileiras do Partido Comunista oficial, de muitos oposicionistas escondidos, intimidados ou em formação.

A excepcional agudez das condições históricas justifica bastante o lento crescimento da Oposição de Esquerda. Mas ao mesmo tempo, apesar de toda esta lentidão, hoje, mais do que nunca, toda a vida ideológica da Komintern gira em torno da luta contra o "trotskismo". As revistas teóricas e os artigos teóricos dos jornais da IC, como de todas as seções nacionais, são dedicados, sobretudo, à luta, ora aberta, ora mascarada, contra a Oposição de Esquerda. Importância ainda mais sintomática tem a brutal caçada organizativa que o aparelho conduz contra a Oposição: dissolução e repressão de suas reuniões; aplicação de todos os outros meios de violência física; alianças, por detrás dos bastidores, com pacifistas burgueses, radicais franceses e maçons contra os "trotskistas"; disseminação pelo centro stalinista das calúnias mais torpes etc.

Os stalinistas sentem, melhor e mais diretamente do que nós, em que medida as nossas ideias minam os pilares de seu aparelho. Os métodos de autodefesa da fração stalinista são, entretanto, uma faca de dois gumes. Até determinado momento, fazem efeito de intimidação. Mas ao mesmo tempo, preparam uma reação de massas contra o sistema de falsidade e violência.

Quando, em julho de 1917, o governo dos mencheviques e socialistas- revolucionários denunciava os bolcheviques como agentes do Estado-maior alemão, essa infame medida conseguiu exercer, nos primeiros momentos, grande efeito sobre os soldados, os camponeses e as camadas atrasadas dos operários. Mas quando todos os acontecimentos posteriores deram claramente razão aos bolcheviques, as massas começaram a dizer: Então caluniaram conscientemente os leninistas? Moveram uma campanha tão baixa contra eles só porque tinham razão? E o sentimento de suspeita contra os bolcheviques se transformou em sentimento de calorosa dedicação e entusiasmo por eles. Embora sob outras condições, este processo tão complexo se desenvolve também na atualidade. Pela acumulação monstruosa de calúnias e repressões, a burocracia stalinista consegue, inegavelmente, por um certo espaço de tempo, intimidar os membros de base do partido; ao mesmo tempo, porém, está preparando aos bolcheviques-leninistas uma grandiosa reabilitação aos olhos das massas revolucionárias. Já não pode haver mais a menor dúvida a respeito.

É verdade que somos ainda muito fracos. O Partido Comunista ainda tem massa, mas já não possui nem doutrina, nem orientação estratégica. A Oposição de Esquerda já formou a sua orientação marxista, mas ainda não tem massa. Os grupos restantes do "campo da esquerda" não possuem nem uma coisa nem outra. O Leninbund, que pensou ter substituído as fantasias individuais e os caprichos de Urbahns por uma sólida e bem fundamentada política, vegeta por aí sem futuro. Os brandlerianos, apesar do quadro de seu aparelho, vão descendo de degrau em degrau. Algumas pequenas receitas táticas não podem substituir uma tomada de posição estratégico-revolucionária. O SAP lançou a sua candidatura à liderança do proletariado revolucionário. Infundada pretensão! Os mais sérios representantes desse "partido" não vão além, como demonstra o último livro de Fritz Sternberg, dos limites do centrismo de esquerda. Quanto mais se dedicam a criar uma doutrina própria, "autônoma", tanto mais se mostram discípulos de Thalheimer. Esta escola é tão sem esperanças como um cadáver.

Não pode surgir um novo partido histórico pelo simples fato de um certo número de velhos sociais-democratas ter se convencido, com grande atraso, do caráter contrarrevolucionário da política de Ebert-Wels. Não se pode, igualmente, improvisar um partido com um grupo de comunistas decepcionados, que ainda não demonstraram, em nada, o seu direito à direção do proletariado. O nascimento de um novo partido requer, de um lado, grandes acontecimentos históricos, que quebrem a espinha dos velhos partidos, e, de outro, uma posição de princípios forjados pela experiência dos acontecimentos e quadros já postos à prova.

Quando lutamos com todas as nossas forças pela regeneração da Komintern e pela continuidade de seu futuro desenvolvimento, não fazemos a mínima concessão a um puro fetichismo de forma. O destino da revolução proletária mundial está para nós acima do destino organizativo da Komintern. Se se derem as piores variantes; se os partidos oficiais de hoje, a despeito de todos os nossos esforços, forem arrastados à ruína pela burocracia stalinista, se isso significar, num certo sentido, recomeçar tudo desde o início, então a nova internacional derivará a sua genealogia das ideias e dos quadros da Oposição Internacional de Esquerda.

Eis porque os estreitos critérios de "pessimismo" e "otimismo" não se aplicam à obra que estamos executando. Ela paira acima das etapas isoladas, assim como das derrotas e vitórias parciais. A nossa política é uma política de longo alcance.

Posfácio

A presente brochura, cujas partes foram escritas em momentos diferentes, já estava concluída, quando um telegrama de Berlim trouxe a notícia do choque entre a esmagadora maioria do Reichstag e o governo de Papen; consequentemente, com o presidente do Reich. Procuraremos seguir, pelas colunas de *Die Permanente Revolution*, o desenvolvimento concreto dos acontecimentos posteriores. Agora, queremos acentuar apenas algumas conclusões gerais que pareciam apressadas quando começamos a escrever a brochura e que, desde então, graças ao testemunho dos fatos, se tornaram maduras.

1. O caráter bonapartista do governo Schleicher-Papen revelou-se definitivamente, graças à sua situação isolada no Reichstag. Os círculos agrários capitalistas que mantêm seu apoio ao governo presidencial formam uma percentagem incomparavelmente menor da nação alemã do que a percentagem de votos dada no Reichstag a Papen.

2. O antagonismo entre Papen e Hitler é o antagonismo entre as esferas agrárias capitalistas e a pequena burguesia reacionária. Assim como, outrora, a burguesia liberal utilizava o movimento revolucionário da pequena burguesia, mas lhe impossibilitava, por todos os meios, a tomada do poder, da mesma forma a burguesia monopolizadora está disposta, hoje, a contratar Hitler como lacaio, mas não como senhor. Sem uma necessidade extrema, ela não entregará todo o poder aos fascistas.

3. O fato de as diferentes frações da grande, média e pequena burguesia entrarem numa luta aberta pelo poder, sem ter medo de um conflito extremamente perigoso, prova que a burguesia não se sente ameaçada imediatamente pelo proletariado. Não só os nacional-socialistas e o centro, como também a cúpula da social-democracia, só ousaram abrir o *conflito constitucional* por causa da firme segurança de que este não se transformaria em um *conflito revolucionário*.

4. O único partido cuja votação contra Papen foi ditada por intenções revolucionárias foi o Partido Comunista. Mas das intenções revolucionárias às ações revolucionárias, vai uma grande distância.

5. A lógica dos acontecimentos faz com que todo operário social-democrata considere a luta pelo "parlamento" e pela "democracia" como se fosse a questão do *poder*. Reside nisso o conteúdo principal de todo conflito do ponto de vista da revolução. A questão do poder é a questão da unidade de ação revolucionária do proletariado. A política de frente única com a social-democracia deve ser dirigida de modo a possibilitar, já no futuro mais próximo, sobre a base da representação proletária democrática, a criação dos órgãos de luta da classe, isto é, dos *soviets operários*.

6. Em virtude das concessões feitas aos capitalistas e da ofensiva monstruosa contra as condições de vida do proletariado, o

Partido Comunista deve lançar a palavra de ordem de *controle operário da produção*.

7. As frações da classe possuidora só podem brigar uma com a outra porque o partido revolucionário é fraco. O partido revolucionário poderia tornar-se incomparavelmente mais forte se esses conflitos da classe possuidora fossem bem aproveitados. A esse respeito, é preciso saber distinguir as diferentes facções, segundo a sua existência social e os seus métodos políticos, e não jogar todas num mesmo saco. A teoria do "social-fascismo", que abriu falência completa e definitiva, deve ser jogada fora, finalmente, como um traste inútil.

Capítulo 4
A ascensão do nazismo sob uma esquerda desorganizada e uma burguesia unida

1933 – Conjuntura
Chris Harman

As eleições de julho de 1932 haviam posto os nazistas em uma posição de força, mas não no poder. O exército e os grandes empresários estavam dispostos a usar os nazistas, mas não a entregar-lhes nas mãos o Estado. Suas chances pareciam estar perdendo força nos últimos meses daquele ano. As brigadas de choque nazistas, mobilizadas para tomar o poder, começaram a ficar desiludidas e desmotivadas. A hesitação dos grandes empresários estava esvaziando o fluxo de dinheiro necessário para a máquina fascista. Nas eleições de novembro o voto nazista caiu para números menores que o voto combinado dos partidos da classe trabalhadora, enquanto o KPD continuava a ganhar votos às custas dos sociais-democratas. Quando von Papen deixou seu escritório em dezembro, Schleicher, e não Hitler, o substituiu.

A esta altura dois fatores permitiram aos nazistas reassumir o controle da situação. Primeiro foi a continua ineficácia da esquerda: os sociais-democratas se recusando a lutar, os comunistas se recusando adotar uma política de Frente Única que pudesse forçar os sociais-democratas a lutarem, mesmo que isto fosse contra o desejo de seus líderes. A segunda foi a decisão dos líderes das grandes empresas em lançarem apoio a Hitler em janeiro de 1933.

No dia 30 de janeiro, Hitler foi feito Chanceler. Isto "expôs o que de fato foram as manifestações mais impressionantes da vontade dos trabalhadores alemães em resistir. Na tarde e noite do 30 de janeiro manifestações de massas espontâneas e violentas dos trabalhadores ocorreram nas cidades alemãs. Delegações de fábricas de todas as partes do país chegaram no mesmo dia em Berlim à espera por ordens de batalha..."[42]

Porém, os líderes sociais-democratas decidiram que como Hitler havia chegado ao poder "legalmente", eles não poderiam agir agora. Vorwarts afirmava:

> *"diante do governo e suas ameaças de golpe de estado os sociais-democratas e toda a Frente de Ferro mantem-se firme no solo da constituição e da legalidade".*

O partido dedicou suas energias para prevenir uma resistência prematura ao novo regime.

Em poucos dias, as forças paramilitares dos nazistas foram integradas à máquina do estado. SA, SS, Reichswehr e a polícia passaram a trabalhar juntas para suprimir os partidos da classe trabalhadora. Após o incêndio no Reichstag dia 27 de fevereiro abriu-se o caminho político para uma onda de prisões, supressão da imprensa social-democrata e banimento do PC. Todas as formas de liberdade pessoal foram suprimidas por decreto presidencial.

Mesmo nas "eleições do terror" na semana seguinte, a classe trabalhadora em massa mais uma vez revelou sua hostilidade ao governo. Os sociais-democratas receberam sete milhões de votos (caindo apenas 70.000), e os comunistas, quatro milhões e 750 mil (queda de 1.200.000).

Ainda assim a direção do SPD nada fez. Apesar de continuas ameaças, seus líderes faziam discursos corajosos no Reichstag – e depois garantiam que a oposição ao governo nazista seria "constitucional". Os líderes sindicais chamaram suas bases para celebrar o 1º de maio em conjunto com os nazistas no "Dia Nacional do Trabalho". Isto não impediu os nazistas de tomarem as

---

[42] Braunthal op *cit* p. 380.

sedes destes sindicalistas e jogar estes mesmos líderes em campos de concentração no dia 2 de maio.

Frente à ascensão de Hitler ao poder, o PC tentou montar resistência. Mais uma vez ele convocou uma greve geral. Os trabalhadores que haviam sido informados por três anos que Hitler não era o perigo principal, e que de qualquer jeito os governos anteriores também eram fascistas, não responderam. Os líderes do PC e da Komintern ainda estavam cegos por suas próprias teorias.

Depois da vitória eleitoral de Hitler, a Presidência do Komintern dizia que "a atual calmaria após a vitória dos fascistas é temporária. Inevitavelmente, apesar do terror fascista, a onda revolucionária na Alemanha irá crescer..."[43] O *Pravda* falava do "crescente sucesso do partido comunista" enquanto Radek escrevia no Izvestia (7 de março, 1933) de uma "derrota como a derrota de Marne", para os nazistas.[44] Enquanto isto milhares de comunistas eram jogados em campos de concentração e os últimos resquícios de organizações dos trabalhadores eram destruídos.

Este último artigo de Trotsky, **O que é o Nazismo**, foi escrito no aniversário da primeira vitória de Hitler. Ele primeiro apareceu em inglês na revista "Quarta Internacional" de 1934.

---

43 Ibid p. 394.
44 Ibid p. 383.

O que é o Nazismo
Leon Trotsky / Tradução: Aldo Cordeiro Sauda

Cabeças inocentes pensam que o gabinete da realeza se hospeda no próprio rei, no seu manto de veludo e em sua coroa, nos seus ossos e nas suas veias. Na verdade, o gabinete da realeza é uma inter-relação entre pessoas. O rei é rei apenas porque os interesses e prejuízos de milhões de pessoas são refratados através de sua pessoa. Quando a enchente do desenvolvimento varre estas inter-relações, então o rei aparece apenas como homem deslavado. Aquele que uma vez foi chamado de Alfonso XIII [Rei da Espanha, 1886-1931] poderia elaborar mais disso com experiências próprias.

O líder por opção do povo se difere do líder por opção de Deus por ter de abrir o caminho para si, ou ao menos ajudar na conjuntura de eventos que se abrem a ele. Mesmo assim, o líder é sempre uma relação entre pessoas, a oferta individual no encontro da demanda coletiva. A controvérsia sobre a personalidade de Hitler agudizou-se quanto mais se procurou o segredo de seu triunfo nele mesmo. Ao mesmo tempo, seria difícil encontrar outra figura política que fosse, na mesma medida, ponto de convergência de forças históricas anônimas. Nem todo pequeno burguês exacerbado poderia ter se tornado Hitler, mas uma partícula de Hitler é hospedada em toda exacerbação pequeno-burguesa.

O crescimento rápido do capitalismo alemão posterior à Primeira Guerra Mundial de forma alguma significou a simples destruição das classes intermediárias. Apesar da ruína de algumas camadas da pequena-burguesia ela criou uma nova: no entorno das fabricas, artesões e lojistas; dentro das fábricas, técnicos e executivos. Mas enquanto preservando a si mesmas e até crescendo numericamente – velha e nova pequena burguesia compõe quase metade da nação alemã – as classes intermediárias perderam a última sombra de sua independência. Elas vivem na periferia da grande indústria e do sistema financeiro, e vivem das migalhas que caem das mesas dos monopólios e cartéis, e das sobras ideológicas de seus tradicionais teóricos e políticos.

A derrota de 1918 ergueu um muro no desenvolvimento do imperialismo alemão. Dinâmica externa transformou-se dinâmica interna. A guerra virou revolução. A social-democracia, que assistiu aos Hohenzollern trazer a guerra a sua conclusão trágica, não permitiu ao proletariado trazer a revolução a sua própria conclusão. Ela gastou quatorze anos procurando desculpas intermináveis para existir servindo à democracia de Weimar. O Partido Comunista convocou os trabalhadores a uma nova revolução, mas provou-se incapaz de dirigi-la. O proletariado alemão passou pelo auge e colapso da guerra, revolução, parlamentarismo e pseudo-bolchevismo. Quando os velhos partidos da burguesia haviam se esgotado, a força dinâmica da classe trabalhadora provou-se deficiente.

O caos do pós-guerra atingiu o artesão, o ambulante, e o funcionário público de forma não menos cruel que os trabalhadores. A crise econômica na agricultura levou os camponeses à ruína. A decadência das camadas médias não significou que elas se tornaram proletárias enquanto o próprio proletariado estava expelindo um gigantesco exército de desempregados crônicos. A pauperização da pequena burguesia, mal dissimulada pela seda artificial de suas meias e gravatas, erodiu todas as crenças oficiais, e antes de mais nada, a doutrina do parlamentarismo democrático.

A multiplicidade de partidos, a febre de eleições, as intermináveis mudanças de ministérios agravavam a crise social criando um caleidoscópio de estéreis combinações políticas. Na atmosfera trazida pelo calor da guerra, derrota, reparações, inflação, ocupação do Ruhr, crise, necessidade, e desespero, a pequena burguesia se ergueu contra todos os velhos partidos que lhe haviam enganado. As graves reclamações dos pequenos proprietários, nunca distantes da bancarrota, com seus filhos universitários sem cargos e clientes, exigiam ordem e mão de ferro.

O estandarte do nacional socialismo foi levantado por arrivistas dos cargos baixos e médios do velho exército. Decorados de medalhas por servir à nação, oficiais de alta ou baixa patente não conseguiam acreditar que seu heroísmo e sofrimento pela pátria não só não serviu a nada, mas também não lhes deu direito à gratidão especial que acreditavam merecer. Portanto, seu ódio à revolução e ao proletariado. Ao mesmo tempo, não queriam se reconciliar em ser mandados por banqueiros, industriais, e ministros e de volta aos seus cargos modestos de contadores, engenheiros, secretários e professores. Consequentemente seu "socialismo". Em Iser e sob Verdun[45] eles tiveram de aprender a arriscar-se por si e pelos outros, e a falar a linguagem de comando que poderosamente intimida a pequena burguesia a cerrar fileiras. Assim estas pessoas tornaram-se chefes.

Durante o início de sua carreira política, Hitler se destacou apenas talvez por um grande temperamento, gritar mais alto que os outros, e uma mediocridade intelectual muito mais autossuficiente. Ele não introduziu ao movimento um programa pré-elaborado, se ignorarmos a sede por vingança do soldado ofendido. Hitler começou com queixas e reclamações sobre os termos de Versalhes, a alta no custo de vida, a falta de respeito para meritosos soldados e o complô de banqueiros e jornalistas do credo de Moisés. Havia no país a quantidade suficiente de pessoas arrui-

---

45 Locais de batalha da primeira Guerra Mundial, que se destacaram por sua carnificina na guerra de trincheiras.

nadas e derrotadas com cicatrizes e machucados frescos. Todos queriam bater com seus punhos na mesa. Isto Hitler conseguia fazer melhor que os outros. Verdade, ele não sabia como curar o mal. Mas suas arengas soavam as vezes como comandos e as vezes como ordens voltadas à um destino inexorável. Classes condenadas, como pessoas fatalmente doentes, nunca cansam de fazer variações nas suas denúncias e escutar consolos. Os discursos de Hitler estavam afinados a este ritmo. Sentimentalismo banal, carência de pensamento disciplinado, ignorância em conjunto com erudição espalhafatosa – todos estes pontos negativos tornaram-se positivos.

Isso lhe proporcionou a possibilidade de unificar todas as formas de frustração no entorno do saco sem fundo do nacional socialismo, e de dirigir a massa na direção na qual ela lhe empurrava. E na mente do agitador estavam preservadas, em suas primeiras improvisações pessoais, tudo aquilo no que havia encontrado aprovação. Seu pensamento político foi fruto de acústicas oratórias. Foi assim que adotou seus slogans. Foi assim que seu programa se consolidou. Foi assim que o líder ganhou corpo da matéria bruta.

Mussolini, logo de início, reagiu com maior consciência que Hitler frente à matéria social, cujo misticismo policial de um Metternich[46] lhe é mais próximo que a álgebra política de Maquiavel. Mussolini é mentalmente mais ousado e mais cínico. Pode se dizer que o ateu de Roma apenas utiliza a religião como

---

46 Klemens Wenzel Nepomuk Lothar, Príncipe de Metternich-Winneburg-Beilstein foi um estadista do Império Austríaco e um dos mais importantes diplomatas do seu tempo, a serviço do Ministro do Exterior imperial desde 1809 e Chanceler à partir de 1821 até à revolução liberal de 1848, que forçou a sua demissão.

faz com a polícia e os tribunais, enquanto seu colega em Berlim realmente acredita na inefabilidade da Igreja de Roma.

Durante o período em que o futuro ditador italiano considerava Marx "nosso imortal professor em comum" ele defendia não de forma sem talento a teoria que vê na sociedade contemporânea, primeiro e acima de tudo, a ação reciproca entre duas classes, a burguesia e o proletariado. É verdade, escreveu Mussolini em 1914, há entre eles inúmeros intermediários, camadas que aparentemente formam uma "rede conjunta do coletivo humano"; mas "durante períodos de crise, as classes intermediárias, gravitam, dependendo dos seus interesses e suas ideias, para uma ou outra das classes básicas". Que generalização importante! Assim como a ciência médica pode possibilitar a cura dos doentes, ela também pode enviar pessoas saudáveis para conhecer seus antepassados pela via mais rápida. A análise científica das relações de classe, desenhadas pelo autor para mobilizar o proletariado, permitiu a Mussolini, após ter pulado para o campo oposto, mobilizar as classes intermediárias contra o proletariado. Hitler conseguiu o mesmo feito, traduzindo a metodologia do fascismo para a linguagem do misticismo alemão.

As fogueiras que queimam a ímpia literatura marxista iluminam brilhantemente a natureza de classe do nacional socialismo. Enquanto os nazistas atuavam como partido e não poder estatal, eles não possuíam uma abordagem clara para a classe trabalhadora. De outro lado, a grande burguesia, até aqueles que apoiavam Hitler com dinheiro, não consideravam o seu partido como deles. A "regeneração" nacional se baseava inteiramente nas classes intermediárias, a parte mais atrasada da nação, com pesado rastro histórico. A arte política se deu no fundir da pequena burguesia a partir de sua sólida hostilidade ao proletariado. O que deve ser feito para melhorar as coisas? Primeiramente, estrangule os que estão debaixo. Impotentes diante do grande capital, a pequena burguesia deseja no futuro reconquistar sua dignidade social se sobrepondo aos trabalhadores.

Os nazistas chamam sua revirada pelo título usurpado de revolução. Na verdade, na Alemanha assim como na Itália, os fascistas deixaram o sistema social intocado. Por si só, a revirada de Hitler não tem nem mesmo o direito de se chamar de contrarrevolução. Mas ela não pode ser vista como um evento isolado; é a conclusão de um ciclo de choques que se iniciou na Alemanha em 1918. A revolução de novembro, que deu o poder aos soviets de trabalhadores e camponeses, foi proletária nas suas tendências fundamentais. Mas o partido que encabeçava o proletariado devolveu o poder à burguesia. Neste sentido a social-democracia abriu a era da contrarrevolução, antes que a revolução pudesse completar seu trabalho. Porém, durante o tempo em que a burguesia dependia da social-democracia, e consequentemente nos trabalhadores, o regime manteve elementos de compromisso.

Atualmente a situação internacional e interna do capitalismo alemão não possui mais espaços para concessões. A social-democracia salvou a burguesia da revolução proletária; então veio o giro ao fascismo para libertar a burguesia da social-democracia. A revirada de Hitler foi apenas o último elo na cadeia de transformações contrarrevolucionárias.

Um pequeno burguês é hostil a ideia de desenvolvimento, porque o desenvolvimento caminha inevitavelmente contra ele; o progresso lhe trouxe apenas irredimíveis dividas. O nacional socialismo rejeita não apenas o marxismo, mas o darwinismo. Os nazistas denunciam o materialismo porque as vitórias da tecnologia sobre a natureza significaram o triunfo do grande capital sobre o pequeno. Os chefes do movimento estão liquidando o "intelectualismo" não tanto por eles próprios possuírem intelecto de segundo ou terceiro grau, mas principalmente porque seu papel histórico não lhes permite chegar a uma única conclusão no pensamento.

A pequena burguesia tira refúgio em seu ultimo canto, em uma mitologia que se coloca acima da matéria e da história, protegida da competição, inflação, crise, e do leilão de bens. Para a evolução, o pensamento econômico, e o racionalismo – aquele do século XX, XIX e XVIII – se contrapõem em sua cabeça o idealismo nacional, fonte da origem heroica. A nação de Hitler é uma sombra mitológica da própria pequena burguesia, seu delírio patético de milênio na terra.

Para ser colocado acima da história, a nação é vista pela raça. A história se dá com a emanação da raça. As qualidades da raça são entendidas sem relação com mudanças na condição social. Ao rejeitar na base o "pensamento econômico" o nacional socialismo cai de patamar – do materialismo econômico ele apela ao materialismo zoológico.

A teoria da raça, criada especialmente, pelo jeito, para pretensiosos indivíduos que se auto educaram buscando a chave universal de todos os segredos da vida, tem uma história particularmente lamentável à luz da história das ideias. Para criar uma religião de genuíno sangue alemão, Hitler foi obrigado a emprestar de segunda mão as ideias racistas de um francês, Conde Joseph A. de Gobineau, um diplomata e diletante literário. Hitler achou a metodologia política já pronta na Itália. Mussolini utilizou emprestado amplamente a teoria marxista da luta de classes. O próprio marxismo é fruto da união entre a filosofia alemã, a história francesa e a economia inglesa. Investigar retrospectivamente a genealogia das ideias, até das mais reacionárias e confusas, é não deixar em pé nem um traço do racismo.

A imensa pobreza filosófica do nacional socialismo, é claro, não atrapalhou Hitler ao entrar no campo das ciências acadêmicas, de vento em popa, uma vez que sua vitória estivesse suficientemente assegurada. Para bandos de professores os anos do regime Weimar foram períodos de revolta e alarme. Historiadores, economistas, juristas e filósofos se perderam tentando adivinhar qual critério de verdade em disputa era real, isto é, quais dos campos ao final dominaria a situação. A ditadura fascista elimina as dúvidas dos Faustos e as vacilações dos Hamlets[47] do salão universitário. Saindo das sombras da relatividade parlamentar, o conhecimento novamente entrava no reino dos absolutos. Einstein se viu obrigado a refugiar-se do lado de fora das fronteiras da Alemanha.

No campo da política, o racismo é uma variedade insípida e bombástica do chauvinismo em aliança com a frenologia.[48] Assim como a nobreza arruinada busca consolo na aristocracia de seu próprio sangue, a pequena burguesia pauperizada se atordoa com contos de fada sobre as superioridades especiais da sua raça. Observa-se que os chefes do nacional socialismo não são nativos da Alemanha, mas originalmente da Áustria, como o próprio Hitler, das antigas províncias bálticas do império russo, como Rosenberg, e de países coloniais, como Hess, que hoje é suplente de Hitler na direção partidária. Foi necessária uma escola de agitação nacionalista bárbara dos confundos da cultura para inspirar os "chefes" cujas ideias mais tarde encontraram eco no coração das classes mais bárbaras da Alemanha.

Indivíduo e classe – liberalismo e marxismo – são do mal. A nação é do bem. Mas esta filosofia vira o seu contrário no limiar da propriedade privada. A salvação se encontra apenas na propriedade individual. A ideia da propriedade nacional é uma en-

---

47 Figuras de Goethe e Shakespeare na literatura.
48 Tradição pseudocientífica do século XVIII e XIX que afirmava comensurar aptidões intelectuais a partir da medição do formato do crânio.

ganação do bolchevismo. O pequeno-burguês diviniza a nação, mas não quer lhe dar nada. Pelo contrário, espera que a nação lhe distribua propriedade e o proteja do trabalhador e do oficial de justiça. Infelizmente, o terceiro Reich não dará nada à pequeno-burguesia, a exceção de novos impostos.

No domínio da economia contemporânea, internacional em seus laços, impessoal em seus métodos, o princípio racista parece saltar de um cemitério medieval. Os nazistas oferecem antes uma concessão: a pureza da raça, que tem de ser certificada com um passaporte para entrada no reino dos espíritos, deve se expressar no domínio econômico principalmente pela eficiência. Sob condições contemporâneas isto significa capacidade competitiva. Pela porta de trás o racismo retorna ao liberalismo econômico desatado de liberdades políticas.

Praticamente, o nacionalismo na economia se reduz a impotentes, mas selvagens explosões de antissemitismo. Os nazistas extraem a usura capitalista ou o capital bancário do moderno sistema econômico porque ele é o espírito do mal; e, como é bem conhecido, é precisamente nesta esfera que a burguesia judaica ocupa uma posição importante. Curvando-se ao capitalismo como um todo, a pequena burguesia declara guerra contra o malvado espírito do lucro, personificado no judeu polonês de roupas longas e normalmente sem um centavo no bolso. O progom se volta a evidência suprema da superioridade racial.

O programa pelo qual o nacional socialismo chegou ao poder nos remete – finalmente – à mercearia de um judeu em alguma província obscura: "o que temos aqui você não achará em lugar algum – barato no preço e de qualidade ainda menor!" Recordações dos dias "felizes" da livre competição, e das lendas sobre a estabilidade da sociedade de classes; esperança na regeneração do império colonial, sonhos de uma economia fechada; frases sobre a reversão do direito romano ao germânico, apelos a uma moratória norte-americana; uma hostilidade invejosa a desigualdade, simbolizada na propriedade de automóveis, e um temor animal da igualdade na pessoa do operário de macacão; o alvoroço do nacionalismo, e o temor dos credores mundiais. Toda recusa do pensamento político internacional subiu para preencher o tesouro espiritual do novo messianismo germânico.

O fascismo tornou acessível a política nas profundezas da sociedade. Na verdade, não só nas casas camponesas, mas também os arranha-céus das cidades habitam ao lado do século XX, o século X ou XII. Centenas de milhões de pessoas usam a eletricidade e ainda acreditam no poder mágico dos símbolos e do exorcismo. Que intermináveis reservas de ignorância, escuridão e selvageria possuem! O desespero os colocou de pé, o fascismo lhes deu uma bandeira. Tudo que o desenvolvimento sem obstáculos da sociedade deveria ter eliminado naturalmente do organismo, na forma de excrementos da cultura, agora é vomitado: a civilização capitalista está vomitando uma barbárie não digerida. Tal é a fisiologia do nacional socialismo.

O fascismo alemão, assim como o italiano, se ergueu ao poder nas costas da pequena-burguesia, que foi transformada em bode expiatório contra as organizações da classe trabalhadora e as instituições democráticas. Mas o fascismo no poder é tudo menos o governo da pequena burguesia. Pelo contrário, ele é a ditadura mais impositiva do capital monopolista. Mussolini tem razão: as classes médias são incapazes de políticas independentes. Durante os períodos de grande crise, são invocadas a seguir aos absurdos das políticas de uma das duas classes fundamentais. O fascismo conseguiu coloca-los a serviço do capital. Slogans como o controle estatal dos fundos financeiros e a supressão de lucros não oriundos do trabalho foram abandonados assim que se chegou ao poder. Pelo contrário, o particularismo da pequena burguesia deu lugar ao centralismo policial capitalista. Cada sucesso interno e externo das políticas do nazismo significará inevitavelmente o sufocamento do pequeno capital pelo grande.

O programa de ilusões pequeno-burguês não está descartado; ele simplesmente está desajeitado da realidade e dissolvido em atos ritualísticos. A unificação de todas as classes reduz-se ao trabalho obrigatório semi-simbólico e o confisco do feriado do 1º de maio "em benefício do povo". A preservação da escritura gótica em oposição ao latim é a revanche simbólica da gema do mercado mundial. A dependência em banqueiros internacionais, inclusive banqueiros judeus, não se reduziu um milímetro, enquanto proibiu-se o sacrifício de animais segundo os rituais talmúdicos. Se a estrada para o inferno é pavimentada por boas intenções, então as aventuras do Terceiro Reich são pavimentadas por símbolos.

Reduzindo o programa das ilusões pequeno-burguês a pura mascarada burocrática, o nacional socialismo se elevou acima da nação na forma mais horripilante de imperialismo. Absolutamente falsas são as esperanças de que o governo de Hitler cairá amanhã, se não hoje, vítima de sua incoerência interna. Os nazistas necessitavam de um programa para chegar ao poder; mas o poder que serve a Hitler não serviu nem um pouco para aplicar seu programa. Suas tarefas são dadas pelo capital monopolista. A contradição compulsória de todas as forças e recursos nacionais nos interesses do imperialismo – a verdadeira missão histórica da ditadura fascista – significa a preparação para a guerra; isto sem tolerar qualquer resistência interna conduzindo a uma maior concentração mecânica de poder. O fascismo não pode ser nem reformado, nem ignorado. Ele pode apenas ser derrubado. A orbita política do regime não deixa nenhuma alternativa: guerra ou revolução.

O primeiro aniversário da ditadura nazi se aproxima. Todas as tendências do regime já tiveram tempo para tomar caráter claro e distinto. A revolução "socialista" imaginada pelas massas pequeno-burguesas como um suplemento necessário à revolução nacional foi condenada e liquidada oficialmente. A irmandade de todas as classes culminou-se em um dia, especialmente escolhido pelo governo, em que os ricos distribuem canapês e sobremesas aos pobres. A luta contra o desemprego resultou em dividir ao meio as bolsas para os famintos. O resto é estatística manipulada. A autarquia "planificada" é simplesmente um novo estágio na desintegração econômica.

Quanto mais impotente é o regime policial nazista na economia, mais ele é forçado a colocar seus esforços no campo da política externa. Isto corresponde inteiramente a dinâmica interna do capitalismo alemão, agressivo dos pés à cabeça. O repentino giro dos chefes nazistas para declarações de paz pode enganar apenas os inocentes. Qual outro método sobra a disposição de Hitler para jogar a responsabilidade dos desastres domésticos nos inimigos externos e acumular, sob a prensa da ditadura, a força explosiva do imperialismo?

Esta parte do programa, exposta claramente antes mesmo da chegada dos nazistas ao poder, está agora sendo preenchida com lógica de ferro diante dos olhos do mundo. A data da nova catástrofe europeia será determinada pelo tempo necessário para armar a Alemanha. Não é uma questão de meses, mas também não é uma questão de décadas. Haverá alguns anos até a Europa submergir novamente na guerra, a menos que Hitler seja contido a tempo pelas forças internas da Alemanha.

Glossário

A

Ação de Março: Período em março de 1921, quando o recém-formado Partido Comunista da Alemanha tentou espalhar uma violenta greve de mineiros na Alemanha central, esperando um levante geral. A massa dos trabalhadores manteve-se passiva. Minorias em muitos lugares, na maioria desempregados, tentaram usar força para impedir a entrada dos trabalhadores nas fábricas. A ação enfraqueceu a influência do partido entre as massas de trabalhadores.

Adler, Max (1873-1937): Teórico renomado da social-democracia austríaca.

Austro-marxismo: Nome dado à tendência que dominava a social-democracia austríaca. Resistiram ao revisionismo teórico de Bernstein, mas na prática comportavam-se igual. Se opunham a revolução violenta; acreditavam que a força deveria ser usada pelos socialistas apenas defensivamente.

B

Balabanoff, Angelica (1878-1965): Líder russa-italiana do Partido Socialista Italiano antes da Primeira Guerra Mundial, que se tornou secretária da Komintern sob Zionoviev; se demitiu após o levante de Kronstadt e retornou ao PSI.

Bauer, Otto (1881-1938): Líder da social-democracia austríaca antes da Primeira Guerra Mundial, teórico do Austro-marxismo.

Babel, August (1840-1913): Fundador (junto a Wilhelm Liebknecht) e importante dirigente da social-democracia alemã antes da Primeira Guerra Mundial.

Bernstein, Eduard (1980-1938): Teórico da social-democracia alemão que acreditava que o marxismo precisava ser "revisado" - portanto "revisionista" - e que o socialismo agora viria por uma mudança gradual e pela democratização do capitalismo.

Bethman-Hollweg, Theobald von (1856-1917): Chanceler Alemão e Primeiro Ministro da Prússia – 1909-17.

Blum, Leon (1872-1950): Líder do Partido Socialista Francês; depois foi Primeiro Ministro no governo da Frente Popular francesa de 1936-1937.

Bogdanov, A A (1873-1938): O mais intenso apoiador de Lenin durante o período de ruptura com os Mencheviques em 1903. Em 1909 tornou-se líder do grupo Vperyod no partido Bolchevique, junto a Lunacharsky e Gorky, que mais tarde se separou da fração de Lenin. Denunciou a política de participação por Lenin na Duma, o parlamento Tsarista, como oportunista.

Bolchevique-Leninistas: Apoiadores da Oposição de Esquerda.

Bonapartismo: Uma forma de transição entre os regimes de democracia parlamentar e o fascismo; um governo forte que aparenta estar "acima dos partidos" e "acima das classes" devido ao equilíbrio entre a classe trabalhadora e a burguesia.

Bordiga, Amadeo (1889-1970): Líder da oposição às políticas centristas do Partido Socialista Italiano durante e imediatamente após a Primeira Guerra Mundial, e uma influência importante na fundação do Partido Comunista Italiano de 1921 a 1924. Mais tarde foi expulso do partido.

Brandler, Heinrich (1881-1967): Operário da construção civil de Chemnitz, discípulo de Rosa Luxemburgo em 1916 e um veterano espartaquista. Membro fundador do Partido Comunista da Alemanha, que, junto a August Thalheimer, liderou o partido até o fracassado levante de Hamburgo, em 1923. Durante o período de 1923, foi ministro no governo comunista/social-democrata da Saxônia. Mais tarde foi usado como bode expiatório pelo fracasso do levante de 1923, e removido da liderança do partido na conferência de Frankfurt de 1924. Brandler depois dirigiu uma fração de direita no partido até ser expulso, em 1929. Junto a Thalheimer, ele depois fundou um grupo independente, o KPO. Manteve-se fortemente crítico às políticas dos comunistas alemães, mas se recusavam a analisar as origens da política ou criticar o papel do stalinismo na Rússia.

Braun, Otto (1872-1955): Primeiro ministro social-democrata da Prússia, retirado de seu cargo por Papen no dia 20 de julho de 1932.

Breitscheid, Rudolf (1874-1944): Ministro de Interior da República Alemã 1918-19, e mais tarde, importante deputado social-democrata. Morreu nas mãos dos nazistas.

Brüning, Heinrich (1885-1970): Líder do Partido Católico de Centro e chanceler do governo de minoria, governando por decretos de emergência apenas parcialmente tolerados pelo Reichstag, de março de 1930 a maio de 1932. Demitido de seu cargo por Hindenburg, cuja eleição à presidente ele tramou – sob conselho do Schleicher, chefe do exército. Deixou a Alemanha em maio de 1933.

Bukharin, Nikolai (1888-1938): Mais novo da "velha guarda" bolchevique. Membro do Partido Bolchevique em Moscou até fugir para o exterior em 1911. Durante a Primeira Guerra Mundial, após ser preso na Suécia por atividades antimilitaristas, participou junto a Trotsky da edição do jornal russo *Nova Mir* nos Estados Unidos. Retornou à Rússia após a Revolução de Fevereiro de 1917. Membro do Comitê Central do Partido Bolchevique de Junho de 1917, mais tarde foi editor do *Pravda*. Durante a revolução e a guerra-civil foi um "comunista de esquerda". Como tal, se opôs à paz de Brest-Litovsk e organizou um jornal de fração, *Comunist*. No entanto, de 1923 em diante passou a adotar políticas mais à direita. Na Rússia, argumentou pela lenta construção do "socialismo em um só país", pelas políticas de acomodação com os camponeses; internacionalmente, isto muitas vezes significava abrir mão da independência dos partidos comunistas para os nacionalistas burgueses, a esquerda social-democrata e líderes sindicais. Entre 1923 e 1927 Bukharin trabalhou carne-e-unha com Stalin contra a Oposição de Esquerda. Em 1928, Stalin rompeu a aliança. No final de 1929, Bukharin já havia sido retirado de todas suas posições de relevância no partido e na Komintern. Após capitular completamente a Stalin, foi transformado editor do *Izvestia* em 1933, apenas para ser incriminado e executado nos Tribunais de Moscou em 1938.

C

Centrismo: Posição política que oscila entre o reformismo, que é a política da burocracia trabalhista, e o marxismo, que expressa interesse revolucionário pela classe trabalhadora.

Chiang-Kai-Shek: Líder militar do nacionalismo burguês chinês da Kuomintang durante a Revolução Chinesa de 1925-27. Pela política de Stalin e Bukharin, o Partido Comunista da China deu apoio incondicional ao Kuomintang e Chiang-Kai-Shek foi conclamado como grande líder revolucionário; uma vez que seu poder esteve assegurado ele se voltou contra os comunistas, massacrando ativistas e sindicalistas em Shanghai em 1927.

Cook, Arthur (1885-1931): Líder de esquerda da Federação dos Mineiros Britânicos antes e durante a Greve Geral de 1926.

Curtius, Julius: Ministro das Relações Exteriores do governo alemão de Müller e Brüning em 1929-30.

D

Plano Dawes: Um de uma série de medidas que encerrou a crise alemã de 1923, reduzindo a carga das reparações a serem pagas pela Alemanha a um nível que a economia pudesse sustentar durante o período entre 1924-28; acompanhada da supervisão internacional e por grandes fluxos de crédito norte-americano para o país.

E

Ebert, Friedrich (1871-1925): Líder de direita da social-democracia alemã durante a Primeira Guerra Mundial. Abominava a revolução e apoiava a monarquia constitucional, porém, chefiou o primeiro governo republicano alemão de 1918, mais tarde sendo seu primeiro presidente; um dos responsáveis pelo acordo entre os sociais-democratas e o alto comando do exército que levou ao esmagamento dos espartaquistas e ao assassinato de Luxemburgo e Liebknecht.

Ercoli — Pseudônimo de P. Togliatti (1893-1964): Membro do grupo de socialistas italianos de Turim liderados por Gramsci; se juntou ao Partido Comunista Italiano desde sua fundação em 1921. Tornou-se líder do partido após a expulsão de Bordiga e a prisão de Gramsci. Rapidamente tornou-se ferramenta de Stalin. Teve um papel crucial em garantir a reconsolidação do capitalismo na Itália após 1945.

Espartaquistas: *Spartakusbund*, ou Liga Espartaquista, liderada por Rosa Luxemburgo e Karl Liebknecht; grupo dentro do SPD que se opôs a Primeira Guerra Mundial e, depois disto, formou o núcleo do Partido Comunista da Alemanha.

F

Fischer, Ruth (1895-1961): Fundadora do Partido Comunista Austríaco, mais tarde líder (junto a Maslow) da facção "esquerdista" do Partido Comunista da Alemanha, depois líder do próprio partido em 1924-25. Seu livro sobre o partido nos anos 20, **Stalin e o Comunismo Alemão**, é interessante, mas não confiável em termos factuais.

Frick, Wilhelm (1877-1945): Líder nazista, tornou-se Ministro do Interior em 1933.

Frölich, Paul (1884-1953): Membro fundador do Partido Comunista da Alemanha que o deixou para juntar-se ao KPO de Brandler, depois o SAP; ele fugiu da Alemanha em 1933. Biógrafo de Rosa Luxemburgo.

G

Gramsci, Antonio (1819-1937): Fundador-membro do Partido Comunista Italiano; preso pelos fascistas em 1926, ele é conhecido pelos cadernos e cartas do cárcere que se tornaram importantes contribuições à teoria marxista - apesar de suas críticas ao partido terem sido escondidas pela direção. Morreu na prisão.

Gröner, Wilhelm (1867-1939): Importante general, instrumental na abdicação do Kaiser em 1919. Ministro da Defesa dos governos Müller e Brüning de 1928-32. Forçado a renunciar quando o Reichswehr se opôs a sua tentativa de proibir os nazistas da SA e SS.

Grzesinsky, Albert: Social-democrata chefe da polícia da Prússia sob Braun e Severing.

H

Haase, Hugo (1863-1919): Deputado social-democrata que liderou uma minoria centrista durante a Primeira Guerra Mundial e foi um dos fundadores do USPD em 1917; assassinado em 1919.

Hilferding, Rudolf (1877-1944): Importante teórico social-democrata e economista, Ministro das Finanças no governo Müller (1928-30). Autor de importantes livros sobre o imperialismo e o capital financeiro. Preso pelo regime Vichy em 1940 enquanto tentava fugir da França, foi entregue aos nazistas.

Hirsch, Werner: Teórico stalinista.

Hindenburg (1847-1934): Chefe do exército alemão durante a Primeira Guerra Mundial. Eleito presidente da Alemanha em 1925 pelo bloco da direita, e reeleito em 1932 pelo bloco que continha ambos os sociais-democratas e os grandes empresários. Inicialmente antipático a Hitler por seu perfil arrivista, mas o tornou Chanceler em 1933 sob influência dos grandes latifundiários, empresários e o exército.

Hoover Moratorium: Moratória de um ano das dívidas de guerra e reparações declaradas em julho de 1931 pelo presidente norte-americano Herbert Hoover.

I

die Internationale: Jornal teórico oficial do Partido Comunista da Alemanha.

Frente da Aço: Aliança em defesa da República Alemã estabelecida por várias organizações influenciadas pela social-democracia, como o Partido Social-Democrata da Alemanha, os Sindicatos Livres, o Reichsbanner e os clubes operários de esporte.

J

Jouhaux, Leon (1879-1954): Secretário-Geral da CGT francesa; apoiou a Primeira Guerra Mundial.

K

Kautsky, Karl (1854-1938): Chefe teórico da Segunda Internacional e do Partido Social-Democrata da Alemanha antes da Primeira Guerra Mundial. No entre guerras, foi o principal apologista das políticas dos sociais-democratas – apesar de fazê-lo ainda empregando linguagem marxista.

Kun, Bela (1886-1939): Representante da Komintern na Alemanha durante a desastrosa política ultraesquerdista da Ação de Março de 1921; membro do CPSU ao longo dos anos 30, morreu com um tiro na Rússia em 1939.

Kuusinen, Otto: Líder comunista na Finlândia; fugiu para a Rússia após o fracasso da Revolução Finlandesa de 1919. Dirigiu as questões alemãs para o Komintern a partir de 1924.

L

LaFollette, Robert: Republicano de Wisconsin que concorreu à presidência na chapa do Partido Progressivo em 1924.

Lassalle, Ferdinand (1825-64): Um dos fundadores do movimento operário alemão. Marx denunciou sua caracterização de todas as outras classes na sociedade alemã como uma "massa reacionária" - que o levou a apoiar o regime absolutista prussiano contra a frouxa oposição burguesa. Seus seguidores e aqueles de Marx se juntaram para formar o Partido Social-Democrata da Alemanha.

Ledebour, Georg (1850-1947): Social-democrata de longa data que se tornou fundador do USPD e membro do conselho operário de Berlim em 1918; se opôs a proposta de unificar o USPD ao Komintern em 1920; mais tarde se juntou ao SAP.

Leipart, Theodor: Um dos líderes dos sindicatos livres (sociais-democratas) – mais tarde da ADGB. Tentou cooperar com o governo Hitler, como por exemplo, na celebração do "Dia Nacional do Trabalho", no 1º de maio de 1933. Foi preso no dia 2 de maio de 1933.

Leninbund: Organização fundada por Fischer, Maslow e Urbahns após sua expulsão do KPD em 1927; próximo à oposição de esquerda até 1930, quando os apoiadores da Oposição foram expulsos.

Levi, Paul (1883-1930): Espartaquista e membro fundador do KPD; se opôs à Ação de Março, depois se demitiu.

Lozovsky, Salomon (1878-1952): Ex-menchevique, secretário da Internacional Sindical Vermelha desde sua fundação em 1921, depois vice-comissário para Assuntos Exteriores russos e chefe do serviço soviético de informações. Morto a tiros em 1952.

M

MacDonald, James Ramsey (1866-1937): Primeiro-ministro do primeiro governo trabalhista da Grã-Bretanha em 1924; traiu o partido durante seu segundo mandato (1928-31) para formar um governo nacional em aliança com o partido conservador.

Manuilsky, D: Velho bolchevique, rachou com o partido enquanto membro do Vperyod de Bogdanov em 1909, reunificado com Trotsky e Mezhrayontsy no verão de 1917. Mais tarde stalinista leal e Secretário-Geral da Komintern durante o "terceiro período". Depois da Segunda Guerra Mundial esteve no Comitê Central do CPSU e na delegação ucraniana às Nações Unidas.

Maslow, Arkadi: Com Rute Fischer, liderou um grupo de esquerda que ganhou a direção do Partido Comunista da Alemanha com a remoção de Brandler em 1924 por Zinoviev. Foi depois derrubado quando Stalin rompeu com Zinoviev em 1926. Expulso do partido após apoiar a oposição unificada entre apoiadores de Zinoviev e Trotsky.

Molotov, Viatoslav: Editor do Pravda antes de 1917; eleito para o Comitê Central do Partido Comunista Russo em 1920 e alinhado a Stalin; presidente do Conselho dos Comissários do Povo ao longo dos anos 30; na liderança partidária até 1957.

Münzenburg, Willi (1889-1940): Secretário da Liga Internacional da Juventude Socialista (1914-21), depois da Internacional Comunista Jovem. Figura de destaque no Partido Comunista da Alemanha e articulador de muitas frentes e movimentos. Rompeu com o partido em 1937 após os tribunais de Moscou. Foi encontrado pendurado na França após fugir de um campo de internamento em 1940; sua morte foi responsabilizada em diferentes momentos pela Gestapo e NKVD (a polícia secreta de Stalin).

N

National Communism: Nome dado à tentativa do Partido Comunista da Alemanha em ganhar apoio de nacionalistas extremistas usando slogans como "Revolução Popular", "Libertação Nacional" e "Abaixo o Tratado de Versalhes" – similar aos slogans nazistas. Usado primeiro por Radek em 1923, assumido enquanto esforço de superar os nazistas durante o "terceiro período".

Neumann, Heinz: Dirigente comunista alemão, confidente e parceiro de bebidas de Stalin. Organizou a Comuna do Cantão em 1927 na China. Em 1931, começou privadamente se opor a linha oficial do Partido Comunista da Alemanha, foi retirado de seu cargo como secretario de Thälmann e de do politburo do partido. Enviado à Espanha, depois Suíça, depois retornou a Moscou; preso em 1937, desapareceu. Sua esposa (Margarete Büber-Neumann) foi enviada a um campo russo de prisão, depois entregue à Gestapo após o pacto Hitler-Stalin; ela sobreviveu o campo de concentração para escrever suas memórias.

Noske, Gustav (1868-1946): Dirigente da ala direita da social--democracia que apoiou a Primeira Guerra Mundial, tornou-se Ministro da Guerra durante o segundo governo Ebert em 1919. Responsável pela repressão do Motim de Kiel e o Levante Espartaquista, matando 15.000 pessoas em nove meses. Obrigado a renunciar depois do Kapp Putsch de 1920. Viveu na Alemanha sob os nazistas, tendo sido preso duas vezes depois de 1944.

P

Paragraph 48: Sessão da Constituição de Weimar que permitia governar por decreto presidencial sem apoio parlamentar.

von Papen: Político e diplomata, tornou-se chanceler em maio de 1932 por Hindenburg, sob influência de Schleicher, chefe político de Reichswehr; legalizou a SA e SS nazista; expulso por Schleicher ao final de 1932; junto ao General von Blomberg e o líder do Partido Nacionalista, von Hugenburg, se sobrepôs a Hindenburg para tornar Hitler chanceler.

die Permanente Revolution: Jornal alemão da Oposição de Esquerda.

Pilsudski, Joseph (1867-1935): Ditador polonês. Fundador do Partido Socialista Polonês em 1893, em oposição ao Partido Social-Democrata Internacionalista de Rosa Luxemburgo. Organizou tropas polonesas para lutar pelo lado da Áustria durante a Primeira Guerra Mundial, Ministro da Guerra durante o primeiro governo polonês de 1916, foi preso pelos alemães em 1917. Na prática, ditador da Polônia entre 1918 e 1923, depois novamente após o golpe de 1926. Reprimiu ambos os partidos comunista e socialista após 1930.

Purcell, Alfred: Líder sindicalista britânico associado ao Comitê de Unidade Sindical Anglo-Russo de 1925-26, um comitê conjunto da central sindical britânica e o sindicalismo soviético que desempenhou papel importante na política de "segundo período" de Zinoviev.

R

Radek, Karl: Ativo na extrema esquerda alemã e polonesa antes da revolução russa, onde tornou-se membro do círculo interno da direção bolchevique. Escapou de assassinato quando Luxemburgo e Liebknecht foram mortos em Berlim em 1919. Mas tarde foi acusado pelo fracasso da revolução alemã de 1923. Um dos líderes da oposição de esquerda até sua capitulação a Stalin em 1929, depois da ruptura com Bukharin. Produzia propaganda para Stalin sobre os Tribunais de Moscou, quando foi sentenciado a dez anos de prisão, depois desaparecendo.

Radich, Stefan: Líder da independência croata que participou em 1924 da Internacional Camponesa em Moscou.

Rakovsky, Christian (1873-1942): Líder bolchevique e presidente do soviete da Ucrânia 1919-23, expulso do partido junto à oposição de esquerda em 1927 e exilado a Barnaul na Sibéria; retratou-se em 1934 mais foi condenado a 20 anos de prisão em tribunais de fachada em Moscou.

Referendo Vermelho: Tentativa dos nazistas e dos nacionalistas em derrubar o governo social-democrata da Prússia em 1931; apoiado após hesitação inicial pelo Partido Comunista da Alemanha.

Reichswehr: Exercito da República Alemã de Weimar. Sob o tratado de Versalhes, supostamente se limitava a 100.000 homens, mas na verdade complementado por contingentes secretos - o Reichswehr negro. Exclusão de comunistas garantia confiabilidade política para a direita.

Reichsbanner: Organização parlamentar dos sociais-democratas alemães, com 300.000 membros dispostos a defender a República Alemã contra qualquer golpe. Desarmados, mas na expectativa de receber armas da polícia prussiana caso fosse necessário.

Remmele, Harman: Membro do Comitê Central do Partido Comunista da Alemanha, que fugiu para a Rússia em 1933. Recusou aceitar a teoria do "recuo ordeiro", o que levou à sua remoção da liderança. Morto pela GPU em 1937.

RGO (Oposição Sindical Revolucionária): Organização sindical dirigida pelo Partido Comunista da Alemanha, construído em oposição à central sindical social-democrata; como tática foi um grande fracasso, ela separou os militantes comunistas da massa dos sindicalistas.

Rosenfeld, Kurt: Deputado da esquerda social-democrata associado à oposição dentro do SDP e à ruptura que formou o SAP.

die Rote Fahne: Jornal diário do Partido Comunista da Alemanha.

Roy, M N (1893-1953): Líder comunista indiano que propôs cooperação com os nacionalistas burgueses na luta pela independência; apoiador de Bukharin e da oposição de direita; preso pelo governo britânico na Índia.

S

SAP: Partido Socialista Operário Alemão, um partido centrista formado por esquerdistas que romperam com os sociais-democratas em 1931, mas não se juntaram ao Partido Comunista. Em algumas formas, similar ao Partido Trabalhista Independente da Grã-Bretanha nos anos 30.

Scheidemann, Philip (1865-1937): Líder da direita social-democrata que apoiou a Primeira Guerra Mundial. Proclamou a república durante a revolução de 1918 para impedir os Espartaquistas de o fazerem. No exílio após 1933.

Schleicher, Kurt von: General responsável por fazer contatos políticos para o Reichswehr. Tornou-se poderoso articulador por trás do Estado, selecionando primeiro os ministros da defesa, depois os chanceleres. Tentou usar os nazistas para construir sua própria posição. Tornou-se chanceler em dezembro de 1932, apenas para ser substituído por Hitler dois meses depois.

Semard, Pierre (1887-1942): Líder do Partido Comunista Francês.

Severing, C W (1875-1952): Deputado social-democrata de 1907, ministro prussiano do interior 1919-26 e 1930-32. Preso brevemente quando von Papen derrubou o governo da Prússia em 1932, viveu sem ser perturbado pelos nazistas até ser preso depois do "complô dos generais" anti-Hitler de 1944. Novamente deputado do SDP depois de 1945.

Seydewitz, Max: Líder da oposição de esquerda no Partido Social-Democrata da Alemanha que rachou para formar o SAP em 1931.

Stahlhelm: Organização paramilitar de veteranos da extrema-direita, fundiu com a SA após as eleições de 1933.

Ströbel, Heinrich (1869-1943): Social-democrata de esquerda que se juntou primeiro ao USPD, depois brevemente à SAP.

Sturm-Abteilung (SA): "Tropa de Choque", organização paramilitar do Partido Nazista.

T

Tarnow, Fritz (1880-1954): Deputado social-democrata também ativo nos sindicatos. Eleito pelo SAP em 1931. No exílio durante o período do governo nazista, ativo nos sindicatos até sua morte.

Thälmann, Ernst (1866-1944): Líder do Partido Comunista da Alemanha após a stalinização, preso pelos nazistas em 1933 e assassinado em um campo de concentração ao final da Segunda Guerra Mundial.

Thalheimer, August: Junto a Brandler, líder do Partido Comunista da Alemanha entre 1921 e 1924, com semelhante história posterior.

Thorez, Maurice (1900-64): Líder stalinista do Partido Comunista Francês de 1930 até a sua morte.

Turati, Filippo (1857-1932): Membro-fundador do Partido Socialista Italiano.

Internacional dois-e-meio: Internacional centrista fundada em 1921 por Karl Kautsky e Otto Bauer; fundiu com a Segunda Internacional reformista em 1923.

U

Urbahns, Hugo: Comunista alemão associado a Maslow e Fischer na direção do partido entre 1924-26 e oposição depois. No exílio na Suécia de 1933 até sua morte em 1947.

V

Victor Emmanuel III (1869-1947): Rei da Itália a partir de 1900, durante a Primeira Guerra Mundial e o governo fascista de Mussolini; abdicou em 1946.

Vorwärts: Jornal diário do Partido Social-Democrata da Alemanha.

W

Walcher, Jacob: Espartaquista e membro fundador do Partido Comunista da Alemanha, foi junto a Brandler para o KPO; liderou o racha em 1931 para se juntar a SAP.

Wang Chin Wei: Líder do Kuomintang na China. Durante a política de 1926-27 de Stalin e Bukharin foi dado apoio incondicional aos líderes da revolução nacional burguesa da China, inicialmente Chiang-Kai-Shek, que se tornou membro honorário do executivo da Komintern. Comunistas chineses dedicaram-se a construir a Kuomintang sem criticar seus líderes, apesar de Kai-Shek ter tornado as greves ilegais e proibido sindicatos e ligas camponesas. Os trabalhadores que capturaram Shanghai dos senhores de guerra e imperialistas em março de 1927, foram avisados a receber Chiang como líder revolucionário; ele prosseguiu depois assassinando comunistas e dirigentes sindicais. Apesar disto, Stalin e Bukharin tentaram continuar a mesma política, transferindo apoio ao grupo de líderes do Kuomintang em torno de Wang Chin Wei em Wuhan – que Stalin caracterizou como o "centro revolucionário". Quase que ao mesmo tempo em que Stalin se pronunciava, os líderes de Wuhan entraram em acordo com Chiang-Kai-Shek e começaram a assassinar militantes operários.

Warski, Adolf (1868-1938): Dirigente social-democrata polonês antes da Primeira Guerra Mundial, associado a Rosa Luxemburgo. Membro fundador do Partido Comunista Polonês, retirado da liderança em 1924-26 por protestar contra a campanha anti-Trotsky. Retornou à direção, adotando a "política do segundo período" tão seriamente ao ponto de apoiar a ditadura de Pilsudski - a qual Moscou se opunha. Rapidamente reconheceu o erro e organizou resistência a Pilsudski. Retirado da direção no início do "terceiro período", permaneceu no partido em exílio e docilmente apoiou Stalin. Quando o Partido Comunista Polonês foi liquidado por Stalin em 1938, Warski foi morto sob acusação de "traidor, espião e um agente de Pilsudski".

Wels, Otto (1879-1939): Alemão social-democrata de direita, comandante militar de Berlim que esmagou o levante Espartaquista de dezembro de 1918 sob ordens de Noske. Dirigiu a oposição a Hitler no Reichstag em 1933, conclamando por "oposição ordeira e não-violenta". Exilado em Paris após 1933.

Y

Yaroslavsky, E (1878-1943): Autor de histórias stalinistas falsificando eventos, deixou de agradar a Stalin em 1930-31.

Plano Young: Nomeado em homenagem a um banqueiro americano e aceito pelo governo alemão em 1929, determinou pagamento anual de reparação a taxas mais baixas que as existentes no plano Dawes – mas expendidas para os próximos 59 anos. Sofreu violenta oposição pelos extremistas nacionalistas, Stahlhelm e os empresários. Ao apoiá-los, os nazistas começaram a obter quantidades relevantes de dinheiro dos grandes capitalistas.

Z

Zinoviev, Grigory: Velho Bolchevique, colaborador mais próximo a Lenin durante a Primeira Guerra Mundial. Se escondeu com Lenin no verão de 1917, mas junto a Kamenev se opôs a insurreição de Outubro. Primeiro presidente do Komintern e responsável pelos principais erros políticos na Alemanha, Bulgária e outros países. Líder nominal entre 1923-25 do bloco junto a Kamenev e Stalin, o mais virulento opositor ao "trotskismo". Stalin rompeu com ele em 1925 e privou-o do cargo no Komintern e controle do aparato partidário em Leningrado. Formou a oposição unificada com Trotsky em 1927 mais imediatamente se retratou. Expulso novamente e deportado à Sibéria em 1932, porem novamente se retratou e foi readmitido ao partido. Preso após o assassinato de Kirov em 1935, ele foi "vitima estrela" dos tribunais de Moscou no ano seguinte. Executado depois de novamente se retratar a Stalin, desta vez admitindo ser um "traidor" – e um "fascista".

Zorgiebel, Karl: Comissário social-democrata da força policial de Berlim; defendeu a ação policial que atacou a manifestação comunista do primeiro de maio em 1929, matando 25 pessoas.

Nota de Edição

Nota de Edição

Os artigos neste livro baseiam-se, majoritariamente, em textos escritos por Leon Trotsky que foram traduzidos em 1933 por Mario Pedrosa no panfleto *Revolução e Contrarrevolução na Alemanha*, publicado pelo jornal *A Luta de Classes*.

Primeiro editado e distribuído no Brasil pela Liga Comunista Internacional[49], *Revolução e Contrarrevolução na Alemanha* foi reimpresso três vezes, primeiro em 1968, pela Editora Laemmert, no Rio de Janeiro e depois em 1979, pela Editora Ciências Humanas, em São Paulo. Sua última edição foi reimpressa em 2011 pela Editora José Luís e Rosa Sundermann, sob organização de Henrique Canary, também em S. Paulo.

Os textos *O giro da Internacional Comunista e a Situação Alemã*, de 1930, *Alemanha: Chave da situação internacional*, assim como *E Agora? A revolução alemã e a burocracia stalinista*, ambos de 1931, e *O único caminho*, de 1932, foram extraídos do livro de Pedrosa. Destes artigos (gentilmente cedidos por Canary) partes repetitivas ou observações sobre temas secundários de conjuntura, por questão de espaço, foram cortados.

---

49 A LCI foi uma das organizadoras da Frente Única Antifascista, que em 1934 aglutinou anarquistas, comunistas, socialistas, sindicalistas e comunidades de imigrantes contra a Ação Integralista de Plínio Salgado. No dia 7 de outubro, após uma batalha contra os fascistas na Praça da Sé, que resultou em mortos e feridos, o fascismo brasileiro foi humilhado em seus próprios termos. Ver Fúlvio Abramo, *A revoada das galinhas verdes; uma história da luta contra o fascismo no Brasil*, Veneta, São Paulo, 2014.

Juntamos a ele a *Carta a um camarada Inglês*, originalmente dirigida a Max Shatmann, de 1931, e *O que é o nacional socialismo*, de 1933. Suas traduções foram baseadas nas versões francesa publicada no site Marxist Internet Archive (MIA), espanhola publicada em Buenos Aires pelo Instituto de Piensamento Socialista no livro *La lucha Contra El Fascismo en Alemania*, de 2013, e nas versões em inglês de *Fascism: What it is and How to Fight It*, publicada 1944 em Nova York pela editora Pioneer, e *Fascism, Stalinism and the United Front*, publicado em Londres, 1989, pela Editora Bookmarks.

O presente livro segue a edição proposta pela Bookmarks, onde também foram publicados primeiro os comentários de contextualização redigidos pelo jornalista Chris Harman (1942-2009), historiador e dirigente trotskista britânico. Membro do comitê central do Partido Socialista dos Trabalhadores, ele foi editor da revista *International Socialism* e do periódico *Socialist Worker*.

A fim de divulgar ideias antifascistas, a Autonomia Literária também publica a versão digital completa desta coletânea no MIA - www.marxists.org/portugues. Agradecemos a Camila de Caso, Silvia Muskulin, Benjamin Fogel, Sabrina Fernandes, Henrique Carneiro, Henrique Canary, Jorge Breogan, Andréia Galvão, Hugo Albuquerque, Guilherme Ziggy, Marcia Camargos, Cauê Seignemartin Ameni e Manuela Beloni.

Sobre o autor

Leon Trotsky, cujo verdadeiro nome é Lev Davidovich Bronstein, nasceu 7 de novembro de 1879 e foi assassinado em Coyoacán, no México, 21 de agosto de 1940. Foi um dos maiores intelectuais marxistas de seu tempo, principal cabeça do grupo revolucionário bolchevique e organizador do Exército Vermelho. Após a morte de Lenin, rivalizou com Stalin a disputa pela hegemonia do Partido Comunista da União Soviética (PCUS).

Fontes: MInion Pro & Source Sans Pro
Impressão: Graphium
Papel: 80g/m²